하나님을
깊이 경험하라

하나님을 깊이 경험하라

저자 한나 휘톨 스미스
저자 임종원

초판 1쇄 발행 2021. 6. 7.

발행처 도서출판 브니엘
발행인 권혁선

등록번호 서울 제2006-50호
등록일자 2006. 9. 11.

서울특별시 송파구 백제고분로28길 25 B101호 (05590)
마케팅부 02)421-3436
편집부 02)421-3487
팩시밀리 02)421-3438

ISBN 979-11-90308-49-6 03230

독자의견 02)421-3487
이메일 editorkhs@empal.com

북카페 주소 cafe.naver.com/penielpub.cafe
인스타그램 @peniel_books

도서출판 브니엘은 독자들의 원고를 설레는 마음으로 기다리고 있습니다.
위의 이메일로 간단한 기획 내용 및 원고, 연락처 등을 보내주십시오.

도서출판 브니엘은 갓구운 빵처럼 항상 신선한 책만을 고집합니다.

위로와 안식을 주시는 하나님의 임재를 추구하는 삶

하나님을
깊이 경험하라

한나 휘톨 스미스 지음 | 임종원 옮김

브니엘

한번은 선한 영향력을 미치길 원했던 어느 총명한 철학자와 종교에 관한 이야기를 나눈 적이 있었다. 내 이야기를 정중히 듣고 있던 그는 이렇게 말했다.

"글쎄요, 부인. 제가 할 수 있는 말은 이게 전부입니다. 상대방이 기독교에 관심을 갖게 하고 싶다면 기독교인들은 상대방을 좀 더 편하게 해주기 위해 노력해야 합니다. 내가 만난 기독교인들은 가장 불편한 사람들처럼 보였거든요. 그들은 마치 두통을 앓고 있는 사람처럼 보였습니다. 두통 때문에 머리를 버릴 수는 없지만 머리를 달고 있는 것 자체가 몹시 불편한 그런 사람 말입니다. 그런 종교라면 저는 별로 관심이 없습니다."

나는 그가 준 교훈을 결코 잊을 수 없었고, 내가 이 책을 쓰게 된 가장 중요한 동기가 되었다. 그와 대화를 나눌 당시 나는 아직 신앙이 어린 상태였다. 신앙의 문턱에서 '첫 기쁨'에 빠진 상태였다. 그래서 그 철학자 친구가 말한 것처럼 하나님의 자녀가 신앙 때문에 불편함을 느낄 수 있다는 사실을 믿을 수가 없었다. 하지만 초기의 그 뜨거움을 지나 일상의 책임과 무딘 생활로 돌아왔을 때, 그리고 나 자신과 주변의 많은 기독교인의 비슷한 경험을 통해서 나는 그 철학자 친구의 주장에 상당히 많은 진실이 담겨 있음을 깨닫게 되었다. 우리 대부분의 종교적 삶이 불안과 걱정으로 가득 차 있음을 알게 되었다. 신앙생활에 관하여 이야기를 나누고 있을 때 한 친구가 말했듯이 "우리는 마치 자신을 불쌍하게 만들기에 충분한 종교를 가지고 있는 것"처럼 보였다.

우리에게 불편한 종교(?)

나는 종교에 대해 전적으로 다른 것을 기대했기에 이러한 사실이 몹시 실망스러웠다. 신앙의 열매가 성경이 선포하는 사랑, 기쁨, 평화가 아니라 실제로는 아주 다른 방향, 즉 모든 종류의 의심, 두려움, 걱정, 대립, 그리고 불안의 열매로 맺혀진다는 점이 너무도 모순된 것처럼 보였다. 그래서 나는 이것이 도대체 어떻게 된 일이지 밝혀내기로 했다. 사랑의 주님은 우리에게 자신의 멍에는 쉽고 짐은 가볍다(마 11:30)고 말씀하셨는데, 어떻게 해서 하나님의 자녀는 불편하고 무거운 종교적인 삶을 살아가고 있는지 자신에게 물어보았다.

"우리는 왜 수많은 영적 의심과 염려로 자신을 고문하는 것일까? 하나님이 우리를 진정으로 사랑하신다는 사실을 확신하는 것이, 그분의 자비와 돌보심을 받아들이는 것이 왜 그렇게 힘들고 어려운 것일까? 우리가 그분을 필요로 할 때 그분이 우리를 잊어버리고 저버렸다고 의심하도록 왜 자신을 내버려두는 것일까? 친구들을 믿고 그들과의 교제는 편안하게 받아들이면서도 왜 자신의 천국 친구는 믿지 못하고 그분의 도움을 편안하게 받아들이지 못하는 것일까?"

나는 내가 이러한 질문에 답을 찾았다고 믿는다. 내가 이 책을 쓴 이유는 지금도 고민하며 사는 주변의 기독교인들에게 작지만 진실하고 꾸밈없는 위안을 주기 위해서다. 내가 알고 있는 기독교는 언제나 위안으로 가득 차 있다. 신약성경을 잘 이해한 독자들은 나의 이 말에 동의할 것이다. 새롭게 변화된 모든 영혼은 그 변화의 첫 기쁨 속에서 하나님이 주시는 위로를 전적으로 기대한다. 하지만 앞서 언급했듯이 많은 기독교인에게 있어서 신앙생활은 삶의 가장 불편한 부분처럼 보인다. 그럼 이것은 하나님의 잘못일까? 그분이 자신의 능력을 넘어 더 많은 것을 약속하신 것일까?

어느 한 저자는 이렇게 말했다. "우리는 과대광고에 대해 알고 있다. 과대광고는 우리 시대의 병이다. 모든 게시판에는 포스터가 붙어 있고, 모든 빈 벽에는 과장이 담겨 있으며, 근거 없는 표현과 잘못된 표현이 즐비하다. 어떤 사람이 가진 씨앗으로부터 불가능한 열매와 꽃들이 맺히는 것을 보면 우리는 어떤 생각을 하는가? 모든 것이 과장되어 광고되고 있다. 하나님의 왕국도 그러한가? '하나님의 나라'라는 좋은 씨앗으로부터 성장한 열매로서의 우리는 그 좋은 씨앗이 하나님에게서 온 것이라는 사실을 증명하고 있는가? 만약 그렇지 못하다면 그분이 우리를 속인 것일까? 예수님이 복음을 통해 자신이 실제로 줄 수 있는 것보다 더 많은 것을 약속하셨다는 잘못된 생각이 널리 퍼져 있다. 사람들은 하나님의 자녀로서 자신이 어떤 운명을 가졌는지 정확히 깨닫지 못하고 있다. 왜 그렇게 되었을까? 하나님의 왕국이 과대광고된 것인가? 아니면 단순히 믿어지지 않아서일까? 예수 그리스도께서 과대평가된 것일까? 아니면 단순히 신뢰하지 못해서인가?"

내가 이 책에서 하고 싶은 말은 하나님의 왕국이 과대광고되었거나 예수 그리스도께서 과대평가되지 않았다는 사실이다. "기록된 바 하나님이 자기를 사랑하는 자들을 위하여 예비하신 모든 것은 눈으로 보지 못하고 귀로 듣지 못하고 사람의 마음으로 생각하지도 못하였다 함과 같으니라"(고전 2:9). 모든 어려움은 우리가 믿지 못하고 신뢰하지 못하는 데서 시작된다.

그래서 나는 내가 할 수 있는 한 기독교에는 세상 어떤 것에도 방해받지 않는 깊고 영원한 평화와 영혼의 안식이 있음을 보여주고 싶다. 그리고 그것이 진정으로 우리가 마땅히 가질 수 있는 우리 몫이라면 이것을 어떻게 얻을 수 있으며, 이를 얻는 데 방해가 되는 것은 무엇인지 말하고 싶다. 여기에는 하나님이 하실 몫이 있고 사람이 해야 할 몫이 있는데, 우리는 양쪽 모두를 주의 깊게 살펴봐야 한다.

나의 몫, 하나님의 몫

어느 선교 모임에 회심한 후 기독교인으로서 모범적이고 기쁨에 찬 삶을 살게 된 한 젊은이가 참석했다. 이전에는 난폭했던 그 젊은이는 어떻게 해서 그렇게 변화될 수 있었는지를 질문받게 되었다. 그는 말했다.

"나는 내가 해야 할 부분을 했고, 하나님은 하나님이 하실 부분을 하셨습니다."

그러자 "그럼 당신이 할 부분은 무엇이었고, 하나님이 하실 부분은 무엇이었나요?"라는 질문이 이어졌다.

이에 그는 바로 이렇게 대답했다.

"내가 한 일은 도망가는 것이었고, 주님이 하신 일은 나를 잡을 때까지 쫓아오신 것이었습니다."

정말 중요한 대답이지만 대부분의 사람들은 이를 이해하지 못한다. 하나님의 몫은 항상 우리 뒤를 쫓아오시는 것이다. 예수님은 잃어버린 양을 찾아 구원하러 오셨다. 예수님은 말씀하셨다. "너희 중에 어떤 사람이 양 백 마리가 있는데 그중의 하나를 잃으면 아흔아홉 마리를 들에 두고 그 잃은 것을 찾아내기까지 찾아다니지 아니하겠느냐. 또 찾아낸즉 즐거워 어깨에 메고"(눅 15:4-5). 이것이 바로 하나님의 몫이다. 하지만 어리석은 우리는 이를 이해하지 못한다. 우리는 주님이 잃어버린 양이고, 따라서 그분을 찾아내는 것이 우리 몫이라고 생각한다. 우리가 자주 사용하는 표현이 이를 증명한다. 우리는 사람들에게 "주님을 찾으라"고 권고한다. 또 우리는 그분을 "찾았다"고 말한다.

열정적인 한 전도자가 어느 행복해 보이는 작은 여자아이에게 물었다.

"아이야, 너는 구세주를 찾았니?"

그러자 그 여자아이는 깜짝 놀라면서 이상하다는 듯 대답했다.

"아니요. 저는 구세주가 길을 잃었는지 몰랐어요!"

이것은 우리의 무지가 오해를 만들어낸 것이다. 우리는 그분에 대해 잘 모르기 때문에 여러 가지 잘못된 생각을 하게 된다. 우리는 그분이 우리의 아주 작은 잘못까지도 모두 질책하는 성난 재판관이나 우리에게 최대한의 복종을 요구하는 혹독한 감독관, 또는 자신에게 명예와 영광을 강요하는 자신만의 일에 몰두한 신, 혹은 오직 자기 일에만 관심 있고 우리 행복에는 무관심한 먼 곳의 통치자로 생각한다. 만약 그런 하나님이라면 어떻게 사랑하고 신뢰할 수 있겠는가? 그리고 그런 하나님을 믿는 기독교인들에게 불안과 근심 이외에 다른 무엇을 기대할 수 있겠는가?

그러나 하나님을 정말로 아는 사람이라면 그분에 대해 그런 잘못된 생각을 하는 것은 거의 불가능하다. 믿음의 과정에는 외적 불안과 내적 외로움, 그리고 많은 세상적인 시험이 있을 수 있다. 그러나 하나님을 아는 영혼은 그런 것들을 통해 내적으로 완벽한 평안의 요새에 거하게 된다. 그분은 말씀하신다. "오직 내 말을 듣는 자는 평안히 살며 재앙의 두려움이 없이 안전하리라"(잠 1:33). 이 말씀에는 누구도 감히 반문할 수 없다. 우리가 진심으로 하나님의 말씀에 귀를 기울인다면 우리는 그분의 말씀을 들을 수 있을 뿐만 아니라 우리가 듣는 것을 믿고 알게 될 것이다. 그분은 하나님이시기에 우리를 자신의 눈동자와 같이 돌봐주신다. 하나님의 모든 사랑과 자비는 그분의 자녀를 위한 것이고 이는 변함없이 이루어진다. 하나님을 아는 영혼에게는 걱정이나 두려움의 작은 틈조차 없다.

그러면 당신은 말할 것이다. "아, 그렇군요. 하지만 내가 그분을 어떻게 알지요? 다른 사람들은 그분으로부터 어떤 내적 계시를 받는 것처럼 보이는데 나는 아닙니다. 내가 얼마나 기도하든 관계없이 모든 것이 어둡게만 보입니다. 나는 하나님을 알고 싶습니다. 그러나 무엇을 어떻게 해야 할지 모르겠습니다."

이렇게 말하는 당신의 문제는 당신이 하나님을 '안다'고 하는 것이 무엇을 의미하는지 잘 모르며, 적어도 내가 말하는 '안다'는 것에 대해 잘못 생각하고 있다는 것이다. 나는 지금 어떤 초자연적인 내적 계시에 대해서 말하고 있는 것이 아니다. 물론 당신이 그러한 계시를 받는다면 매우 기쁠 것이다. 그러나 그러한 계시는 항상 일어나는 것이 아니고 변하기 쉬우며 확실치 않은 경우가 많다. 내가 말하는 하나님을 아는 것이란 성경 말씀을 믿는 데서 시작되는 하나님 그대로의 모습과 특성에 대한 명백한 사실을 토대로 한 지식이다.

사도 요한은 자신의 복음서 끝에서 자신이 기록한 것들에 대해 이렇게 말하고 있다. "예수께서 제자들 앞에서 이 책에 기록되지 아니한 다른 표적도 많이 행하셨으나 오직 이것을 기록함은 너희로 예수께서 하나님의 아들 그리스도이심을 믿게 하려 함이요 또 너희로 믿고 그 이름을 힘입어 생명을 얻게 하려 함이니라"(요 20:30-31). 내적으로 보인 것들이 아니라 기록된 것을 믿음으로 생명을 주시는 것이다. 내가 말하는 하나님을 아는 것이란 바로 기록된 것을 믿는 데서부터 출발하는 것이다.

하나님을 믿는다는 것

우리가 성경에서 하나님은 사랑이시라는 말씀을 읽을 때 우리는 이것이 진실이라는 특별한 내적 계시가 있어서 믿는 게 아니라 단지 기록되었기 때문에 그것을 믿어야 한다. 그분이 들판의 백합과 공중의 새를 돌보시듯, 그리고 우리의 머리털을 다 세심과 같이 우리를 돌보신다고 성경이 말할 때 이는 다른 내적 계시가 있든 없든 관계없이 그것이 성경에 기록되었기 때문에 믿어야 한다.

우리는 성경이 하나의 학설이 아니라 사실에 근거한 진술이라는 점을 이해해야 한다. 그리고 그것은 성경에 기록되었기 때문에 사실인 것이 아니라 오직 사실이었기에 성경에 기록될 수 있었던 것이다.

학교에서 아메리카 대륙의 발견에 대해 배운 한 아이가 자신의 아버지에게 이렇게 말했다.

"아버지, 제가 콜럼버스였다면 아메리카 대륙을 발견하기 위해 그런 고생은 하지 않았을 거예요."

"그래? 그럼 너라면 어떻게 했을 것 같니?"

그러자 아이는 대답했다.

"저는 그냥 지도를 보고 찾았을 거예요."

이 아이는 지도가 이미 우리가 아는 장소들을 기록한 그림이라는 사실과 우리가 그것들에 대해 알기 전에는 그 장소들이 지도에 나타날 수 없다는 사실을 모르고 있다. 성경도 마찬가지다. 성경은 지도처럼 단순한 사실의 기록이다. 그래서 성경이 "하나님은 우리를 사랑하신다"라고 말할 때 그것은 단순한 사실을 우리에게 전한 것뿐이다. 그것이 사실이라는 것을 미리 알고 있지 못했다면 성경에 기록되지 못했을 것이기 때문이다.

이러한 깨달음은 나로서는 엄청난 발견이었다. 이는 성경이 우리에게 주는 여러 가지 계시에 대한 모든 불확실성과 추측을 제거하는 것이었다. 그리고 그분에 대해 기록된 모든 내용을 논란의 여지가 없는 단순한 사실, 즉 우리가 완전히 믿을 수 있는 사실로 만들었다. 우리는 그것이 사실이라는 것을 앎으로써 그 사실을 믿게 된 것이다. 내적 계시는 우리가 조절할 수 있는 것이 아니다. 하지만 상식이 있는 사람이라면 누구나 기록된 것은 믿을 수 있다. 처음에는 몹시 딱딱하고 아무것도 없는 것처럼 보일지 모르지만 이를 극복하면 축복의 내적 계시가 나타나고 우리 삶을 변화시키는 하나님에 대한 지식으로 인도한다.

그리고 이러한 지식은 신념을 가져온다. 우리 마음속에 있는 신념은 내적 계시보다 훨씬 우월한 것이다. 내적 계시는 사람의 건강 상태나 다른 내적 요소들에 의해 흔들릴 수 있다. 그러나 신념은 변하지 않는다. 신념은 지식에서 나오며, 좋은 느낌이나 나쁜 느낌, 혹은 건강이나 질병 등이 이러한 지식을 바꿀 수 없다.

나는 독자들이 내가 말한 단순하고 사실적인 방법으로 하나님에 대해 더 깊은 지식을 갖고, 이러한 지식의 결과로 뚜렷한 신념을 지닐 수 있도록 돕기 위해 이 책을 썼다. 하나님은 우리 모두의 아버지시기에 나는 학술적, 교리적인 방법이 아니라 사실적, 실제적인 현실을 통해서 하나님이 어떤 분이신지를 보여주기 위해 노력했다. 그리고 그분과 친밀한 사이가 되는 것을 방해하는 것들은 무엇인지를 밝혔다.

나는 하나님을 그분 모습 그대로 아는 것이 우리의 지친 마음에 영원한 위로와 평안을 가져다준다고 확신한다. 욥의 친구는 욥에 관해 자신이 가진 불만에 대한 논쟁에서 이렇게 말했다. "너는 하나님과 화목하고 평안하라. 그리하면 복이 네게 임하리라"(욥 22:21). 그리고 예수님은 마지막 기도에서 이렇게 말씀하셨다. "영생은 곧 유일하신 참 하나님과 그가 보내신 자 예수 그리스도를 아는 것이니이다"(요 17:3). 진정한 위로와 평안은 우리 자신을 아는 데서 오지 않는다. 그것은 오직, 그리고 언제나 하나님을 아는 데서 온다.

우리는 우리가 '종교적 의무'라고 부르는 일에 많은 시간을 보낸다. 우리는 여기에 헌신과 열정을 바치지만 내적으로는 여전히 근심하며 살고 있다. 하나님과의 진정한 친밀감 외에 그 어떤 것도 우리 마음을 쉬게 할 수 있는 것은 없다. 우리의 구원은 그분께 의존할 때 가능해진다. 우리가 위험한 항해를 계획할 때 가장 먼저 던지는 질문은 "누가 선장이냐"가 될 것이다. 선장이 신뢰할 수 없는 사람이라면 안전한 항해는 어려울 것이다. 우리가 아니라 선장의 성격이 가장 중요한 요소이다.

염려하고 걱정하는 심령들에게 신념을 심어주고, 슬프고 불편한 종교적인 삶을 사랑과 기쁨, 평화의 왕국으로 끌어올릴 수 있다면 내가 이 책을 쓴 목적은 달성된 것이다. 그리고 나는 이렇게 말할 수 있을 것이다. "주님, 이제 제 눈이 주님의 구원을 보았고, 저의 펜이 이를 증거하였으니 주님의 종이 평화롭게 떠나게 하소서!" 내 책은 종교에 관한 비판적, 혹은 학술적인 측면을 다루지 않는다. 또 성경의 진정성에 대한 질문도 다루지 않는다. 이 부분은 다른 유능한 분들이 다룰 것이라 생각한다. 나의 책은 그저 나처럼 예수 그리스도를 믿기로 고백한, 그리고 성경을 그분에 대한 계시로 받아들이는 사람들을 위한 것이다.

그래서 모든 비판적인 질문은 뒤로 한 채 믿는 자들에게 믿음의 결과와 개인적으로 어떻게 그 결과를 확인할 수 있는지만 말할 것이다. 이러한 말에는 실수가 있을 수도 있기에 독자들의 이해를 구한다. 마지막으로 하고 싶은 말은 우리의 신앙생활은 기쁨과 평화, 안위로 가득해야 하며, 이는 우리가 하나님과 친밀해질 때, 우리가 하나님을 깊이 경험할 때 이루어질 수 있다는 사실이다.

글쓴이 한나 휘톨 스미스

스스로 계시하신
하나님을 아는가?

모세가 하나님께 아뢰되 내가 이스라엘 자손에게 가서
이르기를 너희의 조상의 하나님이 나를 너희에게
보내셨다 하면 그들이 내게 묻기를 그의 이름이 무엇이냐 하리니
내가 무엇이라고 그들에게 말하리이까. 출 3:13

──────── 모든 인간과 모든 세대의 핵심적인 질문은 "이름이
무엇인가?"로 표현된다. 모든 인간의 운명은 이 대답에 달려 있다.
우리가 아는 것처럼 한 나라의 운명은 지도자에 달려 있다. 군대의
운명은 군대를 지휘하는 지휘관에 달려 있다. 마찬가지로 세상의 모
든 것은 세상을 창조하신 창조주에 달려 있고, 그 세상에 사는 우리
인간의 삶은 창조주의 성품과 밀접한 관계가 있다.

　　우리를 창조하신 하나님이 선하신 하나님이라면 세상의 모든 것
은 결과적으로 우리에게 좋아야 한다. 선하신 하나님은 선한 것 외에
다른 어떤 것도 만들 수 없기 때문이다. 그러나 그 하나님이 나쁜 하
나님이거나 무심한 하나님 혹은 불친절한 하나님이라면, 우리는 어
떤 것이 옳다는 확신을 할 수 없고 어디에서도 위로나 평안을 얻을

수 없다.

위로와 평안을 위한 진정한 토대는 우리가 어떤 하나님을 믿느냐에 달려 있다. 따라서 무엇보다도 그의 이름이 무엇인지를 아는 것이 필요한데, 다른 말로 하면 그의 특성이 무엇인지, 즉 그가 어떤 성품을 지니신 하나님인지를 아는 것이 중요하다.

하나님,
그의 이름을 알라

성경에서 이름은 언제나 특성을 의미한다. 이름은 마음대로 주어진 것이 아니라 그 사람의 활동이나 인격과의 관계를 통해 주어진다. 신학자 크레덴(Creden)은 자신의 용어집에서 하나님의 이름은 하나님이 진정 어떤 분이신지, 그리고 그분의 속성, 목적, 영광, 은혜, 긍휼, 사랑, 지혜, 힘, 선하심 등을 표현하기 위해 성경 전체에 사용되었다고 말한다. 하나님의 이름에 관한 연구는 이러한 사실을 자세히 확인시켜준다.

이스라엘 백성들이 "그의 이름이 무엇입니까?"라고 물었을 때 이 물음은 "당신이 말하는 하나님은 누구이며, 어떤 하나님입니까? 그분의 특성이 무엇입니까? 그분의 속성은 무엇입니까? 그분은 무엇을 하시는 분입니까? 그분은 어떤 분이십니까?"라는 의미이다.

시편 기자는 "여호와여 주의 이름을 아는 자는 주를 의지하오리니 이는 주를 찾는 자들을 버리지 아니하심이니이다"(시 9:10)라고 했다. 그리고 잠언 기자는 "여호와의 이름은 견고한 망대라. 의인은 그리로 달려가서 안전함을 얻느니라"(잠 18:10)고 말했다. 이들은 하나님의 이름을 알았는데 이는 하나님의 특성과 본질을 아는 것이며, 동시에 그 하나님은 신뢰할 만한 하나님이라는 사실을 아는 것이다. 많은 기독교인의 마음속에 자리 잡고 있는 불안과 슬픔의 대부분은 하나님의 이름을 아직 알지 못한다는 사실에서 나온다. "어떤 사람은 병거, 어떤 사람은 말을 의지하나 우리는 여호와 우리 하나님의 이름을 자랑하리로다. 그들은 비틀거리며 엎드러지고 우리는 일어나 바로 서도다"(시 20:7-8).

과거 이스라엘의 모든 기록을 보면 이스라엘 백성들은 여호와 하나님이 자신의 주님이라는 사실에 의지하고 있다는 내용이 끊임없이 반복됨을 알 수 있다. "여호와를 자기 하나님으로 삼은 나라 곧 하나님의 기업으로 선택된 백성은 복이 있도다"(시 33:12). "주 여호와여 이러므로 주는 위대하시니 이는 우리 귀로 들은 대로는 주와 같은 이가 없고 주 외에는 신이 없음이니이다. 땅의 어느 한 나라가 주의 백성 이스라엘과 같으리이까. 하나님이 가서 구속하사 자기 백성으로 삼아 주의 명성을 내시며 그들을 위하여 큰일을, 주의 땅을 위하여 두려운 일을 애굽과 많은 나라들과 그의 신들에게서 구속하신 백성 앞에서 행하셨사오며 주께서 주의 백성 이스라엘을 세우사 영원히 주의 백성으로 삼으셨사오니 여호와여 주께서 그들의 하나님이 되셨나이다"(삼하 7:22-24). "여호와를 자기 하나님으로 삼는 백성은 복이 있도다"(시 144:15).

여호와를 하나님으로 삼은 백성과 나라는 복이 있도다! 이스라엘의 모든 축복과 즐거움은 여호와가 그들의 하나님이 된다는 사실로부터 온다. 앞에 나열된 이스라엘 백성들이 경험한 은혜 중에 이보다 더 중요하게 언급된 것은 없다. 이스라엘의 하나님이 여호와 하나님이라는 사실은 그들이 가지고 있는 모든 좋은 것을 설명하기에 충분하다.

따라서 우리에게 있어 가장 중요한 질문은 "그의 이름이 무엇인가?"라는 것이다. 하나님은 이스라엘의 질문에 이렇게 대답하셨다. 하나님은 특히 모세에게 "나는 스스로 있는 자이니라(I am who I am). 또 이르시되 너는 이스라엘 자손에게 이같이 이르기를 스스로 있는 자가 나를 너희에게 보내셨다 하라"(출 3:14)고 말씀하셨다. 하나님은 이어 모세에게 "너는 이스라엘의 자손에게 이같이 이르기를 너희 조상의 하나님 여호와 곧 아브라함의 하나님 이삭의 하나님 야곱의 하나님께서 나를 너희에게 보내셨다 하라. 이는 나의 영원한 이름이요 대대로 기억할 나의 칭호니라"(출 3:15)고 말씀하셨다.

스스로
계시하신 하나님

요한복음에서 예수님은 '나는'이라는 이름을 선택하셨다. 유대인들이 예수님의 권위에 의문을 품었을 때 예수님은 "진실로 진실로 너희에게 이르노니 아브라함이 나기 전부터 내가 있느니라"(요 8:58)고 말씀하셨다. 요한계시록에서 예수님은 다시 "주 하나님이 이르시되 나는 알파와 오메가라. 이제도 있고 전에도 있었고 장차 올 자요 전능한 자라 하시더라"(계 1:8)고 선포하셨다.

"나는 ~이다"(I am~)라는 이 단순한 단어는 존재의 영원성과 불변성을 표현하고 있으며, 우리가 의지하는 하나님께 있어 가장 중요한 요소이다. 누구도 변하는 하나님을 의지할 사람은 없다. 우리에게 평화와 위로가 있다면 그는 분명히 어제나 오늘이나 영원히 같은 분이시다.

그렇다면 하나님의 이름이 단순히 '나는' 또는 '나는 무엇이다'는 의미만 포함하고 있는가? '나는'이라는 말은 무엇을 내포하고 있을까? 나는 '나는'이라는 단어에 인간이 갈망하고 필요로 하는 모든 것이 포함되어 있다고 믿는다. 이 완성되지 않은 하나님의 이름은 마치 부유한 친구가 필요한 모든 것을 다 써넣을 수 있도록 우리에게 준 백지수표와 같다. 성경은 그것이 무엇을 의미하는지 이야기해 준다.

하나님의 모든 속성, 그분의 특성에 대한 모든 계시와 영원한 사랑에 대한 증거, 주의 깊은 보살핌에 대한 모든 고백, 부드러운 긍휼이라는 그분의 목적에 대한 선언, 그리고 하나님의 친절함에 대한 모든 징후와 같은 것들이 "나는 ~이다"라는 완성되지 않은 이름을 채우고 있다.

하나님은 자신이 누구인지를 성경을 통해 말씀하신다.

"나는 나의 백성의 모든 필요이다."

"나는 그들의 힘이다."

"나는 그들의 지혜이다."

"나는 그들의 의이다."

"나는 그들의 평화이다."

"나는 그들의 구원이다."

"나는 그들의 삶이다."

"나는 그들의 모든 것 중의 모든 것이다."

이 완성되지 않은 이름은 인간의 마음이 상상할 수 있는 가장 위안이 되는 이름이다. 그 이름은 어떤 제한도 없이 우리에게 무엇이 필요하든, 그리고 우리가 생각하고 말할 수 있는 범위를 넘어 넘치도록 풍요로운 모든 것을 더하도록 우리에게 허락된 것이기 때문이다.

그러나 우리 마음이 비참한 "나는 ~입니다"로 가득 차 있다면 하나님의 영광스럽고 영혼을 만족하게 하는 "나는 ~이다"를 들을 수 있는 귀를 갖지 못한 것이다. 우리는 종종 "아, 나는 정말 연약한 피조물이구나" "나는 참 어리석구나" "나는 정말 쓸모없구나" "나는 의지할 곳 없는 자구나"라고 말한다. 우리는 자신이 정말 비참하다고 느낄 때나 몹시 힘들다고 느낄 때 그 비참하고 불편한 삶의 원인인 "나는 ~입니다"를 자기 자신에게 돌린다. 이렇게 우리가 하나님의 위대한 "나는 ~이다"라는 백지수표를 철저히 무시하지만 이 백지수표는 우리가 필요한 모든 것을 하나님으로부터 넘치도록 공급받을 수 있게 해준다.

만약 당신이 불행한 기독교인이라면 충만한 종교적인 삶을 살기 위한 유일한 방법은 하나님을 아는 것뿐이다. 시편 기자는 하나님의 이름을 아는 자들은 그들의 믿음을 하나님께 둘 것이라고 말했다. 진정으로 하나님을 아는 사람이 하나님을 신뢰하지 못한다는 것은 사실상 불가능하다. 믿을 만한 사람은 자신을 신뢰하도록 명령하는 것이 아니라 스스로 신뢰성을 통해 다른 사람들이 거부할 수 없는 신뢰를 획득한다.

우리 주님이 선포하신 "내가 땅에서 들리면 모든 사람을 내게로 이끌겠노라"(요 12:32)는 말씀은 영원히 진실하다. 당신이 하나님을 안다면 그리스도께 절대로 저항할 수 없다. 하나님을 신뢰하는 것은 숨을 쉬는 것보다 더 쉬운 일이다. 온 세상이 하나님을 하나님으로서 알뿐만 아니라 하나님을 경배하기 위해 그 앞에 무릎을 꿇을 것이다. 하지만 세상이 하나님을 경배하기 위해 노력할 필요는 없다. 하나님의 놀라운 사랑이 승리할 것이기 때문이다.

그렇다면 우리는 어떻게 하나님을 알 수 있을까? 두 가지 필수적인 요소가 있다. 첫째, 하나님이 자신을 계시하셔야 한다. 둘째, 우리가 그 계시를 받아들이고 그분이 계시하신 것을 믿어야 한다.

사도 요한은 "본래 하나님을 본 사람이 없으되 아버지 품속에 있는 독생하신 하나님이 나타내셨느니라"(요 1:18)고 말했다. 예수님은 하나님의 계시이다. 우리 가운데 누구도 하나님을 본 사람이 없고, 또한 볼 수 있는 능력도 없으므로 우리가 경험하는 현실에서는 절대 하나님을 볼 수 없다. 하지만 하나님은 예수님으로 자신을 성육화하셨기에 우리는 예수님을 통해서 하나님을 볼 수 있다.

한 남자가 개미와 대화하고 싶어서 개밋둑에 서서 온종일 연설했지만 그의 말은 단 한마디도 개미의 귀에 들리지 않았다. 개미들은 그의 존재를 의식하지 못한 채 이리저리 돌아다닐 뿐이다. 개미는 인간의 말을 받아들일 능력이 없다. 하지만 그가 개미의 몸을 입고 개미들

사이에서 개미의 삶을 살며 개미의 언어로 이야기한다면 개미들은 즉시 그의 말을 이해할 것이다. 이처럼 성육신은 좀 더 높은 차원의 존재가 낮은 차원의 존재와 소통하려 할 때 반드시 필요한 것이다.

예수님은 자신의 존재로, 자신이 행했던 모든 것으로, 자신의 말을 통해 하나님을 드러내셨다. 예수님 삶의 모든 순간은 하나님의 계시였다. 우리는 하나님에 대한 지식을 얻기 위해 그분께 가야 한다. 그리고 예수님을 통해 계시되지 않은 지식은 믿기를 거부해야 한다. 다른 모든 계시는 부분적이기에 완전한 진리가 아니다. 오직 예수님을 통해서만 우리는 참다운 하나님을 볼 수 있다. 예수님만이 하나님의 "본체의 형상"(히 1:3)으로 선포되었기 때문이다.

예수님이 말하고 행하신 것은 다름 아닌 하나님이 말씀하고 행하신 것이다. "나는 스스로는 어떤 것도 하지 않았다"는 것이 예수님의 계속된 주장이다. "나는 스스로는 어떤 것도 말하지 않았다. 내 안에 거하시는 아버지가 그 일을 하신다." "나와 아버지는 하나이다." "나를 본 사람은 나의 아버지를 본 것이다."

우리는 몇 차례에 걸쳐 하나님과 예수님이 하나라는 사실을 확인할 수 있다. 한번은 유대인들이 예수님께 예수님이 누구신지 밝혀달라고 요구했다. 그러자 예수님은 "나는 내 아버지와 하나"라고 말씀하셨다. 최후의 만찬에서 예수님은 제자들의 질문에 이렇게 답하셨다. "너희가 나를 알았더라면 내 아버지도 알았으리로다. 이제부터는 너희가 그를 알았고 또 보았느니라"(요 14:7). 그러나 빌립은 이것을 이해하지 못하고 "주여 아버지를 우리에게 보여주옵소서. 그리하면 족하겠나이다"(요 14:8)라고 말했다. 그러자 예수님은 앞서 하셨던 말씀을 다시 강하게 되풀이하셨다. "내가 이렇게 오래 너희와 함께 있으되 네가 나를 알지 못하느냐. 나를 본 자는 아버지를 보았거늘 어찌하여 아버지를 보이라 하느냐"(요 14:9).

신약성경에서 우리가 "예수 그리스도의 얼굴에 있는 하나님의 영광을 아는 빛"(고후 4:6)을 바라보아야 한다는 말씀보다 더 단호한 말씀은 없다. 하나님이 모세에게 분명하게 완결되지 않은 "나는 ~이다"라는 이름을 주었을 때 하나님이 의미하신 바의 길이와 넓이, 높이와 깊이를 알았다면 우리는 예수님 안에 계시된 의미를 발견할 수 있었을 것이다. 오직 예수님만이 하나님에 대한 진정한 해석이며 보이지 않는 하나님의 형상이다.

따라서 우리는 하나님에 대해 예수님을 통해 우리가 보는 것과 대치되는 어떠한 개념도 받아들여서는 안 된다. 또한 예수님이 계시한 것과 모순되는 하나님의 성품이나 행동, 그리고 우리와의 관계에 대한 어떠한 관점도 거절해야 한다.

하나님에 대한 구약성경의 계시가 때로는 예수님과 관계에선 서로 모순된 것처럼 보일 수도 있다. 어떤 것이 진실일까? 하나님 자신이 마지막 때에는 하나님 영광의 빛이자 본체 형상인 아들을 통해 우리에게 말씀하신다는 사실에 비추어, 우리는 예수님의 증거를 거부해서는 안 되며, 부분적이고 완전하지 않아서 예수님의 계시와 차이를 드러내는 구약의 계시를 살펴봐야 한다. 하지만 우리는 예수님 안에서 발견되는 것만을 하나님에 대한 진정한 설명으로 받아들여야 한다. 예수님만이 하나님의 진정한 이름과 진실에 대해 우리에게 이야기한다.

예수님은 마지막 기도를 통해 우리에게 이렇게 말씀하셨다. "하나님이 세상에서 나에게 보내준 사람들에게 하나님의 이름을 드러냈다. 그들은 내가 가진 모든 것이 하나님에게서 온 것이라는 사실을 알게 되었다. 하나님이 나에게 주신 말씀을 그들에게 주었고, 저들이 이를 받아들였기 때문이다. 저들은 내가 하나님에게서 왔다는 사실을 확실히 알고 있으며, 이는 하나님이 나를 보내셨다는 것을 믿기 때문이다"(요 17:6-8 참조) 이보다 더 큰 권위를 가지고 말할 수 있을까?

예수님을 통해
하나님을 알아가라

예수님의 전 생애에서 그분이 하나님의 완전하고 충만한 예시임을 끊임없이 주장한 것보다 더 분명하고 명백한 사실은 없다. 예수님은 "내가 너희에게 선포한 말은 나 스스로 한 말이 아니라 내 안에 거하시는 아버지께서 하신 말씀"이라고 말씀하셨다. 계속해서 예수님은 아버지께서 자신에게 말씀하신 것만 말한다고 강조하셨다. "나는 아버지에게서 들었던 것을 세상에 이야기한다." "내가 스스로 아무것도 하지 아니하고 오직 아버지께서 가르치신 대로 이런 것을 말하는 줄도 알리라"(요 8:28).

그렇기에 사도들은 가장 분명하게 "아버지께서는 모든 충만으로 예수 안에 거하게 하시고"(골 1:19)라고 선포했다. 우리가 이를 신학적으로 완전히 이해하지는 못할지라도 우리가 하나님을 알기 원하고 하나님의 방법과 특징을 알려면 예수 그리스도의 방법과 특징을 분명히 알 필요가 있다. 예수님은 "나를 본 그가 아버지를 보았다"라고 말씀하셨다. 그리고 다시 선포하셨다. "아들보다 아버지를 더 잘 아는 이는 없고 또 그 아들이 아버지를 드러내 보인 자보다 더 잘 아는 이 또한 없다"라고 말씀하셨다.

여기에는 오류의 가능성이 없다. 우리는 이렇게 추측하고 저렇게 상상하면서 하나님에 대해 마음대로 생각한다. 하지만 이것은 에너지 낭비이다. 예수님의 계시를 통하지 않고 하나님을 알 수 있는 방법은 없으며 알 수 있는 사람도 없다.

우리는 예수님에 대해 여러 가지 사실을 알고 있지만 그것은 예수님의 본성과 같은 예수님 자신을 아는 것과는 매우 다르다. 다른 증인들은 보이는 예수님의 행동에 대해 말했지만 이런 보이는 것들로부터는 하나님의 진정한 특성을 알 수 없다. 예수님 이외에 하나님의 진정한 비밀을 말해 줄 증인은 없다. 하나님이 "아버지의 품에 있는 유일한 아들이라 선포하신 자"가 예수님 외에 없기 때문이다.

이를 믿느냐 믿지 않느냐에 따라 기독교인의 삶이 달라진다. 우리가 그것을 사실로 믿으면 두렵고 엄격한 심판관이자 혹독한 주인으로서의 하나님은 사라질 것이며, 불만스럽고 재미없는 예배도 사라질 것이다. 그리고 그 자리에는 예수 그리스도의 형상으로 계시된 사랑의 하나님이 자리하실 것이다. 그 하나님은 공중의 새와 들의 꽃을 돌보시듯 우리를 돌보시는 분이며, 우리의 머리카락조차 헤아리시는 분이다.

이 같은 하나님을 두려워할 사람은 없다. 우리를 향한 하나님의 사랑에 의심을 품고 있었다면, 자신의 신앙생활이 공포로 물들어져 있다면, 그분의 선하심을 의심해왔다면, 하나님을 이기적인 폭군으로 상상해왔다면, 쉽게 말해 하나님을 우리에게 계시된 것처럼 예수 그리스도의 형상이 아닌 다른 것으로 상상했다면 우리는 우리와 함께 인간의 모습으로 살았던 그 사랑의 삶에 우리 온 마음을 집중해야 한다. 또한 사람들에게 하나님의 이름을 분명히 알리기 위해 오신 예수님의 특성과 방법이 완벽하게 일치하는 지점으로 우리의 개념을 이동시켜야 한다.

내가 "그의 이름이 무엇인가?"라는 질문에 대한 유일한 답으로 선택한 것은 "예수님께 물어보라"는 것이다. 예수님은 "육신으로 난 하나님"(딤전 3:16)이며, 그를 보는 자마다 그를 보낸 하나님을 보는 것이다. 그 이름을 알고 싶다면 우리는 그분에 대한 증거를 읽어야 한다. 이 말의 의미는 우리가 예수 그리스도의 길과 말씀과 삶을 공부해야 한다는 것과 그리스도를 본 자는 하나님을 본 자라는 것, 그리고 하늘에 계신 하나님이 땅에도 계셨음을 자신에게 말해야 함을 뜻한다.

우리가 빛이신 예수님이 문제를 해결해온 것을 받아들이면, 예수님이 우리에게 주신 하나님 이름의 표징을 믿는다면, 그리고 그 외에 다른 어떤 것은 믿기를 완전히 거부하면 하나님의 성품을 감싸고 있는 모든 어둠은 사라질 것이다.

예수님의 말씀이 어떻게 실현될 수 있는지를 묻기 위해 니고데모가 한밤중에 찾아왔을 때 우리 주님은 이렇게 강조하셨다. "진실로 진실로 네게 이르노니 우리는 아는 것을 말하고 본 것을 증언하노라"(요 3:11). 예수님이 하나님을 알고 있었다는 사실을 의심하면서 예수 그리스도를 믿는 사람은 없다. 또한 예수님의 가르침을 받아들여야 하는지에 대해 의문을 제기하는 사람도 없다. 예수님은 자신이 말씀하신 것을 알고 계시며, 말씀하신 것은 완전한 진리로 받아들여져야 한다고 계속해서 확신시키셨다. 예수님은 하늘에서 오셨고 하늘의 완전한 진리를 알고 계셨기 때문이다.

그러나 많은 하나님의 자녀가 하나님의 말씀은 외면한 채 자신의 마음에 있는 의심의 속삭임을 듣는다. 이 의심의 속삭임은 하나님이 우리를 사랑으로 감싸며, 우리 약함과 어리석음을 돌보시고, 우리 죄를 용서하시며, 예수님을 통해 하나님이 계시되었다는 사실이 거짓이라고 유혹한다. 하지만 내가 계속해서 강조하는 것은 성경이 분명히 가르치고 있듯이 예수님이 주신 하나님의 이름, 즉 하나님 아버지의 특성이 예수님의 진정한 이름과 특성이 되어야 한다는 것이다. 예수님은 계속해서 자신이 하나님의 살아 있는 현현이라고 선포하셨다. 예수님은 자신의 모든 말과 행동을 통해 하나님 아버지께서 말하고 행동하셔야 했던 것을 대신했음을 확신시키셨다.

이는 하나님이 하늘의 왕좌에서 직접 행하신 것과 다를 바 없는 진실이다. 주님의 입술에서 나오는 것과 같은 절대적인 증언을 만나는 것은 특권일 뿐 아니라 예수 그리스도의 가르침과 특성, 그리고 축복받은 삶과 갈등을 일으킬 수 있는 우리의 하나님에 대한 개념을 바꿔야 한다는 의무이기도 하다. 그렇기에 우리가 하나님의 진정한 이름을 알기 위해서는 우리에게 계시하신 예수님의 이름을 오롯이 받아들여야 한다.

의심에 걸친 다리를
신실함으로 옮기라

예수님의 모든 특성은 "나는 ~이다"라는 표현이다. 예수 그리스도의 삶에서, 또 그분의 말씀에서 우리는 하나님의 말씀을 들을 수 있다. "나는 지친 자들의 휴식이다. 나는 마음이 흔들리는 자들의 평화이다. 나는 약한 자들의 강함이다. 나는 어리석은 자들의 지혜이다. 나는 죄인들의 의이다. 나는 이 땅의 모든 궁핍한 자의 필요이다. 나는 너희가 생각하거나 질문하거나 축복하거나 돕거나 돌볼 수 있는 모든 것 너머에 있는 위대한 존재이다."

하지만 의심하는 사람들은 이렇게 말한다. "네, 맞습니다. 그것은 모두 사실이고 의심의 여지가 없습니다. 하지만 우리가 하나님을 어떻게 이해할 수 있겠습니까? 나는 그러한 충만한 은혜를 받을 만한 자격이 없는 초라하고 무가치한 피조물입니다."

어떻게 당신이 그러한 지혜를 이해할 수 있을까? 방법은 이렇다. 당신이 하나님을 이해할 수는 없지만 하나님이 당신을 이해할 수 있도록 허락할 수는 있다. 이것이 성경이 우리에게 선포한 위대한 복음의 한부분이다. 그리고 우리는 주변의 믿을 만한 사람에게서 좋은 소식을 듣고 난 후에 하는 행동을 그대로 하기만 하면 된다. 말하는 사람이 믿을 만한 사람이라면 우리는 그 사람이 말하고 행동한 내용을 신뢰한다. 신앙에서도 마찬가지다. 예수님이 신뢰할 만한 분이라면 그분이 자신을 하나님의 상징이라고 말할 때 우리는 예수님의 말을 믿어야 한다.

우리는 예수님의 신실하심 위에 서 있어야 한다. 필요하다면 자신이나 친구들에게 "나는 예수님이 하나님에 대해 가르쳐주신 것을 믿는다. 나 자신이 생각하고 느낀 것은 아니지만 겉으로 보이는 것이 어떠하든 나는 예수님이 하나님에 대해 말한 것은 진실이라고 믿는다. 그리고 나는 어떤 일이 있든 계속해서 하나님을 믿을 것이다. 예수님은 자신과 하나님이 하나라고 말씀하신다. 예수님은 바로 하나님이시다. 그래서 나는 더는 하나님을 두려워하지 않을 것이다. 나는 나 자신의 죄 때문에 하나님을 화내는 엄격한 재판관이나 불가능한 임무를 요구하는 혹독한 주인, 혹은 나의 슬픔이나 두려움과는 동떨어진 채 스스로 영광에 둘러싸여 접근조차 할 수 없는 신으로 생각하지 않을 것이다. 하나님에 대한 그러한 오해는 예수님이 하나님의 진정한 표징이라는 진실을 거부한다"라고 말해야 한다.

우리가 예수님과 하나님은 하나라는 사실 — 지적 이해를 포함해서 — 위에 서 있다면, 또 하나님에 대해 예수님이 계시하신 것과 다른 관념을 명확하게 거부한다면 우리 삶은 변화될 것이다. 우리가 이러한 입장을 확고히 세우기 위해서는 우리 시선을 고정해야 한다. 그렇지 않으면 의심과 공포가 다시 몰려올 것이기 때문이다. 우리는 의심과 공포로부터 단호하게 등을 돌려야 한다. 그리고 하나님의 이름, 다른 말로 하면 하나님의 특성 앞에서 그러한 것들은 존재할 수 없음을 선포해야 한다. 동시에 우리는 하나님의 특성에 대한 어떤 모욕도 듣길 거부해야 한다.

하나님이 모세에게 "나는 ~이다"라고 말씀하셨을 때 "나는 엄격한 법률가"라거나 "나는 혹독한 주인"이라거나 "나는 내 백성의 두려움이나 슬픔은 아랑곳하지 않은 채 자신의 영광에 둘러싸인 하나님이다"라는 의미로 말씀하셨다고 생각하는 것은 불가능한 일이다. 만약 이러한 것들을 가지고 하나님의 "나는 ~이다"라는 말씀의 공란을 메워야 한다면 정말 소름 끼치는 일이다. 그러니 의심하지 말라.

모든 위로의
하나님과 함께하라

찬송하리로다. 그는 우리 주 예수 그리스도의 하나님이시요
자비의 아버지시요 모든 위로의 하나님이시며 우리의 모든
환난 중에서 우리를 위로하사 우리로 하여금 하나님께 받는 위로로써
모든 환난 중에 있는 자들을 능히 위로하게 하시는 이시로다. 고후 1:3-4

──────────── 하나님을 드러내는 이름 중에 '모든 위로의 하나님'
은 내게 가장 감미롭고 절대적인 위안이 되는 이름이다. 여기서 말하
는 '모든 위로'는 '예외가 없는 위로'라는 뜻이다. 그러나 실제로는
종종 정반대의 상황이 벌어지고 있다. 하나님의 자녀 가운데 많은 사
람의 신앙생활이 위로는커녕 극도의 불안으로 가득 차 있다. 이처럼
기독교인들이 시련 앞에서 일반인과 별반 다르지 않게 반응하는 이
유는 하나님에 대한 절대적인 신뢰가 없기 때문이다. 이들은 하나님
이 위로의 하나님이라는 사실에 주목하기보다는 자기 자신이 쓸모없
는 존재라서 하나님의 보살핌을 받을 자격이 없다든지, 하나님이 자
신의 시련에 대해 무관심하며 자신이 하나님을 필요로 하는 시간에
기대를 저버릴지 모른다고 의심한다.

이들은 자신의 신앙생활의 모든 것, 즉 자기 생각과 느낌, 성경에 대한 무관심, 열정적인 기도의 부재, 그리고 냉담한 마음에 대하여 걱정하며 불안해한다. 이들은 과거에 대한 후회와 미래에 대한 불안으로 괴로워한다. 이들은 천국에 들어갈 자격이 없다고 느끼며 자신이 그분에 속해 있음을 믿지 않는다. 이들은 세상 사람들과의 만남에서 행복과 위로를 찾으며, 우리 삶의 주인이신 위로의 하나님과의 관계에서는 평안을 찾지 못한다. 입술로는 모든 위로의 하나님을 고백하지만 삶 속에서는 마음의 평안이 없다고 끊임없이 불평한다. 말로는 하나님의 종이라고 떠들고 다니지만 실제로는 가는 곳마다 어둠과 불안을 퍼트린다.

이렇게 불만으로 가득한 기독교인들의 모습을 보면서 세상 사람들은 저들이 말하는 위로의 하나님은 그저 말뿐이지 현실에서는 아무런 위로도 줄 수 없는 존재라고 생각한다. 그래서 나는 많은 세상 사람이 아직도 하나님을 만나지 못한 이유 중 하나가 하나님과의 관계에서 진정한 위로를 찾지 못하는 기독교인들 때문이라고 생각한다.

사도들은 우리가 모든 사람에게 알려지고 읽힐 수 있는 '살아 있는 편지'가 되어야 한다고 말했다. 이 말은 세상 사람들은 하나님의 자녀가 어려움에 직면했을 때 위로의 하나님께 의존하고, 하나님과의 관계에서 평안을 찾는 모습을 보면서 하늘나라에 대한 소망을 갖게 된다는 뜻이다. 그리고 이 방법은 놀랍게도 대부분의 기독교인들이 생각하는 것보다 훨씬 더 복음을 전하는 데 결정적인 역할을 한다. 다시 말해 세상 사람들의 마음을 움직이는 것은 말이 아니라 행동이라는 것이다.

하나님이 하신 수많은 일에 대해서 말하기는 쉽다. 하지만 기독교인들의 삶이 전혀 위로받지 못하는 삶으로 보인다면 차라리 지나가는 바람에 부르짖는 게 나을 것이다. 세상 사람들이 귀로 들은 것을 우리의 삶과 행동에서 눈으로 확인할 때 우리가 전하는 하늘나라와 하나님이 그들의 마음으로 이해되기 시작할 것이다.

자, 그렇다면 자신에게 물어보라. 우리는 저들에게 어떤 모습으로 비치고 있을까? 직장과 일상에서 평안으로 가득한 삶을 사는 사람으로 비치고 있는가? 아니면 불만으로 가득한, 세상 사람들에게 그들과 별반 다를 바 없는 사람으로 비치고 있는가?

위로의
하나님을 경험하라

이쯤에서 누군가가 내가 말하는 '하나님의 위로'가 무슨 의미인지를 물어볼지도 모르겠다. "당신이 말하는 위로는 일상의 시련과 고통에 정면으로 맞서기에는 어울리지 않는, 천국에서나 볼 수 있는 실현 가망이 없는 은혜인가? 아니면 우리가 아는 것처럼 인생의 모든 시련과 고통마저 다 껴안는 진솔하면서도 완전한 위로인가?" 내 대답은 절대적으로 후자이다. 위로는 말 그대로 위로이다. 완벽한 위로, 조금 덜한 위로, 부족한 위로 같은 것은 없다. 위로는 우리가 위로받을 때 느끼는 감정 그대로다. 우리가 위로를 원할 때는 거창한 무엇인가를 원하는 것이 아니라 지금 이 순간 내 마음에 퍼져

가는 평안을 원하는 것이다. 그런 의미에서 나는 위로와 평안을 느끼는 것보다 삶에서 더 즐거운 일은 없다고 생각한다.

생각해보라. 어린아이였을 때 우리는 넘어지거나 속상한 일이 있으면 어머니의 품으로 달려갔다. 어머니 품에 안겨서 어머니의 따뜻한 팔과 머리 위로 느껴지는 부드러운 입맞춤을 감지할 때, 우리는 자신이 위로받고 있음을 안다. 어른이 되어서는 고된 일과를 마치고 실내화를 신은 채 책 한 권 들고 벽난로 옆의 편안한 의자에 앉을 때, 우리는 이것이 평안임을 안다. 고통스러운 병을 앓고 난 후 몸이 회복되기 시작하고 뻣뻣했던 다리가 조금씩 펴지면서 고통 없이 눈을 뜰 수 있을 때, 우리는 마음에 찾아오는 평안을 느낄 수 있다. 우리가 깊이 사랑하는 누군가가 죽을 만큼 아팠다가 다시 건강해졌을 때, 우리는 위로를 받는다. 우리는 살아가면서 수없이 안도의 한숨을 내쉬며 "아, 편안하다"라고 말했을 것이고, 이 편안하다는 말에는 이 세상 어떤 언어로도 표현할 수 없는 휴식과 안도, 만족과 기쁨이 내포되어 있다. 그러므로 우리는 '모든 위로의 하나님'이라는 의미를 이해하지 못할 수 없다.

그러나 슬프게도 우리는 그것을 마음으로 믿는 데는 실패하고 말았다. 오히려 그렇게 완벽한 위로가 있다는 사실 자체를 너무 이상적이라며 부정한다. 위로가 주는 즐거움과 충만을 초라하고 의심으로 가득한 인간의 본성이 감당하기에는 너무 벅차다며 물러선다. 그러다가도 가끔은 대담하게 모든 위로의 작은 한부분이라도 얻을 수 없을까 하고 바란다. 우리의 구주이신 예수 그리스도 안에서 우리가 당당히 누릴 수 있는 축복이 하나님의 위로임에도 마음으로 믿는 데 실패한 나머지 누릴 수 있는 축복을 버려두고 멀리 달아나버렸다.

"어머니가 자식을 위로함같이 내가 너희를 위로할 것인즉 너희가 예루살렘에서 위로를 받으리니"(사 66:13). 이 구절만큼 하나님의 위로를 제대로 설명해주는 말씀은 없다. 특히 이 구절에서 '같이'라는 단어에 주목하라. "어머니가 자식을 위로함같이 내가 너희를 위로할 것인즉." 어머니의 무릎에 앉고 어머니 옆에 기댈 때 아이들이 느끼는 위로가 여기에서 말하는 진정한 위로이다. 이 위로가 바로 하나님이 우리를 위해 마련하신 위로이다.

그런데 우리 가운데 얼마나 많은 사람이 하나님의 위로를, 우리가 어린시절 어머니의 무릎 위에서 느끼던 그런 위로로 느끼고 있을까? 우리는 하나님을 위로의 하나님이라기보다는 엄격하고 철저한 심판관, 거리를 두고 우리를 대하며 정중한 경의를 요구하는, 우리의 작은 잘못도 놓치지 않는 분으로 생각하고 있지 않는가?

그러나 나는 자신 있게 말할 수 있다. 그런 엄격한 심판관은 없다고. 정말로 실재하는 하나님은 어머니와 같은 분이시고, "어머니가 자식을 위로함같이 내가 너희를 위로할 것"이라고 말씀하시는 분이라고. 하나님은 계속해서 이렇게 말씀하신다. 가난한 사람들과 두려워하는 이스라엘 백성들에게 "내가 바로 너를 위로하는 자"라고. 그리고 하나님의 위로를 받아들이지 못하는 우리를 이렇게 책망하신다. "항상 너희를 위로하는 구세주이자 창조자인 내가 곁에 있는데 왜 너희는 두려워하느냐? 세상을 만들고 천국을 향해 손을 내밀고 있는 나를 기억하지 못하느냐? 내가 너희와 항상 함께하는데 두려워할 것이 또 있겠느냐?"

지금 우리와 함께하시는 하나님이 그 하나님이시며, 예수 그리스도의 아버지시고, 이 세상을 너무나 사랑하셔서 우리를 구원하시기 위해 독생자를 보내신 그 하나님이시다. 그분은 비탄에 잠긴 사람에게 희망을 주기 위해, 감옥에 갇힌 포로에게 자유를 선포하기 위해, 그리고 슬퍼하는 모든 이를 위로하기 위해 예수 그리스도에게 기름을 부으신 그 하나님이시다.

누구도 예외 없는
위로의 하나님

사도 바울은 고린도후서 서두에서 하나님을 "우리 주 예수 그리스도의 하나님이시요 자비의 아버지시요 모든 위로의 하나님"(고후 1:3)이라고 하였다. 여기서 우리는 '모든 이'라는 말에 주목해야 한다. 하나님은 몇몇 소수의 선택된 사람이 아닌 '모든 이'의 하나님이라고 하였다. 전 세계 구석구석에 있는 죄의 포로가 된 모든 사람, 모든 죄수, 비탄에 빠진 모든 사람이, 이 '모든 이'에 해당한다. 아무리 하찮고 가치 없고 의지가 약할지라도 여기서 단 한 사람이라도 배제된다면 '모든 이'가 될 수 없다.

나는 바울이 데살로니가 교인들에게 보낸 서신에서 특별히 '의지가 약한 자들'에 대해 언급한 것을 늘 감사하고 있다. 바울은 의지가 약한 자들을 책망하지 말고 위로하라고 말한다. 하나님의 어머니 같은 위로를 가장 필요로 하는 사람들은 다름 아닌 마음이 연약한 자들이기 때문이다. 이것이 사랑에 바탕을 둔 종교에서 우리가 누릴 수 있는 은혜이다. 예수 그리스도를 섬기는 우리가 누릴 수 있는 영광이 바로 이것이다. 예수님은 슬퍼하는 모든 이를 위로하기 위해 기름 부음을 받으셨다. 모든 위로의 하나님은 당신의 아들을 고통스러운 세상의 위로자로 보내셨다.

예수님을 그리스도로 영접하는 것을 거부했던 사람들에게 하늘의 불을 내리라고 제자들이 요구했을 때 예수님은 제자들을 책망하시며 "너희는 성령의 역사하심을 모르도다. 나는 인간의 삶을 파괴하기 위해 온 것 아니라 구원하기 위해 왔다"라고 말씀하셨다. 그래서 예수님은 죄인들과 함께 식사하셨다. 모든 사람이 등을 돌릴 때조차 막달라 마리아를 환대하셨다. 심지어 간음현장에서 잡혀 온 여인에게도 "너희 중에 죄 없는 자가 먼저 돌로 치라"(요 8:7)고 말씀하시며, 양심의 가책을 느낀 바리새인들이 모두 돌아가자 "나도 너를 정죄하지 아니하노니 가서 다시는 죄를 범하지 말라"(요 8:11)며 간음한 여인을 용서하셨다.

두 자매가 하나님에 관해 이야기하다가 동생이 말했다.

"나는 하나님이 나를 사랑하시지 않는 걸 알아. 하나님은 나처럼 작은 소녀에게는 관심이 없으실 거야."

그러자 언니가 말했다.

"이런, 동생아! 하나님은 바로 우리처럼 자신을 돌볼 수 없는 작은 소녀들을 돌보시는 분이라는 걸 모르겠니?"

두려움과 근심으로 매일 고민하는 영혼들, 나쁜 일이 생기지 않을까 노심초사하는 이들에게 나는 자신 있게 말할 수 있다. 우리 주 예수 그리스도는 슬퍼하는 '모두'를 돌보고 위로하는 분이라는 것을 말이다. 만일 그 모두에서 당신이 제외된다면 그 모두는 더 이상 모두가 될 수 없다. 그렇기에 여기서 말하는 모두에는 항상 당신이 포함되며, 당신이 빠진 '모두'는 있을 수 없다는 사실을 꼭 기억하기 바란다.

그런 우리의 하나님은 먼 하늘나라에 계시지 않는다. 바로 우리 곁에 계신다. 우리와 함께 살고 계신다. 예수님은 이 세상을 떠나실 때 제자들에게 그들과 영원히 함께 있을 '다른 위로자'를 보내주시겠다고 말씀하셨다. 이 위로자는 그들에게 모든 것을 가르치며 모든 것을 기억할 수 있게 하실 것이라고 말씀하셨다. 그리고 "평안을 너희에게 끼치노니 곧 나의 평안을 너희에게 주노라. 내가 너희에게 주는 것은 세상이 주는 것과 같지 아니하니라. 너희는 마음에 근심하지도 말고 두려워하지도 말라"(요 14:27)고 선언하셨다.

이런 부드럽고 사랑스러운 말씀을 받고, 우리가 어찌 불안하고 두려운 마음으로 돌아다닐 수 있겠는가? '평안을 주시는 하나님'이라는 말은 천상의 기쁨을 주는 말이다. 그 의미가 우리의 존재 깊은 곳에 새겨질 때까지 이 단어를 반복해서 되뇌어보자. 우리와 함께하시는 위로자는 왔다 갔다 하시는 분이 아니다. 가장 필요한 순간에 멀리 계시는 분도 아니다. 바로 이 순간 당신 옆에 계시며, 언제나 당신에게 슬픔 대신 기쁨과 성령의 풍성한 은혜를 부어주실 준비가 되어 있는 분이시다.

변함없이
함께하시는 위로자

'함께하시는 위로자'라는 말은 정말 놀라운 발견이다. 어려운 일을 겪을 때는 옆에서 우리를 위로하는 친구가 며칠만 함께해도 우리는 자신을 행복한 사람이라고 생각한다. 그런데 지금 바로 우리 곁에 우리와 언제나 함께하며 무한한 위로의 능력을 갖고 계신 천상의 위로자가 계신다. 그분은 단 1초도 우리를 홀로 두지 않으시며, 단 1초도 우리를 위로하지 않으신 적이 없다. 그러니 어떻게 우리가 불안해하고 슬퍼할 수 있겠는가?

나는 종종 초대교회의 제자들은 이 영광스러운 '위로자의 유산'이 무엇을 의미하는지 알고 있었는지 궁금했다. 하지만 오늘날의 제자들은 대부분 이것에 대하여 알지 못한다고 확신한다. 이들이 그 의미를 알고 있었다면 불안을 겪는 그리스도인이 그토록 많지는 않았을 것이다.

당신은 어쩌면 이 신성한 위로자가 우리의 죄로 인해 우리를 책망하시지 않을까 두려워할 수도 있다. 하지만 내 생각으로는 하나님의 위로가 필요한 부분은 바로 이 부분이다. 생각해보라. 우리 곁에서 우리의 잘못을 지적해주고, 그것에서 벗어날 수 있는 소망을 일깨워주는 하나님이 계시지 않다면 우리 모습은 어떻겠는가?

내가 뒤쪽에 볼썽사나운 구멍이 난 드레스를 입고 길을 걷고 있다고 상상해보라. 물론 나는 그런 사실을 모르고 있다. 이때 나를 비난하지 않고 그 사실을 알려주는 참다운 친구가 있다면 정말로 큰 위로가 되지 않겠는가? 이처럼 경건의 하나님, 모든 사물과 이치를 주관하시는 하나님이 우리 스스로 죄를 깨닫고 죄에서 멀어질 수 있도록 늘 옆에서 도우며 위로하신다는 사실은 실로 큰 위로가 된다. 그래서 미국의 철학자 에머슨은 이렇게 말했다. "인간은 다른 사람들이 자신의 결점을 알아채는 것보다는 스스로 자신의 잘못을 파악하는 것을 더 좋아한다." 그러니 우리의 죄와 잘못을 스스로 깨닫게 하시는 하나님의 위로에 그저 감사할 따름이다.

그럼에도 당신은 자신이 그분의 위로를 받을 자격이 없다면서 위로의 하나님을 거부할지도 모른다. 하지만 위로받을 자격이 있는 사람은 아무도 없다. 중요한 것은 우리 모두 하나님의 위로가 필요하다는 사실이다. 우리가 그분의 위로를 받을 만한 자격이 없기에 더더욱 절대적인 평안을 주시는 하나님의 위로가 필요한 것이다. 예수님은 죄인들을 구하기 위해 이 땅에 오셨다. 그렇기에 우리의 보잘것없음이 예수님의 평안을 필요로 하는 절대적인 조건이 되는 것이다.

이사야서에 따르면 하나님은 우리의 행동을 보고 격노하셨다. 그럼에도 우리를 치유하시고 위로를 주겠다고 약속하셨다. 우리에게 진노하신 하나님이 왜 우리를 회복시켜주시고 평안을 주시려고 하는 것일까? 그것은 우리가 그럴 만한 가치가 있어서가 아니다. 우리를 사랑하시기 때문이다. 사랑하는 자녀가 잘못을 저지를 때 책망하시고, 스스로 잘못을 깨닫게 하시며, 지은 죄를 씻고 치유를 얻길 원하시는 것이다. 그런 하나님의 사랑으로 우리가 하나님의 위로를 받는 것이다.

우리가 하나님의 위로를 갈급해할 때는 대개 그럴 만한 이유가 있기 마련이다. 나는 하나님이 우리 삶에 슬픔과 시련을 허락하신 이유가 여기에 있다고 본다. "그러므로 보라. 내가 그를 타일러 거친 들로 데리고 가서 말로 위로하고"(호 2:14). 어쩌면 우리는 실망과 고통의 거친 들에서 자신을 발견할지도 모른다. 우리는 그곳에서 우리를 사랑하시는 하나님이 왜 그러한 고통을 허락하셨는지 의아해한다. 하지만 우리가 바로 그 거친 들에 있을 때 비로소 하나님이 쏟아부어 주시는 위로의 말씀을 들을 수 있고 받아들일 수 있음을 안다. 우리는 위로의 말을 듣기 전에 위로의 필요성을 먼저 느껴야 한다. 하나님은 우리가 하나님의 위로를 필요로 하지 않고 사는 것보다 그분의 위로를 필요로 하고 위로를 받아들이며 사는 삶이 더 가치 있고 행복한 삶이라고 여기신다.

하나님의 위로를 얻기 위해 우리가 희생해야 하는 것보다는 얻는 것이 훨씬 더 귀한 것이다. 우리가 잃는 것은 세상의 것이다. 하지만 그 대가로 하나님은 천상의 선물을 주신다. 그러므로 세상의 황무지를 헤쳐나가는 과정에서 발견하고 체험하게 되는 하나님의 위로는 말로 표현할 수 없는 기쁨이다. 사도 바울은 "오직 그리스도를 얻을 수만 있다면 무엇이든 내게 유익하던 것을 다 해로 여긴다"라고 말했다. 하나님의 위로를 체험한다면 우리 역시 같은 고백을 하게 될 것이다.

그런데 이상하게도 우리가 행복하고 즐거울 때는 하나님이 '모든 위로의 하나님'이라는 사실을 믿기 쉽지만 어려움에 처해 정작 위로가 필요할 때는 우리를 위한 위로가 있을 것이라는 희망조차 믿기가 어려워진다. 우리는 "애통하는 자는 복이 있나니 그들이 위로를 받을 것임이요"가 아니라 "기뻐하는 자는 복이 있나니 저들만이 위로를 받을 것임이요"라고 말한다. 이상하게도 우리는 무의식 속에서 성경의 말씀들을 변형시킨다. 어떤 경우에는 의미를 정반대로 해석하거나 아니면 말씀에 '만약'이나 '그러나'라는 단서를 멋대로 덧붙인다.

예를 들어 "낙심한 자들을 위로하시는 하나님"(고후 7:6)이라는 아름다운 성경 말씀을 자신도 모르게 '낙심한 자들을 저버리시는 하나님'이라든지 '낙심한 자들을 지나치시는 하나님', 혹은 '자신이 위로받을 가치가 있는 사람이라고 증명해야 위로를 주시는 하나님'이라고 읽는다. 그 결과 자신을 비참과 절망 속으로 몰고 간다.

시편 기자는 말하기를 하나님은 "우리의 모든 위로의 필요를 아신다"라고 하였다. 이 얼마나 포괄적인 말인가? 위로받지 못한 채로 남겨지는 부분 없이 '모든 부분'이다! 그럼에도 아직도 수많은 기독교인이 "하나님은 내가 지금 겪고 있는 이 문제는 아니지만 다른 부분에서는 위로를 해주실 거야. 하지만 지금 이 시련에 대해서는 어디서도 위로를 구할 수 없어"라고 말한다. 하지만 하나님은 "모든 필요를 아신다." 하나님이 만드신 절대적인 전제 위에 우리 인간이 예외를 만들어내고 있는 것이다. 모든 위로를 주시려고 옆에서 지켜보시는 하나님이 계심에도 부족한 우리의 믿음이 스스로 아니라고 부정하는 것이다.

이런 안타까운 모습은 이스라엘 백성에게서도 찾아볼 수 있다. 하나님이 시온의 백성들에게 "하늘이여 노래하라. 땅이여 기뻐하라. 산들이여 즐거이 노래하라. 여호와께서 그의 백성을 위로하셨은즉 그의 고난당한 자를 긍휼히 여기실 것임이라"(사 49:13)고 말씀하실 때 시온의 백성들이 한 말을 보라. "여호와께서 나를 버리시며 주께서 나를 잊으셨다 하였거니와"(사 49:14). 이에 대해 하나님은 모든 인간의 슬픔을 다 채울 수 있는 위로의 말씀을 주신다. "너를 잊다니! 여인이 어찌 그 젖 먹는 자식을 잊겠으며, 자기 태에서 난 아들을 긍휼히 여기지 않겠느냐? 그들은 혹시 잊을지라도 나는 너를 잊지 아니할 것이라. 내가 너를 손바닥에 새겼다. 그러므로 내가 너를 잊는 것은 절대로 불가능하다! 위로받으라. 너를 위하여 노래하라"(사 49:15-16 참조).

어떻게 충만한 위로를 받을 수 있을까?

그렇다면 하나님의 충만한 위로는 어떻게 하면 받을 수 있을까? 정답은 의외로 간단하다. 우리가 받아들이기만 하면 된다. 하나님은 계속해서 우리에게 위로를 내려주시지만 우리가 그것을 받아들이지 않기 때문에 가질 수 없는 것이다. 신성한 위로는 어떤 신비스럽거나 독단적인 방법으로 오지 않는다. 그것은 신성한 순서의 결과로 찾아온다.

우리 안에 내재하신 위로자는 주님과 관계 있는 위안이 되는 일들을 우리의 기억 속으로 이끌어오신다. 우리가 그것을 믿으면 우리는 그로 인해 위로를 얻는다. 우리는 성경 말씀이나 찬송가의 한 구절, 혹은 사랑의 예수님과 우리를 향한 그분의 부드러운 보살핌과 관계가 있는 어떤 생각으로 이끌리게 된다. 우리가 순수한 믿음 속에서 그런 암시를 받는다면 위로를 얻게 된다. 그러나 우리가 위로자의 목소리에 귀 기울이는 것을 거부하고, 대신 낙심이나 절망의 목소리에 귀 기울인다면 어떤 위로도 우리 영혼을 어루만질 수 없다.

엄마라도 우는 아이를 달래기는 쉽지 않다. 우는 아이는 경직된 채 뾰로통하게 앉아서 위로받기를 거부한다. 이 아이에게 엄마의 위로의 말들은 믿어지지 않는다. 위로를 받기 위해서는 먼저 그 말을 믿는 것이 필요하기 때문이다. 하나님은 전 우주를 위로할 수 있는 위로의 말들을 이미 충분히 하셨다. 그럼에도 우리는 이런 위로의 말을 거부하는 불행하고 근심에 찬, 우울한 기독교인을 주위에서 많이 본다. 그리고 대다수의 기독교인들은 위로받는 것은 잘못된 것으로 생각한다. 이들은 자신이 그럴 만한 가치가 없는 존재라고 느낀다. 그리고 어떤 위로의 빛이 자신의 마음을 뚫고 들어오면 단호하게 그것들을 차단해버린다.

성경 말씀은 우리에게 소망을 주기 위해, 혹은 우리의 배움을 위해 준비된 것이라고 사도들은 말한다. 우리가 성경을 통해 위로받기 원한다면, 먼저 우리는 그 말씀을 믿어야 한다. 하나님의 어떤 말씀도 그것을 진심으로 믿지 않는 사람은 위로할 수 없다. 선장이 우리에게 그 배가 안전하다고 말하면 우리는 배에 오르기 전에 먼저 그 선장의 말을 믿어야 한다. 이는 자명한 일이고 주의를 환기하는 것조차 어리석은 일처럼 느껴진다.

하지만 종교적인 부분에서는 이러한 자명한 진실들이 쉽게 간과

된다. 나는 하나님의 위로를 얻고 싶다고 말하면서도 여전히 그분의 위로의 말을 의심하고, 자신이 직접 경험하기 전까지는 그 위로의 말씀을 믿을 수 없다고 생각하는 사람들을 실제로 알고 있다. 이는 배에 탄 승객이 선장의 말을 믿지도 않으면서 자신이 안전한 배에 타고 있음을 확신시켜달라고 요구하는 것과 같다. 위로는 믿음의 결과로 따라온다. 절대로 먼저 일어나지 않는다.

신앙생활에서의 위로는 일상에서의 경험과는 다른 어떤 것이다. 하나님은 "믿어라. 그러면 느낄 수 있을 것이다"라고 말씀하시고, 우리는 "느끼고 나면 믿을 수 있어요"라고 말한다. 우리는 어떤 것에 대해 그것이 우리의 소유임을 확인하기 전에는 그것을 가졌다고 생각하지 않는다. 정말로 돈이 은행계좌에 들어 있는 것을 알기 전에는 기뻐하지 않는다. 그래서 영적인 문제에서도 우리는 하나님의 질서를 뒤집는다. 우리는 그것을 먼저 느끼기 전에는 자신이 무엇인가를 소유하고 있다는 사실을 믿지 않는 것이다.

우리가 걱정과 불안에 압도되어 있다고 가정해보자. 이런 상황에서 주님은 우리를 위로하기 위해 무엇도 걱정할 필요가 없다고 안심시키신다. 그러면 우리는 우리의 모든 걱정을 하나님께 맡겨야 한다. 왜냐하면 하나님은 우리를 돌보시는 분이기 때문이다. "공중의 새를 보라. 심지도 않고 거두지도 않고 창고에 모아들이지도 아니하되 너희 하늘 아버지께서 기르시나니 너희는 이것들보다 귀하지 아니하냐"(마 6:26).

그럼에도 진정으로 위로받는 사람은 얼마 되지 않는다. 그 이유가 무엇일까? 단순히 믿지 않기 때문이다. 사람들은 하나님의 말씀을 믿기도 전에 그것이 진실인지를 알려주는 내적 감정이 생기기를 원한다. 이들은 하나님의 말씀을 믿을 수 있기를 소망하지만 자신은 특별해서, 그래서 그 말씀이 자신에게는 진실이 될 수 없다고 생각한다. 그리고 더 정직하게 말하면 그런 내적 느낌은 들어본 적이 없기에 하나님의 말씀은 자신에게는 적용되지 않는다고 믿는다. 결과적으로 그들은 하나님이 자신의 문제를 걱정하실 것이라고는 기대조차 하지 않는다. 그들은 "그것이 사실이라는 것을 느낄 수만 있다면"이라 말하고, 하나님은 "그것이 모두 사실이라는 것을 너희가 단지 믿기만 한다면"이라고 말씀하신다.

이처럼 우리가 위로받지 못하는 근저에는 단순히 불신앙이 있을 뿐이다. 그 이상도, 그 이하도 아니다. 하나님은 모든 위로를 주시지만 단지 우리가 그 위로의 말씀을 믿지 않는 것이다. 이것에 대한 치유책은 단순하다. 우리가 위로받기를 원한다면 하나님의 모든 위로의 말씀을 믿기로 하면 된다. 자신의 마음속의 말과 외부에서 들리는 어떤 의심의 소리도 완전히 거부해야 한다. 슬픔과 시련이 있을 때 신성한 위로자를 믿기 위해서는 그분의 모든 위로를 받아들이고, 기뻐하기 위해서는 우리의 마음을 부싯돌처럼 강하게 만들어야 한다. 왜냐하면 주변 일이 잘 풀리지 않을 때 하나님의 위로의 말씀을 믿는 것이 항상 쉬운 일은 아니기 때문이다. 신앙생활을 하면서 생기는 다른 문제들에 우리가 자기 의지를 개입시키듯 위로의 문제에도 우리 의지를 개입시켜야 한다. 우리는 위로받기를 선택해야 한다.

선한 목자 되시는
하나님을 만나라

여호와는 나의 목자시니 내게 부족함이 없으리로다. 시 23:1

———————— 성경 말씀 가운데 시편 23편보다 더 아름다운 위로로 충만한 것은 없다. 시편 23편에 필적할 만한 것이라면 요한복음 10장 정도일 것이다. 시편 기자는 우리에게 하나님은 우리의 목자라고 말한다. 그리고 하나님은 자신을 선한 목자라고 하신다. 이보다 더 위로가 되는 다른 말씀을 생각할 수 있을까?

하나님에 대한 가장 높고 고귀한 진실이 성경의 가장 흔하고 단순한 본문 속에서 발견된다는 사실이 정말 경이롭지 않은가? 우리가 어린시절부터 친숙하게 들어온, 어머니의 무릎을 베고 누워 듣던 그 자장가의 한 구절, 많은 사람이 하나님의 사랑을 표현하기 위해 가장 많이 인용하던 바로 이 구절이 단순하지만 하나님의 사랑을 최대로 표현한 구절이라고 할 수 있다.

사랑하는 독자여! 교회에서 처음으로 시편 23편을 실수 없이 암송했을 때 우리의 어린 마음이 얼마나 기쁨과 자랑스러움으로 가득했는지 그때의 흥분을 돌이켜보라. 하지만 안타깝게도 이 구절이 너무도 익숙해진 나머지 성인이 된 우리는 시편 23편이 지닌 그 심오한 의미를 잊고 사는 것 같다. 하지만 시편 23편이야말로 기독교의 진리를 가장 함축적으로 내포하고 있는 구절이다. "여호와는 나의 목자시니 내게 부족함이 없으리로다."

양은 목자에게
모든 것을 맡겨야 한다

여호와, 오 나의 친구! 이 얼마나 멋진 선포인가? 만물의 전능한 창조자이신 여호와 하나님, 온 우주를 마치 작은 물체처럼 자신의 손안에 잡고 계신 분, 그분이 나의 목자이시다. 하나님은 목자가 되어 양을 돌보듯 당신을 보호하고 보살피신다. 당신이 이러한 진실을 받아들인다면 당신의 신앙생활은 깊은 위로로 가득할 것이며, 당신의 오래되고 불편한 종교는 마치 안개가 여름 햇살에 사라지듯 영원히 사라지리라는 것을 약속할 수 있다.

나는 이것을 삶 속에서 생생하게 경험한 적이 있다. 나는 교회를 다니기 시작할 때부터 시편 23편을 들어왔기 때문에 너무 친숙하기는 했지만 그렇다고 특별히 마음에 다가오는 구절은 아니었다. 그러던 어느 날, 내 삶에 있어서 아주 중요한 순간이 찾아왔다. 비탄에 빠진 나는 누군가의 위로가 절실히 필요했지만 어디에서도 위로를 찾을 수 없었다. 성경책을 펼쳐보기도 어려울 정도였던 나는 마음속으로 몇몇 성경 구절을 떠올려보았다. 바로 그때 이 말씀이 기억났다. "여호와는 나의 목자시니 내게 부족함이 없으리로다."

처음에 나는 이 구절을 무시했다. "이건 다 알고 있는 구절이잖아! 큰 도움이 되지는 않을 것 같아." 그러고는 좀 더 도움이 될 만한 구절을 열심히 생각했다. 하지만 다른 어떤 구절도 떠오르지 않았다. 성경 전체에서 마치 다른 구절은 없는 것처럼 느껴졌다. 절망에 빠진 나는 생각을 고쳐먹고 "내게 다른 구절이 떠오르지 않는다면 이 구절로부터 도움을 얻을 수 있는 것이 조금은 있지 않을까?" 하고 자신을 타일렀다. 그리고 반복해서 이 말씀을 되뇌었다. "여호와는 나의 목자시니 내게 부족함이 없으리로다." 그러자 갑자기 이 구절이 내게 거룩한 빛을 비추는 듯하더니 내 마음속에 위로의 홍수가 흘러넘쳤다.

나는 바로 성경책을 집어 들었다. 그리고 성경책의 한 페이지 한 페이지를 넘기며 이 감춰졌던 위대한 보물, 즉 '하나님의 위로'가 진정 나의 것인지, 그리고 완전한 위로가 주는 이 충만함에 내 마음을 온통 바쳐도 되는지 알기 위해 본문을 읽어 내려갔다. 그러면서 내가 발견한 성경을 읽을 때 도움을 주는 방법을 적용해보았다. 하나님이 나의 목자이심을 밝혀주는 언약과 고백의 구절을 찾을 때마다 견고한 피라미드를 쌓듯 하나님의 말씀과 언약을 차곡차곡 쌓아올렸다. 그런 다음에는 다 지어진 말씀의 방패를 시련과 의심의 폭풍 앞에 세워놓았다. '하나님은 나의 목자'라는 방패는 견고한 성처럼 시련과 의심의 폭풍 앞에서 나를 든든히 보호하는 울타리임을 깨닫게 되었다. 내 마음에 도사리고 있는 의심의 그림자를 넘어 하나님은 나의 진정한 목자이심을 확신하게 되었다. 하나님은 자신에게 목자라는 이름을 부여하심으로써 그 이름에 걸맞은 의무도 짊어지셨다.

이에 대해 우리 주 예수님은 이렇게 말씀하셨다. "나는 선한 목자라. 나는 내 양을 알고 양도 나를 아는 것이 아버지께서 나를 아시고 내가 아버지를 아는 것 같으니 나는 양을 위하여 목숨을 버리노라"(요 10:14-15). 예수님은 이어 "삯꾼은 목자가 아니요 양도 제 양이 아니라 이리가 오는 것을 보면 양을 버리고 달아나나니 이리가 양을 물어가고 또 헤치느니라"(요 10:12)며, 자신은 삯군 목자가 아니라 선한 목자이심을 다시 한번 강조하셨다.

또한 하나님은 예언자들을 통해 삯군 목자에게 가차 없는 비난을 퍼부으셨다. 스가랴 선지자를 통해 "여호와께서 내게 이르시되 너는 또 어리석은 목자의 기구들을 빼앗을지니라. …화 있을진저 양 떼를 버린 못된 목자여 칼이 그의 팔과 오른쪽 눈에 내리리니 그의 팔이 아주 마르고 그의 오른쪽 눈이 아주 멀어버릴 것이라"(슥 11:15,17)고 경고하셨다.

에스겔 선지자를 통해서도 "인자야 너는 이스라엘 목자들에게 예언하라. 그들 곧 목자들에게 예언하여 이르기를 주 여호와께서 이같이 말씀하시되 자기만 먹는 이스라엘 목자들은 화 있을진저 목자들이 양 떼를 먹이는 것이 마땅하지 아니하냐. …너희가 그 연약한 자를 강하게 아니하며 병든 자를 고치지 아니하며 상한 자를 싸매주지 아니하며 쫓기는 자를 돌아오게 하지 아니하며 잃어버린 자를 찾지 아니하고 다만 포악으로 그것들을 다스렸도다. …그러므로 목자들아 여호와의 말씀을 들을지어다"(겔 34:2,4,7)라고 말씀하셨다.

우리는 신실하신 하나님이 삯군 목자와는 근본적으로 다름을 잘 알고 있다. 하지만 신실하신 하나님이 주시는 모든 평안과 위로를 마음껏 누리지 못하는 우리의 모습을 보면, 우리가 과연 주님을 온전히 따르고 있는지 의문이 든다. 우리는 우리 자신을 한번 뒤돌아봐야 한다. 우리는 하나님께 영혼의 갈급함을 부르짖을 때 들어주시지 않았다고 불평한다. 우리가 사방의 적들로 둘러싸였을 때 구해주시지 않았다고, 우리의 영혼이 어둠에 빠진 것을 아시면서도 구해주시지 않았다고, 약할 때 힘을 주시지 않았다고, 영적으로 병들었을 때 고쳐주시지 않았다고 늘 불평한다. 이것이 무엇을 의미하는가? 말로는 우리의 진실한 목자되신 주님이라고 외치면서도, 이런 불신과 불만을 터트리는 것은 하나님을 신실하지 않은 삯군 목자로 여기고 있는 것이 아닐까?

그러므로 비로소 여호와 하나님을 선한 목자로 받아들인 사람들은 시편 23편을 이렇게 읽을 것이다. "이전에 나는 이렇게 생각했다. 주는 나의 목자요 나는 그의 양이다. 내가 그를 붙잡지 않으면 그는 나를 떠날 것이다. 어둠이 내게 다가왔을 때 나는 한번도 그가 내 옆에 있다고 생각하지 않았고 나의 영이 배고파 울부짖을 때 주님이 나를 먹이실 것이라고 꿈도 꾸지 않았다. 하지만 나는 내가 하나님을 신실한 목자로 바라본 적이 없음을 깨달았다. 그리고 달라졌다. 나는 이전보다 더 강해지거나 나아지진 않았지만 하나님이 선하시다는 사실을 발견했고 그것이 내게 필요한 전부이다. '주는 나의 목자시니 내가 부족함이 없으리로다' 는 말이 진실임을 비로소 깨달았다."

그리스도인이여! 나는 당신이 이 문제를 당당하게 맞이하길 기도한다. 당신은 앞에 설명한 것과 같은 그리스도인인가? 나는 당신이 "주님은 나의 목자십니다!"라고 수백 번 고백했음을 알고 있다. 하지만 그것이 진실이라고 단 한 번이라도 믿어본 적이 있는가? 선한 목자의 보호 아래 있을 때 양들이 느꼈을 그 평안함과 행복, 자유를 느껴보았는가? 아니면 그저 버려진 양처럼 느끼고 있는가?

나는 당신이 이 질문에 진실하게 대답하기를 바란다. 당신은 만족스러운 종교생활을 하고 있는가? 아니면 그렇지 못한가? 당신이 후자에 속한다면 그것이 어떻게 하나님은 나의 목자시며 부족함이 없다는 고백과 일치하는가? 당신이 하나님은 나의 목자라고 고백하면서도 불평을 한다면 이는 누구의 잘못인가? 당신인가? 아니면 하나님인가?

여기서 당신은 어쩌면 "나는 주님을 비난하지 않습니다. 다만 그분의 보살핌을 받기에 나는 너무 약하고 어리석으며 무지합니다"라고 말할지도 모른다. 하지만 당신은 양이 언제나 약하고 무력하며 어리석다는 사실을 모르는가? 양에게 목자가 필요한 이유는 목자 없이는 자신을 돌볼 수 없기 때문이 아닌가? 그러므로 양의 행복과 안전은 양 자신의 힘이나 지혜에 달린 것이 아니라 양을 보살피는 목자에게 달린 것이다. 당신이 양이라면 목자에게 모든 것을 맡기기만 하면된다. 더 이상 아무것도 필요하지 않다.

잘되든 잘못되든
모든 게 목자 책임?

겨울이 다 지나갈 무렵, 두 무리의 양 떼가 자신들의 경험을 나누기 위해 모임을 가졌다고 상상해보자. 한 무리는 건강하고 상태가 매우 좋은 편이고, 다른 한 무리는 약하고 병들었으며 영양 상태가 별로 좋지 않은 편이다. 이럴 때 건강한 양 떼가 "우리가 건강하고 현명한 양이 되기 위해 우리 자신을 얼마나 잘 보살폈는지 봐!" 하고 자랑하는 일은 없다. 양 떼의 자랑은 모두 목자의 몫이다. "우리가 얼마나 좋은 목자를 가졌는지, 그리고 그가 우리를 어떻게 보살피는지 한번 봐! 우리 목자는 겨울의 비바람으로부터 우리를 보호했고, 들짐승으로부터 우리를 지켰으며, 언제나 좋은 음식만 주었어."

반면 다른 무리는 약하고 병들었으며 굶주리고 지친 양들이다. 이 양들이 건강하고 행복해보이는 양들을 보면서 "아! 불쌍하구나, 우리여! 우리가 이렇게 된 것은 스스로 책임지지 못해서다"라고 자신을 비난할까? 아니다. 이들 역시 자신의 목자에 대해서만 이야기할 것이다. "아아! 우리 목자는 너희 목자와 너무도 다르구나! 그는 우리를 먹이지 않고 자신의 배만 채웠어. 우리가 약할 때 그는 우리를 보살피지 않았고, 우리가 다쳤을 때 고쳐주지 않았으며, 우리가 부러졌을 때 싸매주지 않았고, 우리를 잃어버렸을 때 찾지 않았지. 그는 들짐승이 없는 맑고 화창한 날에는 우리 옆에 있었지만 위험하고 폭풍우가 칠 때는 우리를 버리고 도망가버렸어. 아, 우리도 너희처럼 좋은 목자를 가졌다면!"

이처럼 우리는 목자의 책임을 알고 있다. 그러나 이상하게도 우리는 우리의 신앙생활에서는 다른 잣대를 사용한다. 어리석게도 우리는 선한 목자만이 줄 수 있는 지혜와 보살핌을 인간에게 요구한다. 하지만 양처럼 연약한 존재인 인간은 반드시 실패한다. 평온해야 할 그리스도인의 삶은 불안으로 가득 차고, 심지어 비참하게 된다. 물론 인간은 양과 다르다. 양은 목자의 돌봄을 거부할 힘이나 지혜가 없다. 하지만 우리는 그렇지 않다. 인간은 양보다 더 지혜로운 피조물이기에 자기 일을 스스로 해결해야 한다고, 또는 해결할 수 있다고 믿으며 목자의 돌봄을 거부한다.

그리스도의 양 떼 중 한 마리가 병들었다고 가정해보자. 두 가지 설명만이 가능하다. 주님이 선한 목자가 아니어서 자신의 양을 제대로 돌보지 않았던지, 아니면 양이 그의 보살핌을 믿지 못해 자신을 맡기지 않았던지 둘 중에 하나이다.

하나님이 우리의 목자이심을 진정으로 믿는다는 것은 하나님이 우리의 선한 목자이심을 입술과 가슴으로 선포하는 것이다. 그러므로 선한 목자인 하나님의 자녀로서 우리가 평안을 얻지 못하는 이유는 바로 여기에 있다. 우리가 주님을 우리 목자로 받아들이지 않았던지, 아니면 선한 목자의 돌보심을 거부했던 것이다. 나는 당신이 이 문제를 똑바로 직시하길 바라며, 명확한 답을 스스로 내리기를 바란다. 왜냐하면 당신의 행복과 위로가 이 관계에 대한 올바른 판단에 달려 있기 때문이다. 그리고 당신을 돌보는 목자의 영광에 대한 문제이기 때문이다.

위로로 가득한 삶,
하나님께 영광

당신이 겪는 고통과 슬픔이 우리 주 예수 그리스도께 어떤 아픔으로 다가오는지 생각해본 적이 있는가? 목자에 대한 평가는 그가 돌보는 양 떼의 상태에 달려 있다. 목자는 자신의 자격에 대해 큰소리를 칠 수 있을지 모르지만, 그가 돌보는 양 떼의 모습이 뼈만 앙상하거나, 뼈가 부러졌거나, 아니면 많이 사라졌다면 그의 큰소리는 설득력을 잃을 것이다.

어떤 양 떼의 주인이 목자를 고용하려면 그 주인은 고용하고자 하는 목자의 이전 주인에게 그 목자에 대한 평가를 부탁할 것이다. 그 목자가 과거에 양을 어떻게 돌보았는지 확인해봐야 하기 때문이다. 예수님은 자신을 온 우주와 세상과 교회에 "나는 선한 목자"라고 선포하고 계신다. 따라서 세상이 예수님에게 "당신의 양은 어디에 있고, 그들의 상태는 어떻습니까?"라고 묻는다면 예수님은 우리를 가리키실 것이다. 그런데 우리가 예수님의 돌보심을 거절한 채 불행하고 애처로운 모습으로 서 있다면 세상은 예수님에 대해 어떻게 생각할까? 세상은 우리를 통해서 예수님을 본다. 그리고 그 결과에 따라 예수님에 관한 판단이 달라진다.

그리스도의 측량할 수 없는 부요함을 이방인에게 선포하기 위해, 그리고 태초부터 하나님이 감추신 교제의 신비를 드러내기 위해 부른 에베소 교인들에게 사도 바울은 편지를 쓰면서 이런 중요한 말을 했다. "이는 이제 교회로 말미암아 하늘에 있는 통치자들과 권세들에게 하나님의 각종 지혜를 알게 하려 하심이니 곧 영원부터 우리 주 그리스도 예수 안에서 예정하신 뜻대로 하신 것이라"(엡 3:10-11).

하나님이 그분의 다양한 지혜를 세상에 알림으로써 자신의 양들을 위해 영광스러운 운명을 계획하셨다는 것이다. 놀랍지 않은가? 이로써 우리는 구원을 향한 큰 신뢰와 그 신뢰로 인한 열망 때문에 우리 자신을 하나님께 드리기를 갈망하게 되는 것이다. 그리고 그 때문에 하나님은 이 세상에서 큰 영광을 받으실 것이며, 모든 세상이 그분을 신뢰하게 될 것이다. 하지만 우리가 하나님의 구원을 거부하고 하나님의 돌봄을 거절한다면, 하나님의 양식과 안식처를 거절한다면 우리는 병들고 가엾은 양 떼의 모습이 되어 있을 것이다. 우리의 이런 모습은 세상이 하나님을 향해 가는 것을 막고, 결국 하나님께 불명예가 될 것이다.

그리스도인들의 불만 가득한 모습을 보면 불신자들이 교회에 오지 않는 것도 당연하다는 생각이 들 때가 있다. 어떤 교회에서는 일년이 지나도록 구원의 확신을 얻고 새로운 신앙고백을 하는 새신자가 한 명도 없는 때가 있다. 이것은 하나도 이상한 일이 아니다. 당신이 굶주리고 지친 한 어린 양이라고 가정해보자. 여기저기 방황하다 한 무리의 양 떼를 보았는데 그들 역시 나만큼 헐벗고 불행한 모습으로 살고 있다. 그럴 때 그 양 떼의 목자를 찾아가겠는가? 누군가는 일부 교회가 잘 정돈된 묘지와 같다고 말한 적이 있다. 사람들이 일단 교회 안으로 들어오면 그곳에 틀어박혀 나오질 않기 때문이다. 무덤 속에서 평생을 보내고 싶은 사람은 없을 것이다. 우리가 교회 안으로 많은 불신자가 들어오기를 바란다면 우리가 건강하고 행복한 모습으로 살고 있어야 한다.

우리가 세상 사람에게 예수 그리스도의 구원의 복음을 전하고자 한다면 우리는 그들에게 그리스도께서 주시는 구원은 평안과 위로로 가득하다는 것을 보여줄 수 있어야 한다. 불만으로 가득한, 혹은 불만이 채워지지 않는 종교를 통해 힘든 자신의 삶에 또 다른 불편을 더하고 싶어 하는 사람은 없다. 그러니 비참한 우리의 모습을 가지고 불신자를 설득한다는 것은 부질없는 짓이다.

우리의 지치고 불만으로 가득한 모습으로는 우리에게 모든 평안과 위로를 약속하신 하나님께 영광을 돌릴 수가 없다. 당신은 하나님을 섬기고 그분께 영광을 돌려드리고 싶어 하지 않는가? 그렇다면 선한 목자에게 자신을 완전히 의탁한, 그래서 하나님의 위로로 가득한 삶을 세상 사람들에게 보여주어야 한다. 그러면 세상은 하나님을 신뢰하게 될 것이다.

주님을
나의 목자로 삼으라

자, 우선 선한 목자의 자격과 조건을 떠올려보라. 그런 다음 주님은 최상의 좋은 목자라는 사실을 똑바로 바라보라. 그리고 당신의 모든 의지를 집중해서 스스로 이렇게 말하라. "주님은 나의 목자십니다. 그분은 살아 계십니다. 그분은 살아 계십니다. 내가 어떻게 느끼든 그분은 '나는 있느니라. 나는 있느니라'고 말씀하십니다. 나는 무슨 일이 있어도 이 사실을 믿겠습니다." 그리고 단어마다 강조점을 달리해서 이 구절을 반복하라.

주님은 나의 목자십니다.
주님은 **나의** 목자십니다.
주님은 나의 **목자**십니다.

자, 다시 당신이 생각하는 이상적인 목자를 그려보라. 이 정도의 신뢰와 책임을 부여받을 수 있는 목자라면 그 목자는 이런 목자여야 한다는, 우리가 생각하는 이상적인 목자상을 그려보는 것이다. 그 목자는 우리가 상상할 수 있는 최고의 신뢰감과 최대의 책임감을 갖춘 목자일 것이다. 하지만 우리 주님이 "나는 선한 목자"라고 말씀하실 때는 우리가 상상할 수 있는 것보다도 더 큰 신뢰와 돌봄을 예비해두신 것이다. 예수님의 돌봄은 단순한 돌봄이 아니라 우리의 구원을 위함이다. 예수님은 목자가 양을 책임져야 함을 알고 계신다. 예수님은 평안과 건강, 심지어 자신이 어떤 손해를 감수하더라도 양 떼를 돌보며 양 무리 전체를 주인의 우리까지 안전하게 데려오는 사명을 받았음도 알고 계신다.

그래서 예수님은 "내가 하늘에서 내려온 것은 내 뜻을 행하려 함이 아니요 나를 보내신 이의 뜻을 행하려 함이니라. 나를 보내신 이의 뜻은 내게 주신 자 중에 내가 하나도 잃어버리지 아니하고 마지막 날에 다시 살리는 이것이니라"(요 6:38-39)고 말씀하셨다. 예수님은 또한 "나는 선한 목자라. 선한 목자는 양들을 위하여 목숨을 버리거니와"(요 10:11), "내 양은 내 음성을 들으며 나는 그들을 알며 그들은 나를 따르느니라. 내가 그들에게 영생을 주노니 영원히 멸망하지 아니할 것이요 또 그들을 내 손에서 빼앗을 자가 없느니라"(요 10:27-28)고 말씀하셨다.

예수님께서 이 세상에 오시기 전에 하나님은 "그러므로 내가 내 양 떼를 구원하여 그들로 다시는 노략 거리가 되지 아니하게 하고 양과 양 사이에 심판하리라. 내가 한 목자를 그들 위에 세워 먹이게 하리니 그는 내 종 다윗이라. 그가 그들을 먹이고 그들의 목자가 될지라"(겔 34:22-23)고 말씀하셨다. 나는 이 구절을 읽을 때마다 아버지의 불타는 사랑을 느낀다. 하나님이 아들인 예수 그리스도의 이름에 부어주시는 권능 때문에 예수 그리스도의 이름을 믿는 자는 누구나 악과 어둠을 두려워할 필요가 없다고 확신한다.

예수님은 자신의 책임을 잘 알고 있었기에 해야 할 일을 하셨다. 자신을 보호할 힘도 없고, 자신을 이끌 지혜도 없으며, 오직 무기력과 연약함만 가진 어리석은 양들과 동행해야 함을 예수님은 알고 계셨다. 그러나 이런 것들이 예수님을 좌절시킬 수는 없었다. 예수님의 힘과 능력은 이 모든 것을 뛰어넘고도 남음이 있었다.

그런데 이런 전지전능하신 하나님의 역사를 방해할 수 있는 것이 딱 한 가지 있다. 바로 목자에 대한 양들의 불신이다. 즉 하나님의 돌보심을 거부하는 것이다. 그래서 나는 당신에게 간청한다. 지금 이 자리에서 당신의 목자를 신뢰하고 따르길 원한다. 하나님의 돌봄과 인도하심에 당신을 맡기라. 그리고 그분을 전적으로 신뢰하라. 하나님이 당신을 어디로 인도하시든 두려워하지 말라. 하나님은 언제나 자신의 양을 푸른 초장과 잔잔한 물가로 인도하시는 분이다. 심지어 당신이 막막한 사막의 한가운데 있는 것처럼 보일지라도 선한 목자는 당신을 푸른 초장으로 이끄실 것이다. 하나님은 사막을 기쁨의 장소로, 장미꽃 봉오리로 만들 능력이 있으신 분이다. 하나님은 "잣나무는 가시나무를 대신하여 나며 화석류는 찔레를 대신하여 날 것이라. 이것이 여호와의 기념이 되며 영영한 표징이 되어 끊어지지 아니하리라"(사 55:13)고 약속하신다.

당신은 "내 인생은 슬픔과 유혹으로 가득하고 내가 잔잔한 물가를 거니는 동안에도 언제 나를 덮칠지 모릅니다"고 말할지 모른다. 하지만 우리의 목자는 폭풍이 몰아치는 바다를 향해 "고요하라"고 명령하신 분이다. 그분의 명령 앞에 성난 파도는 잠잠해졌다. 그런 예수님이 당신을 위해 이 땅에 찾아오셨다.

예수님을 따르던 수천 명의 무리는 자신을 예수님의 손에 맡길 때 거친 풍랑이 잠잠해졌고, 사막이 꽃으로 만발한 정원으로 바뀌었음을 증명했다. 그렇다고 모든 외적 어려움과 걱정, 고통이 더는 나타나지 않으리라는 것은 아니다. 하지만 그런 어려움과 걱정 속에서도 우리 영혼은 예수님이 마련하신 영혼의 푸른 초장과 잔잔한 물가에서 안식을 얻을 것이라는 약속이다. 목자는 자신의 양을 위한 최고의 목초지가 어디인지 알고 있다. 따라서 양들은 목자를 온전히 신뢰하며 충실히 따라야 한다.

그중에는 최고의 목초지가 세상의 시련과 훼방 한가운데 놓여 있을 수 있다. 하지만 우리가 하나님을 절대적으로 신뢰한다면 하나님이 우리를 그곳으로 인도하셨을 때 그곳이 하나님이 우리를 위해 마련하신 푸른 초장임을 확신하게 될 것이고, 그 목초를 먹음으로써 강한 그리스도인으로 성장하게 될 것이다.

선한 목자가 양 떼를 위해 얼마나 많은 일을 하는지는 말로 다 표현할 수 없다. 하나님은 당신의 자녀와 평화의 언약을 맺으시고 그 땅에서 악한 짐승들을 없애버리신다. 그래서 하나님의 자녀는 광야에서도 안전하며 숲속에서도 편안하게 잠을 잔다. 하나님은 당신의 자녀 주위에 축복의 울타리를 치신다. 하나님은 계절 따라 비가 오게 하시며, 그 비는 축복의 비다. 들판의 나무는 과실을 맺고 땅에서는 소출이 나며, 자녀는 자신의 땅에서 안전하게 거하며, 더는 이방인들의 괴롭힘을 당하지 않는다. 이들을 두렵게 할 수 있는 것은 아무것도 없다.

당신은 아마도 어떻게 하면 주님을 나의 목자로 삼을 수 있는지 궁금할 것이다. 하지만 당신이 이를 위해 할 일은 아무것도 없다. 왜냐하면 그분은 이미 당신의 목자이시기 때문이다. 당신에게 필요한 것은 오직 그분이 살아 계시다는 것과 그분이 당신을 만드셨다는 사실을 아는 것뿐이다.

엄마가 동생을 원하는 아이에게 동생이 태어났음을 알려줄 때 "얘야, 얼마나 동생이 태어나길 원했니!" 또는 "얘야, 네가 동생을 얻기 위해서는 무엇을 해야 할까?"라고 말하지 않는다. 부모는 바로 이웃사람들을 불러 모아 기쁨을 외치며 함께 춤을 출 것이다. "할렐루야! 둘째를 얻었어요!"

"천사가 이르되 무서워하지 말라. 보라. 내가 온 백성에게 미칠 큰 기쁨의 좋은 소식을 너희에게 전하노라. 오늘 다윗의 동네에 너희를 위하여 구주가 나셨으니 곧 그리스도 주시니라"(눅 2:10-11)는 선포가 이미 이루어졌기 때문에 우리는 "나만 구원자가 있어!" 또는 "그리스도를 구주로 삼기 위해 내가 무엇을 해야 하지?"라고 말할 필요도, 권리도 없다. 하나님께서 이미 우리의 구원자를 보내주셨기에 우리는 그저 기뻐하며 자신을 그분께 맡기기만 하면 된다. 복잡한 일은 아무것도 없다. 그저 믿고, 믿는 대로 행동하면 된다. 그리고 그 선한 목자를 믿고, 그분의 돌봄을 신뢰하는 모든 영혼은 그 즉시 하나님의 푸른 초장에서 먹으며 잔잔한 물가에서 거닐고 있는 자신을 발견하게 될 것이다. 하나님의 소유는 튼튼한 울타리가 아닌 것이 없고, 푸른 초장이 아닌 것이 없으며, 잔잔한 물가가 아닌 것이 없다. 하나님의 초장은 언제나 영혼의 평화와 위로의 장소이다.

이 모든 것이 믿기 어렵고 전적인 신뢰의 삶이 복잡하고 의심스럽다면 그것을 이해하려고 노력하기보다는 직접 그러한 삶을 살려고 시도해보라고 충고하고 싶다. 우리의 영혼을 달래주는 이 구절을 들고 이렇게 말하라. "이것은 나의 시편입니다. 나는 이것을 믿습니다. 이전에는 시편을 암송하면서도 그 의미를 제대로 이해하지 못했습니다. 하지만 이제 나는 주님이 나의 목자시며, 그분이 나를 돌보실 것을 믿기로 결단합니다. 다시는 의심하거나 의문을 품지 않겠습니다!" 양들이 자신의 목자에게 모든 것을 맡기듯 온전히 하나님을 신뢰하고, 그분이 이끄는 대로 따르며, 그분의 돌보심에 자신을 맡기라.

나로서는 위로로 가득한 신앙생활을 하는 데 있어서 시편 23편 외에 다른 어떤 구절도 필요하지 않다고 느낀다. 진정으로 시편을 믿는 사람들에게는 걱정을 위한 공간이 남아 있지 않음을 고백한다. 우리의 목자이신 주님과 함께한다면 어떻게 잘못되는 것이 가능하겠는가? 주님과 함께라면 시편의 모든 약속은 우리 것이 될 것이다. 그리하여 우리가 하나님을 알게 되었을 때 우리는 이렇게 말할 것이다. "내 평생에 선하심과 인자하심이 반드시 나를 따르리니 내가 여호와의 집에 영원히 살리로다"(시 23:6). 다가올 미래의 위험은 사라질 것이며, 하나님에 대한 우리의 확신은 사탄의 모든 공포로부터 우리를 구해낼 것이다.

진정한 아버지
하나님께 맡기라

내가 너희에게 대하여 말하고 판단할 것이 많으나 나를 보내신 이가 참되시매
내가 그들에게 들은 그것을 세상에 말하노라 하시되 그들은 아버지를 가리켜
말씀하신 줄을 깨닫지 못하더라. 이에 예수께서 이르시되 너희가 인자를 든 후에
내가 그인 줄을 알고 또 내가 스스로 아무것도 하지 아니하고
오직 아버지께서 가르치신 대로 이런 것을 말하는 줄도 알리라. 요 8:26-28

———————— '아버지'라는 이름은 예수님이 밝히신 하나님의 이름 중 가장 빛나는 이름이다. 하나님은 여러 가지 이름으로 인간의 역사 속에 함께하셨다. 그 이름들은 하나님의 성품을 설명해주는 이름이었고, 그리스도는 그 모든 것을 포함하는 이름 위에 하나님을 드러내셨다. 하나님은 세상의 그 어떤 이름보다 지혜롭고 강하시며, 모든 사랑과 선량하심 위에 계시며, 우리의 모든 필요를 공급해주시는 분이다.

예수님이 말씀하신 아버지라는 이름은 이 모든 것을 통합한 이름이다. 하나님의 독생자였던 예수님은 유일하게 하나님을 아는 분이셨고, 또 아버지라고 부를 수 있는 유일한 분이셨다. 예수님은 "하나님은 나를 아셨고 나도 그분을 알았다"라고 말씀하셨다.

구약성경은 하나님을 자기 백성을 위해 싸우는 강한 용사로, 때로는 잘 보살피는 전능하신 왕으로 자주 설명했지만 '아버지'라고 표현한 적은 드물었다. 구약성경에서 '아버지'라는 이름은 단지 몇 번 나올 뿐이고, 많아야 대여섯 번 정도였다. 반면 신약성경은 구약성경의 몇 백배 정도로 하나님을 아버지라고 표현한다. "본래 하나님을 본 사람이 없으되 아버지 품 속에 있는 독생하신 하나님이 나타내셨느니라"(요 1:18).

당신에게 하나님은
진정한 아버지인가?

현재 우리가 직면하고 있는 가장 중대한 의문은 예수님이 말씀하신 하나님 아버지를 얼마나 이해하느냐 하는 문제이다. 예수님은 아버지라는 단어를 반복적으로 사용하시지만 우리는 그 단어의 의미를 제대로 이해하고 있을까? 다만 어렴풋하게라도 아버지의 존재를 알고 있을까?

하지만 불안한 신앙생활을 하는 많은 하나님의 자녀를 보면서 나는 많은 그리스도인이 하나님 '아버지'에 대해 잘 이해하지 못하고 있다는 확신이 들었다. 하나님의 자녀는 하나님을 엄격한 재판관이자 혹독한 감독관이요, 다가갈 수 없는 고위 사제이자 냉정한 잣대를 들이대는 율법사 정도로 생각한다. 그러한 두려움 속에서 이들은 도대체 어느 쪽으로 가야 하는지, 또 하나님이 원하시는 것이 무엇인지 잘 모른 채 방황한다. 하지만 사랑 많고 동정심으로 가득한 하나님 아버지는 마치 육신의 아버지처럼 당신의 자녀를 세상의 모든 것으로부터 보호하며 함께하신다.

우리는 좋은 아버지를 알고 있으며 좋은 아버지에 대해 상상할 수 있다. 나도 그런 아버지를 한 분 알고 있는데 그분은 든든한 부성애로, 그리고 따뜻한 햇살로 나의 어린 시절을 가득 채워주셨다. 나는 아버지라는 존재가 있음을 알았기에 그 보호 안에서 내가 어떤 신뢰와 승리의 길을 걸었는지 뚜렷이 기억할 수 있다. 그러나 이러한 사랑스러운 아버지의 기억들 때문에 하나님이 얼마나 완벽한 아버지였는지를 잘 몰랐다.

예수님은 제자들에게 "하늘에 계신 아버지여"라고 하나님을 아버지라고 부르며 기도하도록 가르치셨다. 이는 우리가 하나님을 아버지로서 받아들여야 한다는 의미이다. 그래서 수세기 동안 수백만의 하나님 자녀들에 의해 아버지의 이름이 어디에나 선포되었다. 그럼에도 사람들은 하나님을 진정한 아버지로 알지 못했다.

하나님의 사랑과 보살핌을 의심하는 것은 오랜 시간 우리의 영혼을 피폐하게 만들었다. 횡포와 불친절, 그리고 무관심은 하나님이 왕이나 판사, 입법자로 불릴 때나 사용할 수 있는 말이다. 하지만 하나님은 모든 아버지 중의 아버지시며, 좋으신 하나님이기에 그런 말이 하나님께 적용되는 경우는 없다. 더 나아가 하나님은 무한하신 아버지시기에 항상 좋은 아버지가 그러하듯 그분의 성품에 맞게 행하신다. 좋은 아버지가 자녀를 잃어버리거나 무관심하거나 불공평하다는 것은 상상할 수 없는 일이다. 우리가 하나님을 아버지라 부르며 찬양하는 것은 하나님이 모든 아버지 가운데 으뜸이시며, 우리가 상상하고 느끼는 것 이상으로 아버지의 자격을 갖추셨음을 알고 있기 때문이다. 앞서 말했듯이 가장 좋은 아버지와 어머니를 하나로 합친 아버지가 된다는 것은 모든 사랑과 다정함, 동정심과 양보하심, 그리고 자기희생으로 이루어진 것이다.

"하나님의 또 다른 이름은 어떤가? 그 이름은 두려운 의미를 전달하지 않는가?" 당신은 이런 의문을 제기할 수 있다. 하지만 그렇게 질문하는 까닭은 아버지의 복된 이름이 당신에게 속해 있지 않기 때문이다. 아버지라는 이름은 하나님이 가지신 다른 모든 이름의 기초가 되었다. 하나님이 재판관으로 불리기도 하셨나? 그렇다. 하지만 그분은 아버지와 같은 사랑으로 재판하시는 분이다. 하나님은 왕이시지 않은가? 그렇다. 하지만 그분은 아버지시기도 하다. 아버지의 다정함으로 세상을 통치하시는 분이다. 그분은 입법자시지 않은가? 그렇다. 하지만 그분은 자녀의 나약함과 무지를 아시고 아버지의 마음으로 적절한 법률을 주시는 분이다.

우리는 하나님을 '우리 아버지' 외에 다른 이름으로 불러서는 안 된다. 우리가 하나님을 정의할 때는 '우리 아버지'라는 개념이 기초가 되어야 하며, 또 그 이름으로 제한되어야 한다. 세상의 좋은 아버지들이 하지 않는 일은 우리의 아버지되신 하나님도 하시지 않으며, 세상의 좋은 아버지들이 해야 하는 일은 우리의 아버지되신 하나님도 반드시 하신다.

요한복음 17장에 나오듯이 예수님은 마지막 기도에서 하나님이 독생자를 사랑하심과 같이 우리를 사랑하신다는 사실을 깨닫는 것이 얼마나 중요한 일인지를 알려주기 위해 '아버지'라는 이름을 선포하셨다. 하지만 이 말씀을 진정으로 믿고 있는 사람은 얼마나 되는가? 이 말씀을 진정으로 믿는다면 불안에 떨며 그분께 반항하려는 생각을 과연 할 수 있을까?

거룩하신 아버지는 어떤 상황에서도 우리를 독생자를 사랑하시듯 사랑하시며, 예수 그리스도는 우리를 최고로 보살피신다. 그래서 어떤 일이 있더라도 염려하지 말고 걱정하지 말라고 단호히 말씀하셨던 것이다. 아버지와 그분을 전적으로 믿는 것이 가장 안전한 길임을 아시기 때문이다.

예수님이 나만의 하나님 아버지가 아니라 "너희 하늘 아버지"라고 말씀하신 것은 매우 감동적이다. "하물며 참새와 백합화도 돌보시는 분이신데 많은 새들보다 더 소중한 너희를 돌보시지 않겠느냐." 예수님이 하늘 아버지께서 우리의 모든 필요를 아신다고 말씀함에도 우리가 걱정하고 근심하는 것은 얼마나 어리석은 짓인가? 하나님은 좋은 아버지시기에 우리의 필요를 알며, 그에 따라 좋은 것으로 주실 것이다.

당신의 아버지를
제대로 알라

그럼에도 우리가 이를 이해하지 못하는 이유는 무엇 때문일까? 예수님은 다시 한번 세상의 아버지와 하늘 아버지를 비교하신다. "너희가 악한 자라도 좋은 것으로 자식에게 줄줄 알거든 하물며 하늘에 계신 너희 아버지께서 구하는 자에게 좋은 것으로 주시지 않겠느냐"(마 7:11). 배고픈 자녀에게 빵과 생선 대신 돌과 뱀을 주는 아버지를 상상할 수 있을까? 하나님은 우리에게 더 좋은 것을 주시려 할뿐 아니라 구하는 것보다 더 많이 주시길 원한다. "적은 무리여 무서워 말라. 너희 아버지께서 그 나라를 너희에게 주시기를 기뻐하시느니라"(눅 12:32).

하나님은 주시는 것에 인색하지 않으시며 주시는 일은 하나님의 기쁨이다. 하나님은 주시는 것을 좋아하신다. 하나님은 당신이 원하는 것 이상으로 당신에게 하나님의 나라를 주고 싶어 하신다. 당신이 부모라면 이를 이해할 수 있을 것이다. 우리는 우리의 경험을 통해 하나님의 나라를 주시는 것이 그분께 얼마나 큰 기쁨이 되는지를 이해할 수 있을 것이다.

그럼에도 우리는 왜 구할 때 두려움에 떨고, 자신을 근심으로 괴롭히며, 하나님이 우리의 필요를 채워주시지 않을 것이라 생각하는 것일까? 여기에는 오직 한 가지 대답밖에 없다. 그것은 우리가 아버지를 잘 모르기 때문이다. 하나님은 우리를 '가족'이라고 말씀하셨다. 성경은 자신의 가족을 돌보지 않는 사람은 "믿음을 배반한 자요 불신자보다 더 악한 자"(딤전 5:8)라고 비난한다. 이것이 성경의 원리이다. 이 원칙은 하나님께도 적용되어서 그분이 만약 당신의 가족인 우리를 돌보시지 않는다면 하나님 자신의 말씀이 그분을 책망하게 될 것이다. 나는 이것을 경건하지만 단호하게 말한다.

하늘에 계신 아버지의 책임을 처음 발견한 순간은 나에게 가장 중요한 순간이었다. 내가 짊어지고 있던 삶의 무거운 짐이 한순간 나의 어깨에서 그분의 어깨로 옮겨졌다. 내가 가지고 있던 모든 두려움과 불안, 그리고 의문점들이 그분의 애정어린 보살핌 속으로 사라져 버렸다. 나는 이 세상에서 자기 자녀를 보살피고 보호하기 위해 온 힘을 다하는 것은 하나님이 인간에게 부여하신 본능임을 깨달았다. 세상 부모들에게 자녀에 대한 책임감을 심어주신 것처럼 하나님 역시 자녀에 대한 책임감을 갖고 있으며, 그러한 사실을 아는 것은 우리에게 매우 중요한 일이다. 이것을 깨달았을 때 나는 기쁨의 함성을 지르지 않을 수 없었다. 그리고 그 기쁨의 순간에 나의 모든 근심은 사라졌다. 이러한 통찰력이 영혼으로 전해져 올 때 그 영혼은 본질적인 안식을 누릴 수 있게 된다.

우리는 하나님 아버지와 함께 있을 때 완전한 안식에 이를 수 있다. 내가 이러한 기쁨을 누리고 있을 때 다시 의심과 불안, 두려움이란 유혹이 다가왔다. 하지만 나는 이 유혹에 대항하지 않았다. 그러한 나의 행동은 하늘에 계신 아버지에 대한 믿음에 의문을 던지는 일이라고 믿었기 때문이다.

우리는 의심과 공포가 자신의 부덕에서 발생한다고 생각하는 데 익숙해져 있다. 심지어 그것을 겸손의 의미로 받아들이기도 한다. 그래서 어떤 면으로는 그것이 하나님을 기쁘게 할 것이라고 오해하기도 한다. 하지만 자녀가 부모의 사랑을 의심하고 부모가 자신을 보호하지 못할 수도 있다는 두려움을 느낀다면 이 의심과 공포는 자녀가 부모를 사랑한다는 증거가 될 수 있을까? 더욱이 의심과 두려움을 느끼는 것이 과연 부모를 즐겁게 하는 일이 될 수 있을까?

우리가 내면의 두려움과 불안, 그리고 의혹을 물리치는 방법은 그것들을 던져버리고 다시는 생각하지 않는 것이다. 알코올 중독자에게 술을 포기하라고 강요하듯 우리도 우리의 의문을 포기할 수 있다. 우리는 의심하지 않고 맹세할 수 있다. 그분의 신실하심에 대한 의문을 포함하여 그분을 의심하는 것이 주님을 향한 죄라는 사실을 알게 된다면 우리는 의심을 포기하려고 노력할 것이다. 당신은 지금도 그분에 대해 의심하고 있을지 모른다. 왜냐하면 우리는 자신이 가치 없는 영혼이라는 생각을 하는 게 신앙의 일부분이라고 여기기 때문이다. 하지만 우리 아버지가 신실하신 하나님이란 사실을 알게 된다면 우리는 두려움이 주는 의심을 물리치고 하나님의 사랑과 보살핌 속에 안주하게 될 것이다.

그분의 성품과 이름을 통해 우리에게 보여주는 '우리 아버지' 라는 하나님의 이름 외에 우리 영혼에게 필요한 것이 또 무엇이 있겠는가? 사도 빌립은 "아버지를 우리에게 보여주옵소서. 그리하면 족하겠나이다"(요 14:8)라고 말했다. 그것으로 충분하다!

하루는 내 친구가 필라델피아의 아주 허름한 동네에 사는 가난한 흑인 여인을 만나러 갔다. 그 여인은 나이가 많았고, 류머티즘으로 고통을 겪고 있었다. 그녀는 이웃의 도움으로 작은 단칸방에서 겨우 연명하는 삶을 살고 있었다. 하지만 그녀는 밝고 명랑했으며 늘 감사와 고마움을 잊지 않았다.

친구는 극한 상황에서도 밝게 살아가는 그녀의 모습에 크게 놀랐다. 그래서 물었다.

"당신은 이곳에서 고독하게 병마와 싸우며 살고 있는데 미래가 두렵지 않습니까?"

그러자 흑인 여인은 친구를 놀란 눈으로 바라보며 이렇게 말했다.

"두려움이요? 왜요? 당신은 나에게 아버지가 계신 것을 모르십니까? 하나님이 나를 영원토록 보살피신다는 사실을 모르시나요?"

친구가 당황하며 어찌할 바를 모르자 그 여인은 다시 한번 확신에 찬 목소리로 말했다.

"왜 놀라는 거죠? 그분은 나의 아버지시지만 당신의 아버지시기도 한 걸요. 하나님이 항상 자신의 자녀를 보살피신다는 사실은 당신도 알고 있지 않나요?"

친구는 그녀가 가르쳐준 교훈을 절대 잊지 않았다.

사도 요한은 "보라. 아버지께서 어떠한 사랑을 우리에게 베푸사 하나님의 자녀라 일컬음을 받게 하셨는가. 우리가 그러하도다. 그러므로 세상이 우리를 알지 못함은 그를 알지 못함이라"(요일 3:1)고 말했다. 하나님이 우리에게 주신 '어떠한 사랑'은 아버지가 아들에게 주는 사랑이다. 다정하게 보호하는 사랑, 우리의 약함과 필요를 아시는 것, 상황에 맞게 보살피시는 것, 이 모든 것은 하나님이 주신 사랑이다.

어깨의 짐을
아버지께 내려놓으라

하나님은 우리를 아들처럼 대하신다. 그런 하나님이 우리에게 바라시는 한 가지는 우리가 불안해하지 않고 그분을 신뢰하며 아버지처럼 대하는 것이다. 우리는 아들의 자리에서 그분을 신뢰하며 그분에게 기대고, 그분은 아버지의 자리에서 보살피시면 되는 것이다. 왜냐하면 우리는 자녀이고 그분은 아버지시기 때문에 자녀는 자녀의 일을, 아버지는 아버지의 일을 하는 것이다. 그런데도 우리는 자주 스스로 아버지가 되어 너무 많은 짐을 짊어진다.

주님이 우리를 보살피시기에 우리의 짐을 아버지께 맡기라고 하신 말씀은 지극히 당연하다. 그분은 우리를 보살피신다. 아버지로서 아버지의 일을 하시는 것이다. 그렇게 하시지 않는다면 그분은 절대 좋은 아버지가 될 수 없다. 하나님이 바라시는 것은 우리가 무엇이든 필요할 때 말씀드리고 모든 것을 하나님께 맡기는 것이다. "그리하면 모든 지각에 뛰어난 하나님의 평강이 그리스도 예수 안에서 너희 마음과 생각을 지키시리라"(빌 4:7). 성경 말씀처럼 우리가 그분을 찾으면 우리에게 평강이 있다.

좋은 자녀는 아버지에 대한 신뢰가 두텁다. 아버지의 극진한 보살핌을 받고 자랐기 때문이다. 하지만 평화롭지 못한 주님의 자녀를 자주 목격한다. 그분의 보살핌을 신뢰하지 못하고 두려워하기 때문이다. 하나님께 자신의 간구를 드리기는 하지만 그것이 전부이다. 이들은 형식적인 신앙생활을 하며 주님이 자신을 보살피신다는 사실을 실제로는 느끼지 못한다. 하나님의 존재를 인식하지 못한 채 그분의 보살핌을 구하지도 않고 자신을 속박하며 모든 짐을 자신의 양어깨에 짊어지고 산다.

이런 삶은 얼마나 어리석은 삶인가? 이들이 이렇게 사는 이유는 하나님을 자신의 아버지로 발견하지 못했기 때문이다. 그것이 아니라면 이들은 기도할 때만 하나님을 아버지라고 부르는 것이다. 하나님 아버지는 사랑이시며, 다정하시고, 동정심이 많으시며, 자비로우시고, 우리를 보호하시는 분이다. 그러므로 우리의 고민과 불안을 치료할 수 있는 유일한 방법은 아버지와 친하게 지내는 것뿐이다.

"너희는 다시 무서워하는 종의 영을 받지 아니하고 양자의 영을 받았으므로 우리가 아빠 아버지라고 부르짖느니라"(롬 8:15). 독자들이여, '양자의 영'이 당신을 다스리고 있는가? 아니면 '종의 영'이 당신을 다스리고 있는가? 신앙생활의 평안은 당신이 어떤 생각을 하느냐에 달려 있다. 양자의 영만으로는 부족함을 느낀다면 어떤 씨름과 고뇌도, 어떤 기도도, 어떤 시도도 당신에게 평안을 가져다줄 수 없다.

그럼 양자의 영은 어떻게 얻을 수 있을까? 그 대답은 양자의 영은 얻어질 수 있는 것이 아니라는 것이다. 그것은 하나님이 실재하는 아버지라는 사실을 발견할 때 자연스럽게 우리에게 찾아오는 것이다. 그렇게 되면 우리가 하나님의 자녀처럼 느끼고 행동하는 것을 막을 수 없다. 이것이 양자의 영의 의미이다. 신비한 것도 불가사의한 것도 아니다. 그것은 당신이 아버지가 계심을 발견했을 때 나타나는 단순한 결과물일 뿐이다.

따라서 가장 중요한 것은 양자의 영을 발견하는 일이다. 그것을 발견하기 위해서는 그리스도께서 우리에게 하시는 말씀에 귀 기울이고 그대로 믿어야 한다. "진실로 진실로 네게 이르노니 우리는 아는 것을 말하고 본 것을 증언하노라. 그러나 너희가 우리의 증언을 받지 아니하는도다"(요 3:11). 하나님이 아버지라는 지식을 얻기 위해서는 그리스도께서 주시는 증거를 받아야 한다. "너희에게 이르는 말은 스스로 하는 것이 아니라 아버지께서 내 안에 계셔서 그의 일을 하시는 것이라"(요 14:10). 주님은 이 말씀을 계속 반복하셨다. 예수님의 말씀을 받아들인 사람이 극히 소수인 것 때문에 슬퍼하신 예수님은 잊지 못할 말씀을 하셨다. "그의 증언을 받는 자는 하나님이 참되시다는 것을 인쳤느니라"(요 3:33).

그리스도의 권위는 이것을 통해 바로 설 수도, 나락으로 떨어질 수도 있다. 우리가 그분의 증거를 받아들이면 우리는 하나님이 참되신 분이라고 인치는 것이다. 그러나 그분의 증거를 받아들이지 않으면 우리는 주님을 거짓말쟁이로 만드는 것이다. "네가 나를 알았다면 나의 아버지도 알았을 것이다. 그 이후로는 너는 그분을 알았고 또 보았느니라." 우리가 해야 할 일은 우리의 마음을 다잡아 주님의 말씀을 받고 아버지를 아는 것이다. 다른 사람들이 어떤 신을 숭배하든 우리는 오직 한 분이신 하나님 아버지를 믿어야 한다.

"비록 하늘에나 땅에나 신이라 불리는 자가 있어 많은 신과 많은 주가 있으나 그러나 우리에게는 한 하나님 곧 아버지가 계시니 만물이 그에게서 났고 우리도 그를 위하여 있고 또한 한 주 예수 그리스도께서 계시니 만물이 그로 말미암고 우리도 그로 말미암아 있느니라"(고전 8:5-6).

위로와 평안을 주시는
하나님의 이름들

여호와여 그들의 얼굴에 수치가 가득하게 하사
그들이 주의 이름을 찾게 하소서. 그들로 수치를 당하여
영원히 놀라게 하시며 낭패와 멸망을 당하게 하사
여호와라 이름하신 주만 온 세계의 지존자로 알게 하소서. 시 83:16-18

여호와는 하나님의 여러 이름 가운데서도 가장 포괄적인 이름일 것이다. 신학자 크레덴은 여호와를 말로 표현하기 어려운 이름이라고 설명했다. 여호와는 '홀로 계신 분' '나는 나다'란 의미로, 일반적으로 하나님을 부를 때 사용된 이름이다. 그러나 우리는 여호와를 설명하는 이름들을 성경에서 찾아볼 수 있다.

- 여호와 이레 : 스스로 준비하시는 여호와
- 여호와 닛시 : 승리의 깃발이신 여호와
- 여호와 샬롬 : 우리의 평강이신 여호와
- 여호와 치드케누 : 우리의 의이신 여호와
- 여호와 삼마 : 거기에 임재하고 계신 여호와

여호와 이레, 필요를 살피고 채워주시는 분

하나님의 백성들은 힘든 시기를 통과할 때 이러한 하나님의 이름들을 발견했다. 이 이름들은 여호와의 특성을 설명하는 동시에 그 이름들을 통해 하나님의 성품이 자연스럽게 표현되었다. 아브라함이 자기 아들을 제물로 바치려 했을 때 하나님은 양을 한 마리 주셔서 이삭을 구하셨다. 이를 통해 아브라함은 하나님이 스스로 준비하시고, 우리 필요를 채워주시는 여호와라는 놀라운 특징을 발견하게 되었다. 그래서 아브라함은 하나님을 여호와 이레, 즉 '스스로 준비하시는 여호와'라고 불렀다.

신약에는 이와 비슷한 사례가 셀 수 없이 많다. 예수님은 우리에게 걱정하지 말라고 강하게 말씀하셨다. 왜냐하면 예수님이 우리를 걱정하시기 때문이다. 예수님은 "하늘에 계신 너의 아버지께서 너의 필요를 아시니라"고 말씀하셨다. 하나님이 우리 필요를 아신다면, 당연히 하나님이 준비하고 공급하시기 때문이다. 훌륭한 어머니는 자녀가 필요로 하는 것을 알자마자 즉시 그 필요를 채워주기 위해 준비한다. 훌륭한 어머니는 자녀가 요구할 때까지 기다리지 않는다. "나는 너의 필요를 살피는 자라"는 하나님의 말씀은 "나는 너의 필요를 채워주는 자라"는 말씀과 같다.

그러면 당신은 물을 것이다. "그렇다면 왜 내가 가지고 싶은 것을 다 주시지 않습니까?" 이에 대한 가장 정확한 답은 하나님이 보실 때 당신이 원하는 것은 당신에게 정말로 필요한 것이 아니기 때문이다.

하나님은 종종 우리에게 필요한 것을 채워주시기 위해 우리가 원하는 것을 억제시키신다. 당신은 모르지만 하늘에 계신 아버지는 당신이 필요로 하는 것을 잘 알고 계신다. 당신이 원하는 것만 충족시키는 데 주력한다면 정말로 필요한 것은 채워지지 않을 것이다. 하나님은 참으로 여호와 이레의 하나님이시며 스스로 준비하고 채워주시는 하나님이시다.

나는 오늘날의 많은 그리스도인이 아직도 아브라함과 같은 발견을 하지 못하는 것이 안타깝기만 하다. 하나님이 여호와 이레의 하나님이라는 사실을 깨닫지 못하는 것이 안타깝다. 이들은 미래에 영혼을 구원받기 위해 하나님을 믿을지도 모르지만 바로 지금 하나님이 아들의 근심을 짊어지고 싶어 하신다는 사실을 상상조차 하지 않는다. 이러한 사람들은 내가 이야기를 나누었던 어떤 남자와 비슷하다.

그는 늘 무거운 짐을 등에 지고 다녔다. 한번은 그의 친구가 마차에 탈 것을 권유하자 그는 감사한 마음으로 친구의 도움을 받아들였다. 하지만 친구의 마차에 올라탄 그는 등의 짐을 내려놓지 않은 채 머리를 숙이고 앉아 있었다.

그 모습을 보고 친구가 말했다.

"자네는 왜 짐을 바닥에 내려놓지 않는가?"

그러자 그는 이렇게 대답했다.

"나를 태워주는 것만 해도 매우 고마운 일인데 어떻게 짐까지 들어달라고 하겠나?"

당신은 그 남자가 미련한 사람이라고 생각할 것이다. 하지만 당신의 행동이 그 남자와 똑같다고는 생각하지 않는가? 당신 역시 하나님께 자신을 보살펴 달라고 기도하면서도 자신의 짐은 내려놓지 못하고 있지 않는가? 누가 더 어리석은가? 당신인가, 그 남자인가?

여호와 닛시, 승리의 종소리를 울리게 하시는 분

여호와 닛시, 즉 '승리의 깃발이신 하나님'은 모세가 발견한 이름이다. 아말렉이 이스라엘의 르비딤으로 쳐들어왔을 때 하나님은 이스라엘 백성들에게 영광스러운 승리를 안겨주셨다. 모세는 하나님이 그들과 함께 싸우신다는 것을 깨달았고, 여호와 닛시, 즉 승리의 깃발이신 하나님을 위해 제단을 세웠다. 성경에는 이 이름이 더욱 확장된 이야기들로 가득하다. "너희 중 한 사람이 천 명을 쫓으리니 이는 너희의 하나님 여호와 그가 너희에게 말씀하신 것같이 너희를 위하여 싸우심이라"(수 23:10). "여호와께서 이같이 너희에게 말씀하시기를 너희는 이 큰 무리로 말미암아 두려워하거나 놀라지 말라. 이 전쟁은 너희에게 속한 것이 아니요 하나님께 속한 것이니라"(대하 20:15). "하나님이 우리와 함께하사 우리의 머리가 되시고"(대하 13:12).

하나님은 항상 우리와 함께 싸우신다. 이는 성경에 나오는 어떤 사실보다도 풍부하게 검증된 사실이다. 하나님은 우리가 우리의 영적인 적을 상대할 어떤 힘도 능력도 없다는 사실을 잘 알고 계신다. 그래서 연약한 자녀가 적의 공격을 받을 때 온몸으로 싸우는 어머니처럼 하나님은 우리를 위해 싸우신다. 그리고 하나님이 우리에게 바라시는 것은 그냥 모든 걸 주님께 맡기는 것이다. 이것이 영적 전쟁에서 승리할 수 있는 유일한 길이다.

하지만 우리는 이를 아주 천천히 배운다. 그리고 유혹이 있을 때마다 하나님께 싸움을 맡기는 것이 아니라 우리가 가진 모든 무기를 총동원해서 싸워 이기려 한다. 때때로 우리는 하나님을 우리 가까이 계시다가 가장 힘든 시기가 왔을 때만 잠시 도움을 주시는 분이라고 생각한다. 그래서 전쟁의 대부분은 스스로 책임져야 한다고 여긴다. 우리가 하는 싸움의 순서는 반복되는 회개와 결심, 그리고 실패, 또다시 회개와 각오, 실패를 반복한다. 이러한 싸움은 일주일이 될 수도, 한 달, 일 년이 될 수도 있는데 사실상 영원히 계속된다.

당신은 "그럼 우리는 싸우지 않아도 된다는 말인가요?"라고 물을 것이다. 물론 우리는 싸워야 한다. 하지만 위의 방식이 아닌 다른 방법으로 싸워야 한다. 바울이 디모데에게 간곡히 훈계한 것처럼 우리는 선한 신뢰의 싸움을 해야 한다. 신뢰의 싸움은 노력이나 분투로 하는 싸움이 아니라 믿음으로 하는 싸움이다. 히스기야와 그의 군대가 적을 향해 승리의 노래를 부르며 전진했을 때 적이 모두 죽어 있는 것을 발견했던 싸움과 비슷하다. 우리가 할 일은 하나님께 그 싸움을 맡기고 하나님이 승리하실 것임을 믿으면 된다.

그리고 우리는 인간의 갑옷이 아니라 하나님의 전신갑주를 입는다. 사도들은 이것을 진리의 허리띠와 의의 호심경, 평안의 신, 구원의 투구, 성령의 검, 곧 하나님의 말씀이라고 했다. 이 모든 것 위에 믿음의 방패를 가지고 악한 자의 무기를 무력화시킬 수 있다. "모든 것 위에 믿음의 방패를 가지고"(엡 6:16).

믿음은 모든 것 위에 있다. 믿음이 없다면 다른 것은 다 쓸모없는 것이 된다. 다시 말해 하나님께 우리 싸움을 맡겨야 할 뿐만 아니라 모든 것을 전적으로 하나님께 의탁해야 하며, 하나님이 승리하실 거라는 절대적인 믿음을 가져야 한다는 뜻이다. 바로 이 지점에서 갈등이 나타난다. 가만히 앉아 하나님이 승리하시길 믿는 것 외에 다른 아무것도 하지 않는 것을 불안하게 느낄 것이다. 그리고 자신이 다시 싸워야 하지 않을까 하는 엄청난 유혹이 밀려올 것이다.

영적인 문제에서 손 놓고 있기는 물에 빠진 사람이 구조의 손길을 거부한 채 물속으로 빠져들어가는 것만큼이나 위험하다. 하지만 물에 빠진 사람이 구조대원을 도우려고 노력하는 것은 어불성설이다. 마찬가지로 우리가 자신의 힘만으로 싸우려고 고집하면 하나님이 우리를 위해 싸우실 수 없다. 이것은 하나님이 일부러 하시지 않는 것이 아니라 하실 수가 없다. 우리 간섭이 하나님의 일을 방해하기 때문이다. 세상의 힘이 우리를 점령하고 있을 때 영적인 힘은 움직이지 않는다.

하나님은 하나님으로 말미암지 않고는 아무것도 할 수 없다고 말씀하신다. 우리는 이러한 말씀을 수없이 듣고, 또 읽어왔다. 중요한 것은 우리가 이 말씀을 사실로 믿느냐 하는 점이다. 우리의 실제 속마음은 아마도 이럴 것이다. "아니요, 불가능하지요. 우리는 어린아이가 아닙니다. 있는 힘을 다해 적과 싸워야지요. 더는 싸울 힘이 없을 때, 우리 힘으로는 도저히 안 될 때, 그때는 하나님께 도움을 요청해야지요."

지금까지의 거듭된 실패에도 우리는 온 힘을 다하기만 하면 어떤 싸움도 이길 수 있다고 믿는다. 그러나 우리는 우리의 물리적인 힘이 영적인 적들에게는 아무런 쓸모가 없다는 극히 중요한 사실을 간과하고 있다. 연못에 사는 나비 유충은 진흙 속을 기어 다닌다. 하지만 유충이 나비가 되면 진흙을 파헤치고 다니는 기능은 더 이상 필요 없게 된다. 땅 위에서 생활할 때는 하늘을 나는 것보다 걸어 다니는 능력이 필요하듯 우리의 자연적인 힘은 영적 전쟁에는 별 소용이 없다. 실제로 비행할 때는 걷는 능력이 방해되는 것처럼 영적 싸움에는 오히려 우리 힘이 방해된다. 영적인 적들과 대적할 때는 자기 힘을 믿는 것이 극히 심각한 결과를 초래할 뿐 아니라 피해도 크다는 사실을 깨달아야 한다. 게다가 이것은 실패만 가져오는 것이 아니라 반항심까지 불러일으킨다. 우리가 '영적 갈등'이라고 부르는 것 가운데는 '영적 반항'으로 불러야 할 것이 훨씬 많다.

하나님은 우리에게 자신의 노력으로 영적 전쟁에서 승리하려 하지 말고 모든 것을 하나님께 맡기라고 말씀하시지만, 우리는 별다른 이유 없이 이 말씀을 따르지 않고 자기 힘으로 싸우려 한다. 우리가 영적 전쟁을 하고 있다는 것은 사실이다. 하지만 불행히도 우리가 싸우는 전쟁은 믿음의 전쟁이 아니라 불신앙의 전쟁이다. 때때로 우리가 자랑스럽게 생각하는 영적 씨름은 하나님 편에 서서 원수와 대적하는 것이 아니라 원수의 편에 서서 하나님께 대적하는 씨름이다. 우리는 쉽게 의심과 두려움에 빠지는 경향이 있고, 그 결과 어둠과 혼돈 속에 빠져 허우적거린다. 우리는 이것을 '영적 갈등'이라 부르며 '독특한 사례'라고 말하지만 사실 이것을 한 단어로 줄이면 바로 '불신앙'이다. 이러한 불신앙의 유일한 치료법은 '믿음'이다.

그렇다면 당신은 천사와 씨름했던 야곱은 어떻게 해석해야 하느냐고 물을 것이다. 야곱은 천사와 씨름해서 승리하지 않았느냐고 말이다. 이와 관련해서는 이렇게 답변하고 싶다. 즉 야곱은 더는 씨름을 할 수 없는 상태가 되었을 때 비로소 승리를 거두었다. 이 경우 야곱이 천사와 씨름한 것이 아니라 천사가 야곱과 씨름한 것이다. 야곱을 이겨야 했는데 그의 반항이 너무 거세어 그를 이길 수가 없자 천사는 할 수 없이 야곱의 다리를 탈골시켜 절름발이로 만들 수밖에 없었다. 야곱은 더 이상 반항할 수 없는 상태가 되었을 때 비로소 승리할 수 있었고 하나님과 동행할 수 있었다. 그는 모든 것을 잃었을 때 능력을 얻었고 더는 싸울 수 없을 때 승리를 거둘 수 있었다.

이러한 야곱의 경험이 바로 우리 경험이다. 하나님은 우리가 전적으로 하나님을 의지하게 하기 위해 우리와 씨름하신다. 하지만 우리는 모든 힘을 다해 하나님께 반항하여 그분이 어쩔 수 없이 우리를 궁지로 몰고 가게끔 한다. 우리의 반항은 어쩔 수 없이 하나님 앞에 모든 것을 내려놓는 순간까지 계속된다. 그리고 우리가 모든 것을 하나님 앞에 내려놓고 너무도 연약해져서 전적으로 하나님을 의지하는 바로 그 순간, 비로소 승리를 얻게 된다.

그래서 우리 승리는 항상 '연약한 승리'이다. 사도 바울은 연약한 승리에 대해 이렇게 말한다. "나에게 이르시기를 내 은혜가 네게 족하도다. 이는 내 능력이 약한 데서 온전하여짐이라 하신지라. 그러므로 도리어 크게 기뻐함으로 나의 여러 약한 것들에 대하여 자랑하리니 이는 그리스도의 능력이 내게 머물게 하려 함이라. 그러므로 내가 그리스도를 위하여 약한 것들과 능욕과 궁핍과 박해와 곤고를 기뻐하노니 이는 내가 약한 그때에 강함이라"(고후 12:9-10).

그 누가 이보다 더 위대하고 멋있는 승리를 원하겠는가! 하나님이야말로 우리 승리의 깃발이라는 사실을 전적으로 믿고 모든 전쟁을 하나님께 맡길 때 비로소 우리는 웅대하고 멋있는 승리를 맛볼 수 있다.

여호와 샬롬, 참된 평안으로
인도하시는 분

기드온은 하나님이 자신과는 맞지 않는 일을 맡기셨다고 생각하다가 여호와 샬롬, 즉 '우리의 평강이신 여호와' 라는 이름을 발견했다. 사사기 6장 15~16절과 23절은 이렇게 말하고 있다. "기드온이 그에게 대답하되 오 주여 내가 무엇으로 이스라엘을 구원하리이까. 보소서. 나의 집은 므낫세 중에 극히 약하고 나는 내 아버지 집에서 가장 작은 자이니이다 하니 여호와께서 그에게 이르시되 내가 반드시 너와 함께하리니 네가 미디안 사람 치기를 한 사람을 치듯 하리라. …여호와께서 그에게 이르시되 너는 안심하라. 두려워하지말라. 죽지 아니하리라 하시니라." 기드온은 하나님의 약속을 듣고 나서야 비로소 믿음이 생겼다. 아직 전쟁을 치르지 않았지만, 그는 하나님의 평강이 자신을 감싸고 지켜주는 것을 믿음의 눈으로 볼 수 있었다. 그래서 기드온은 그 자리에 하나님을 위한 단을 쌓고 그 이름을 여호와 샬롬, 즉 '평강의 왕'이라고 불렀다.

우리에게 있어 평안만큼 중요한 것은 없다. 그리고 복음서에서 평안만큼 많이 약속되는 것 또한 없다. 우리 주 예수님은 평안에 대해 여러 번 언급하셨다. "평안을 너희에게 끼치노니 곧 나의 평안을 너희에게 주노라. 너희는 마음에 근심하지도 말고 두려워하지도 말라"(요 14:27). "이것을 너희에게 이르는 것은 너희로 내 안에서 평안을 누리게 하려 함이라. 세상에서는 너희가 환난을 당하나 담대하라. 내가 세상을 이기었노라"(요 16:33).

우리의 평안은 내부보다는 외적 여건에 많이 좌우된다. 적이 물러가고 문제가 해결되어야만 비로소 평안을 느낀다. 하지만 하나님이 말씀하시는 평안은 환란을 이겨내는 내적 평안이다. 이런 내적 평안은 우리가 우리 힘으로 세상을 이기거나, 혹은 이길 수 있기 때문이 아니라 이 세상을 이기신 예수 그리스도로 말미암은 평안이다. 외부 여건과는 전혀 상관없이 오직 예수님 때문에 오는 평안이다. 오직 정복자만이 평안을 선포할 수 있고, 오직 그의 백성만이 평화를 누릴 수 있듯이 예수 그리스도께서 세상을 이기셨고 평안을 선포하셨기 때문에 그의 백성이라면 누구라도 하나님이 허락하신 평안을 누릴 수 있다.

왕이 선포한 평안에 대해 백성이 할 수 있는 일은 아무것도 없다. 하지만 본인이 원한다면 자신의 왕이 세상을 이겼다는 사실, 그리고 백성에게 평안을 베풀었다는 그 사실을 믿지 않고 거부하며, 왕이 베푼 평안을 누리지 않을 수는 있다. 마찬가지로 예수님이 우리를 위해 평안을 허락하셨다는 사실을 믿지 않고 계속 거부한다면 우리는 내적, 외적 전쟁 속에서 지칠 대로 지쳐 살아가게 될 것이다. 그리고 전쟁에서 승리하기 위한 노력은 의미 없는 노력이 되고 말 것이다.

성경은 우리에게 예수님은 우리의 평안이라고 말씀한다. 그렇기에 내 느낌과는 관계없이 예수 그리스도 안에서 주어진 평안을 누릴 수 있다. 믿음은 하나님의 말씀을 믿고 그 말씀이 옳다고 주장하는 것이다. 하나님이 우리에게 평안을 주셨다고 하면, 믿음은 하나님이 우리에게 평안을 주셨다는 것을 주장하고 그 평안을 누리는 것이다. 만약 성경에서 하나님이 평안을 선포하셨다고 증거한다면 나의 마음속에도 하나님이 주신 평안을 선포해야 한다. 하나님의 말씀을 있는 그대로 믿는 것이다. "하나님의 나라는 성령 안에 있는 의와 평강과 희락이라"(롬 14:17). 평안을 소유하지 못한 영혼은 하나님의 나라에 완전히 들어가지 못한 영혼이다.

빌립보서 4장 6~7절에서 말씀하듯 하나님께 순종하면 언제든 평안을 누릴 수 있다고 나는 믿는다. "아무것도 염려하지 말고 다만 모든 일에 기도와 간구로 너희 구할 것을 감사함으로 하나님께 아뢰라. 그리하면 모든 지각에 뛰어난 하나님의 평강이 그리스도 예수 안에서 너희 마음과 생각을 지키시리라." 여기에 나오는 순서는 아주 간단하다. 우선 모든 불안을 내려놓는 것이다. 그다음에는 모든 걱정을 하나님께 맡긴 후 굳건한 믿음으로 그 자리에 서는 것이다. 그러면 삶에 평안이 찾아올 것이고 그 평안을 누리게 된다. 왜냐하면 세상의 그 어떤 것도 우리 마음에 들어올 자리가 없기 때문이다.

여호와 치드케누,
우리의 의가 되시는 분

　　여호와 치드케누, 즉 '우리의 의이신 여호와' 라는 이름은 예레미야 선지자를 통해 예수 그리스도의 오심을 예비하면서 직접 우리에게 말씀해주신 이름이다. "여호와의 말씀이니라. 보라. 때가 이르리니 내가 다윗에게 한 의로운 가지를 일으킬 것이라. 그가 왕이 되어 지혜롭게 다스리며 세상에서 정의와 공의를 행할 것이며 그의 날에 유다는 구원을 받겠고 이스라엘은 평안히 살 것이며 그의 이름은 여호와 우리의 공의라 일컬음을 받으리라"(렘 23:5-6).

　　그 무엇보다 우리에게 필요한 것은 의(義)다. 대부분의 크리스천은 죄와 의로운 삶 가운데서 수없이 갈등하며 몸부림친다. 그 과정에서 겪는 우리의 실패와 좌절에 대해서는 언급할 필요도 없다. 우리 노력으로는 죄에서 벗어나 의롭다 하는 삶을 살기 위해 아무리 노력해도 실패할 수밖에 없다. 그러나 하나님이 우리의 의가 되신다는 사실을 깨달으면 우리는 승리한다. 예수 그리스도 안에서 우리는 너무도 아름답고 헤아릴 수 없이 깊은 하나님 이름의 의미들을 발견할 수 있다. 예수 그리스도의 대사인 사도 바울은 하나님이 예수님을 우리의 죄가 되게 하셨고(고후 5:21), 우리가 그분 안에서 하나님처럼 의로운 자가 될 수 있도록 하셨다고 선포한다. 바울은 또 예수 그리스도께서 우리를 지혜롭게 하셨고, 의롭게 하셨으며, 우리를 성화시키셨고, 우리를 위해 죄의 대속이 되어주셨다고 말한다.

　　이러한 말씀의 의미를 제대로 이해하고 깨달은 그리스도인은 많지 않다. 우리 대부분은 이것을 종교적인 단어로만 생각하고 반복하며, 막연히 우리를 향하신 예수 그리스도의 구원과 관련 있다고만 생각하지, 실제로 그것이 어떤 의미이며 구체적으로 삶 속에서 어떻게 적용될 수 있는지는 별 관심이 없다.

나로서는 '우리의 의이신 여호와'라는 이름의 구체적인 적용을 최대한 간략하게 설명하고 싶지만, 그것이 그리 쉬운 일이 아니다. 이론적으로는 아무리 설명해보려 해도 잘되지 않는다. 하지만 경험적으로는 다음과 같이 설명할 수 있다. '의'라는 것은 우리 안에 의를 쌓아둔 후 필요할 때마다 빼 쓰는 것이 아니라 신성한 의가 필요할 때마다 예수님에게서 끊임없이 받아쓰는 것이다. 예를 들면 인내심, 겸손, 사랑 같은 의가 필요할 때 우리 안에서 이것을 찾으려고 하면 그건 헛된 노력이다. 우리 안에서는 이런 것들을 찾을 수 없기 때문이다.

그러나 우리의 의이신 예수님 안에서 이것들을 찾는다면 다 얻을 수 있다. 이론적으로 이것이 어떻게 가능한지는 설명할 능력이 없지만 경험적으로 그것이 가능하다는 걸 알고 있다. 예수님이 우리를 위해 저장해두신 의에 믿음의 손이 닿는 순간, 어둠 속에 지쳐 있던 우리 영혼에 달콤하고 부드러운 햇살이 쏟아지는 기쁨을 맛볼 수 있다. 다만 믿음으로 예수님 안에 저장된 의를 소유함으로써 날카로운 혀가 부드럽게 변하고, 두려운 마음에 평안이 임하며, 불평불만으로 가득하던 영혼이 고요해지는 것을 목격했다.

이를 뒷받침하듯 사도 바울은 율법을 통해서는 의를 찾는 것이 불가능하다는 사실을 로마서 3장에서 증명한 뒤, 다음과 같이 말했다.

"이제는 율법 외에 하나님의 한 의가 나타났으니 율법과 선지자들에게 증거를 받은 것이라. 곧 예수 그리스도를 믿음으로 말미암아 모든 믿는 자에게 미치는 하나님의 의니 차별이 없느니라"(롬 3:21-22).

우리는 오직 믿음을 통해서만 예수님 안에 저장된 의를 얻을 수 있다. 믿음을 통해서만 예수님 안에 저장된 용서를 얻을 수 있듯 믿음을 통해서만 예수님 안에 저장된 인내, 온유함, 온순함, 때로는 오랜 고통, 혹은 우리가 필요로 하는 모든 선을 얻을 수 있다. 우리 안에 있는 의가 우리에게 용서를 가져다줄 수 없듯 우리의 노력으로는 자신을 의롭게 할 수 없다. 그러나 얼마나 많은 그리스도인이 이런 노력을 하는가! 사도 바울은 이렇게 묘사한다. "내가 증언하노니 그들이 하나님께 열심이 있으나 올바른 지식을 따른 것이 아니니라. 하나님의 의를 모르고 자기 의를 세우려고 힘써 하나님의 의에 복종하지 아니하였느니라. 그리스도는 모든 믿는 자에게 의를 이루기 위하여 율법의 마침이 되시니라"(롬 10:2-4).

하나님을 갈망하는 영혼이 율법을 토대로 한 자신 의를 포기하고 하나님 의 앞에 복종하면 이들은 너무나도 멋진 하나님의 이름, 즉 '우리 의이신 여호와'를 발견할 수 있을 것이다. 우리가 인간의 방식으로 우리 의를 이루는 데 성공한다 하더라도 그것은 추하고 더러운 쓰레기에 불과하다고 선지자는 말한다. 바울은 율법을 토대로 한 의가 아니라 예수님을 향한 믿음을 통해서 믿음으로 하나님의 의에 이를 수 있도록 기도했다.

우리는 이러한 바울의 기도를 정말로 이해하고 있을까? 우리는 전심으로 바울의 기도에 동참할 준비가 되어 있는가? 만약 그렇다면 의를 얻기 위한 인간적인 노력은 바로 이 순간 끝나야 한다. 여호와 치드케누가 우리의 모든 필요를 공급하실 테니까!

여호와 삼마,
무소부재하시는 분

여호와 삼마, 즉 '거기에 임재하고 계시는 여호와' 라는 이름은 이스라엘 백성들이 25년째 포로생활을 하고 있을 때 선지자 에스겔에게 이스라엘 자손의 미래의 땅을 환상으로 보여주시면서 나타내셨다. 선지자 에스겔은 하나님이 보여주신 땅과 예루살렘을 설명하며 말했다. "그리고 그 도시의 이름은 여호와 삼마, 거기에 임재하고 계신 여호와라 할 것이다"(겔 48:35 참조).

나는 이 여호와 삼마라는 이름이 하나님의 다른 모든 이름을 포괄한다고 생각한다. 하나님이 어디에 계시든 그분의 자녀는 모든 일이 잘될 수밖에 없다. 훌륭한 어머니 밑에서 자란 아이들에게는 어머니의 능력이 닿는 데까지는 모든 일이 잘 풀린다.

의지할 수 있는 사람이 옆에 있다는 것만으로도 충분하던 기억을 우리는 모두 간직하고 있다. 우리가 어린아이였을 때 우리 옆에 어머니만 계셔도 충분했던 기억이 있다. 우리가 필요로 하는 위안, 휴식, 보호는 어머니 한 분만으로 충분히 보장받았다. 어머니가 항상 앉아 계시던 의자에 앉아 일하거나, 책을 보거나, 글을 쓸 때 우리는 걱정거리를 안고 어머니의 품을 찾았던 기억이 있다. 하지만 하나님이 옆에 계신다면 그보다 더 많은 위안과 휴식, 보호가 주어질 수 있음은 더 말할 필요가 없을 것이다. 그때 우리의 신앙생활은 기쁨으로 넘쳐날 것이며 모든 고뇌와 걱정의 흔적은 사라질 것이다.

구약성경에서 이스라엘 민족의 걱정과 두려움에 대한 하나님의 대답 대부분은 "내가 너와 함께하리라"는 것이었다. 말씀은 더 이상 필요 없었다. 이스라엘 백성들에게 그분의 임재는 그들이 필요로 하는 모든 것을 공급받을 것이라는 완벽한 보장이었고, 그 순간부터 대적을 두려워하지 않았다.

독자들은 "만약에 하나님이 나에게 똑같은 말씀을 해주신다면 나도 두려워하지 않을 것"이라고 생각할 것이다. 그래서 하나님은 우리 모두에게 명백하게 말씀해주셨다. 마태복음 1장 23절에서 하나님의 천사는 요셉에게 예수님의 탄생을 예견하며 다음과 같이 말씀한다. "그의 이름은 임마누엘이라 하리라 하셨으니 이를 번역한즉 하나님이 우리와 함께 계시다 함이라." 이 짧은 문장은 이 세상 그 어떤 진실보다 더 큰 진리를 드러내고 있다. 그것은 전능하신 하나님, 하늘과 땅을 창조하신 창조주, 바로 그분이 이 세상과는 거리가 먼 하늘 어딘가에 계시는 것이 아니라 이 땅에 오셔서 가난하고 무지하며 무력한 우리 가운데 함께 계신다는 것이다. 우리가 예수님을 조금이라도 믿는다면 그분의 이름이 '우리와 함께하시는 하나님'이라는 사실을 거부할 수 없을 것이다.

여호와 삼마와 임마누엘, 이 두 이름은 같은 뜻을 지닌 이름이다. 그 뜻은 하나님은 우주 만물 어디에나 존재하시고, 우주 만물 모든 것을 감싸시며, 우주 만물을 지탱하고, 우리 모두를 안전하고 축복이 넘치는 곳에 보호하시는 분이라는 의미이다. 다시 말해 우주 공간 그 어느 곳도 '거기에 임재하고 계신 여호와' 라는 말을 할 수 없는 곳은 단 한 곳도 없다는 뜻이다. 이와 관련해서 시편 기자는 이렇게 말한다. "내가 주의 영을 떠나 어디로 가며 주의 앞에서 어디로 피하리이까. 내가 하늘에 올라갈지라도 거기 계시며 스올에 내 자리를 펼지라도 거기 계시니이다. 내가 새벽 날개를 치며 바다 끝에 가서 거주할지라도 거기서도 주의 손이 나를 인도하시며 주의 오른손이 나를 붙드시리이다"(시 139:7-10).

우리는 온 우주에 존재하는 하나님의 사랑과 돌보심에서 벗어날 수 없다. 하나님이 자신을 버렸다며 하나님의 임재를 부르짖는 기독교인들은 하나님이 자신과 항상 함께 계신다는 사실을 모르고 부르짖는 것이다. 실제로 우리가 하나님에게서 벗어나기 위해 아무리 노력해도 우리는 하나님에게서 벗어날 수 없다.

하나님은 항상 우리에게 귀 기울이고 계신다. 그러니 하나님께 말해보라. 그러면 영과 영이 만날 수 있을 것이다. 그분은 우리가 숨 쉬는 거리보다 더 가까운 거리에 계시고, 우리의 손과 발보다 더 가까이 계신다. 그러므로 하나님의 이름들을 다시 한번 정리하여 큰소리로 읽어보라.

- 여호와 이레 : 나는 너의 필요를 살피고 채워주는 자이다.
- 여호와 닛시 : 나는 너의 머리요 승리의 깃발이라. 내가 너의
  전쟁을 대신 싸우리라.
- 여호와 샬롬 : 나는 너의 평강이라. 내가 네게 평강을 주노라.

– 여호와 치드케누 : 나는 너의 의니라. 내 안에서 네가 필요한
모든 지혜와 의로움과 거룩함과 구속함을
얻을 수 있다.
– 여호와 삼마 : 나는 너와 항상 함께 있는 구원자이다. 나는 너
를 절대로 버리지 아니하고 네가 어디를 가든지
내가 너와 함께하며 내 손이 너를 감싸고 나의
오른손이 너를 인도하리라.

우리가 알든 모르든, 인정하든 인정하지 않든 간에 이 모든 것은
사실이다. 우리는 하나님이 이런 분이라는 사실을 상상도 못한 채
굶주린 상태에서 지치고 비참한 삶을 살았다. 엄청난 풍요로움 속에
있으면서도 오히려 굶주리며 살아온 것이다. 하나님의 풍성한 구원
은 우리의 믿음을 기다려왔고, 우리는 풍부한 은혜와 의로움의 선물
을 기다려왔다. 우리의 궁핍한 삶은 이제 끝났다. 하나님의 이름이
우리의 모든 필요를 채워주시는 것을 발견하게 될 것이다. 그러면
우리는 하나님의 선지자들과 함께 곳곳에서 하나님을 증거하게 될
것이다. "보라. 하나님은 나의 구원이시라. 내가 신뢰하고 두려움이
없으리니 주 여호와는 나의 힘이시며 나의 노래시며 나의 구원이심
이라. 그러므로 너희가 기쁨으로 구원의 우물들에서 물을 길으리로
다"(사 12:2-3).

하나님은 한없이
선하기만 하신가?

너희는 여호와의 선하심을 맛보아 알지어다.
그에게 피하는 자는 복이 있도다. 시 34:8

당신은 하나님을 좋은 하나님으로 생각하는지, 아니면 나쁜 하나님으로 생각하는지 자문해본 적이 있는가? 이런 질문은 당신에게 충격적일 수도 있다. 당신은 어쩌면 나쁜 하나님이라는 가능성 자체만으로도 두려움을 느낄지 모른다. 하지만 이 장을 마치기 전에 몇 명은 두려워했던 자기 생각을 인정하게 될 것이다. 그리고 자신의 의심이나 신랄한 비난이 나쁜 하나님이란 성격을 만들어내는 데 공헌했다는 사실을 알고 충격받을 것이다.

내가 하나님은 선하신 분이라는 사실을 처음 발견했던 그 시간은 절대로 잊을 수 없다. 물론 성경을 통해 하나님이 좋으신 분이라는 것을 알고는 있었지만 나는 그 뜻이 그저 종교적으로 선하신 것으로 생각했다. 그 선함이 실제적이고 현실적인 선함이라고는 느껴본 적이 없었고, 또 우리에게 가질 것을 명령하셨던 바로 그 선함과 같은 종류의 선함이라고는 느껴본 적이 없었다. '하나님의 선하심'이라는 표현은 내게 천국의 용어 이상으로 보이지 않았고, 따라서 내가 이해할 수 있는 종류의 것도 아니었다.

그런데 어느 날, 내가 "너희는 여호와의 선하심을 맛보아 알지어다"라는 구절을 읽고 있는데 갑자기 그 구절이 내게 어떤 의미로 다가왔다. 나는 반복해서 "하나님은 선하셔"라고 말했다. 그런데 선하다는 것은 무슨 뜻인가? 정확하게 말할 수는 없지만, 그것은 내가 알고 있는 것 중 가장 좋고 고귀한 말이었다.

선하다는 것은 나쁘다는 것의 반대이다. 나쁘다는 것은 무엇이 옳은지를 알지만 그것을 행하지 않는 것이고, 선하다는 것은 아는 대로 행한다는 뜻으로 우리는 알고 있다. 하나님은 전지전능하신 분이기 때문에 만물의 최고 선을 분명히 알고 계신다. 그러므로 하나님이 선하시다는 것은 의문의 여지가 없다.

그럼에도 나는 이것이 어떤 의미인지를 적절하게 표현할 수가 없다. 나는 하나님의 선하심도 보았고, 하나님의 보호하심 안에서는 어떤 잘못도 있을 수 없다는 것도 보았으며, 그런 하나님의 보호하심 안에서는 누구도 다시는 걱정하지 않는다는 사실을 알았다. 시간이 지나면서 어떤 일이 하나님에 반대하는 모습으로 나타나거나, 하나님이 친절하시지 않다고 생각되거나, 무관심하신 하나님이라는 의문이 들 때마다 나는 이 짧은 구절을 생각했다.

"하나님은 선하시다."

하나님의 선하심에
의문을 갖다

그리고 나는 그 선하신 하나님은 내가 생각했던 그런 일을 행하셨을 것으로 생각할 수 없다는 사실을 깨달았다. 우리는 특정한 상황에 있을 때, 비록 그것이 마음속 생각일지라도 그러한 상황은 하나님이 나쁘신 분이기 때문에 일어난 것으로 생각했을 수도 있다. 우리는 어떤 문제에 봉착하게 되면 모든 것이 어둡게만 보이고 하나님의 임재를 느끼지 못한다. 우리는 하나님이 왜 나를 버렸을까 하며 의문을 던지거나, 또는 하나님의 무심하심을 비난하기도 한다.

이런 비난은 하나님이 약속을 지키시지 않는 분이며, 우리를 친절하고 명예롭게 대하지 않는 분이라고 생각하게 하는 것이다. 만일 친구 중 한 명이 우리가 어떤 문제 가운데 있다고 해서 우리를 저버린다면 그 친구를 선하다고 생각하기는 어려울 것이다.

하지만 그렇지 않다. 하나님이 정말 좋으신 분이라면 그 일들은 하나님이 우리에게 하나님은 선하신 분이라는 사실을 가르치시고자 하는 깊은 뜻이 있기 때문에 발생한 것이다. 하나님이 지니신 선하심이란 만물 가운데 하나님이 아시는 가장 좋고 고귀한 것이다. 이 말의 의미는 하나님은 우리를 향한 당신의 책임에 대해 무관심하지 않으며, 항상 우리를 최선으로 대하실 것이라는 뜻이다.

어쩌면 이 말은 너무도 평범해서 당신은 소리칠지도 모른다. "왜 내게 이런 말을 하죠? 우리는 이미 그렇게 믿고 있지 않나요?" 하지만 당신이 그렇게 믿고 있다면 하나님이 무심하고 친절하지 않으며 자기애가 강하고 우리를 생각하지 않는 분이라고 여기는 것이 어떻게 가능한가? 당신은 자신의 수치를 마치 하나님의 책임인 것처럼 떠맡긴 적이 한 번도 없는가? 가슴을 치게 하는 실망이 닥쳐올 때 당신은 어떻게 하는가? 하나님을 열심히 섬겼는데도 하나님이 냉정하게 그 일들을 허락하셨다고 느끼지 않았는가? 하나님의 뜻을 사랑이라는 맥락에서가 아니라 반드시 복종해야 할 포악하고 독재적인 의지로 보지는 않았는가? 하나님은 선하신 분이라고 진심으로 믿는 것과 하나님은 선한 일만 하신다고 믿는 것이 힘들게 느껴지지 않았는가?

예수님은 우리가 하나님의 선하심에 대해 얼마나 많은 의문을 품는지 아셨기에 자신이 선한 목자라는 사실을 매우 강조하셨다. "나는 선한 목자다. 나쁜 목자는 자신의 양에 무관심하지만 나는 좋은 목자이기에 나의 양에 무관심하거나 내버려두지 않는다. 나는 나의 양을 위해 생명을 건다." 예수님께 있어 선한 목자는 자신의 목숨을 걸고 맡겨진 양을 보호하는 자이고, 예수님 자신이 그러한 이상적인 선함에 도달하신 분이었다.

우리는 자신이 가진 감춰진 생각과 느낌을 성령께 솔직하게 고백해야만 하나님에 대한 자신의 진심이 무엇인지 알게 된다. 감춰진 생각과 느낌은 결과적으로 하나님에 대해 잘못된 생각을 하는 버릇으로 이어지고, 그 잘못된 생각은 하나님과 우리 사이를 심해만큼 깊게 갈라놓는다. 하나님에 대한 잘못된 생각은 그 어떤 죄보다도 더 우리의 영적생활을 파괴하고 하나님을 슬프게 한다. 이는 우리 자신을 살펴봐도 이해할 수 있다. 우리를 오해하는 친구가 생기는 것보다 슬픈 일이 없는 것처럼 하나님께도 이보다 더 슬픈 일은 없다. 그것은 우상 숭배와 같이 잘못된 하나님을 만들어 섬기는 것이다.

성경은 이것을 하나님께 대적하는 것이라고 말한다. "그뿐 아니라 하나님을 대적하여 말하기를 하나님이 광야에서 식탁을 베푸실 수 있으랴"(시 78:19). 어떤 의미에서 "광야에서 식탁을 베푸실 수 있으랴"고 묻는 것은 특별한 악의가 없는 질문처럼 보인다. 그러나 하나님은 광야에서 필요한 모든 것을 공급해주겠다고 약속하셨기에 이런 질문은 하나님의 능력을 의심하는 것이다. 그 결과 특별한 악의가 없는 질문이었음에도 "하나님을 대적하여" 말한 것이 되었다. 선하신 하나님은 자신의 백성을 광야로 내몰지 않으시며, 그들을 위해 식탁을 베푸시는 데 실패하지 않으시기 때문이다.

하나님이 이것을 하실 수 있느냐는 의문은 하나님이 선하시지 않다는 뜻을 내포한다. 우리 역시 비슷한 질문을 비슷한 방식으로 물으려 하는 유혹에 곧잘 빠진다. 상황은 종종 하나님이 우리의 필요를 공급해주시는 것이 불가능한 것처럼 보이게 하고, 그럴 때마다 우리는 "대적하여 말하기"를 하나님이 과연 이것을 해주실 수 있는지 묻고 싶은 유혹에 빠진다. 우리는 종종 하나님이 이전에 행하셨던 것과 같은 일들을 지금은 행하시지 않을 것으로 생각한다. 이런 생각은 우리 마음속에서 그분의 능력을 한정 짓는 것이고, 하나님의 말씀을 믿지 않는 것이며, 그분의 선하심을 신뢰하지 않는 것이다. 상황을 만드시는 하나님은 상황을 조절하시고 광야에서조차 그분을 믿는 모든 이에게 "식탁을 준비하시는" 하나님이기 때문이다.

선하심에 의문을 갖는
7가지 질문

성경에서는 하나님의 선하심을 의심하는, 그리고 유감스럽게도 하나님의 자녀조차 의문을 품는 질문을 많이 찾아볼 수 있다.

"하나님은 우리 중에 거하시는가?"
"하나님은 은혜로우심을 잊으셨는가?"
"하나님의 자비는 영원히 사라졌는가?"
"하나님의 분노는 그분의 자비심을 가렸는가?"
"하나님의 약속은 영원토록 실패인가?"
"오, 하나님! 왜 우리를 영원히 버리셨나요?"
"왜 나를 이런 방식으로 만드셨나요?"

이러한 질문에 대해 좀 더 깊이 생각해보자.

"하나님은 우리 중에 거하시는가?"
하나님은 이스라엘 백성들에게 그러셨듯이 항상 우리와 함께하시겠다고, 절대 버리지 않겠다고 선언하셨다. 하지만 이스라엘 백성들이 그랬듯이 우리는 무엇인가 문제가 생겼을 때 하나님 말씀에 의문을 품고, 하나님이 정말 우리와 함께 계시는지 의심하기 시작한다. 이스라엘 백성들이 그랬을 때 모세는 이를 가리켜 "하나님께 도전한다"라고 말했다. 이는 우리가 받을 비난이기도 하다. 하나님의 신실하심과 진실하심 앞에서는 누구도 그런 질문을 할 수 없다. 그런 질문은 우리가 이미 알고 있듯 하나님을 모욕하는 일이며, 동시에 하나님의 성품에 반항하는 짓이 될 수 있다.

하나님은 우리에게 가능한 한 모든 방식으로 우리와 함께 계실 것이며, 우리를 떠나지도 버리지도 않을 것이라고 약속하셨다. 그런데 우리가 어떻게 하나님의 말씀에 의구심을 품어 하나님을 거짓말쟁이로 만들 수 있겠는가? 선하신 하나님은 절대 거짓말하지 않으신다. 따라서 우리는 이런 종류의 질문은 이제 그만두어야 한다. 우리가 우리 자신과 함께 있듯 하나님도 우리와 함께 계심을 단순하게 믿는 것이 필요하다.

"하나님은 은혜로우심을 잊으셨는가?"

이 질문은 "대적하여 말하기"와 같은 것으로, 마치 선한 어머니에게 자신의 자식을 잊어버렸느냐고 묻는 것과 같은 뜻이다. 하나님은 "여인이 자신의 젖 먹이는 아이를 잊을 수 있느냐? 여인이 설혹 그럴 수 있더라도 나는 너를 잊지 않는다"라고 말씀하셨다. 어떤 사람이 우리에게, 특히 어머니들에게 자녀를 잊을 가능성이 크다고 말하면 얼마나 슬프고 모욕적으로 느껴지겠는가? 다른 사람은 이해하기 어렵다 해도 어머니들은 자식을 잊어버렸느냐는 질문이 하나님께 얼마나 슬프게 들릴지 이해할 수 있을 것이다.

"하나님의 자비는 영원히 사라졌는가?"

"하나님의 분노는 그분의 자비심을 가렸는가?"

선하신 하나님께 이런 질문을 하는 것은 하나님을 모욕하는 짓이다. 하나님의 자비하심이 우리 앞에서 닫혀버린다거나, 하나님의 자비가 우리로부터 영원히 떠난다거나, 어머니의 모성애가 사라진다는 것은 불가능한 일이다. 이에 관해 시편 145편 9절에서는 "여호와께서는 모든 것을 선대하시며 그 지으신 모든 것에 긍휼을 베푸시는도다"라고 말씀한다. 선하신 하나님이시기에 우리를 포함한 모든 만물에 긍휼을 베푸실 것이다.

"하나님의 약속은 영원토록 실패인가?"

기독교인의 삶 속에는 이러한 질문을 던지고 싶은 유혹이 생길 때가 있다. 모든 것이 잘못된 것처럼 보이고 하나님의 약속은 다 실패한 것처럼 보인다. 하지만 우리가 하나님의 선하심을 기억한다면 하나님이 모든 일을 바로잡을 것임을 믿어야 한다. 약속을 어긴 사람은 불명예스럽고 믿을 수 없는 사람이 되는 것처럼 하나님이 약속을 어기신다면, 이는 하나님이 불명예스럽고 믿을 수 없는 분이 된다는 뜻이다. 따라서 이러한 질문을 선하신 하나님께 드린다는 것은 "대적하여 말하기"를 하는 셈이 된다. 상황이 어떻게 보이든 하나님의 약속은 절대 실패할 수 없다는 사실을 확신해야 한다. 세상은 사라질지언정 하나님의 말씀은 절대로 사라지지 않는다.

"오, 하나님! 왜 우리를 영원히 버리셨나요?"

선한 어머니가 자식을 버리는 일이 불가능하듯 선하신 하나님이 우리를 잊는 것은 불가능한 일이다. 우리는 어떤 일로 어둠 속에 놓이거나 버려진 것처럼 느낄 수도 있다. 하지만 그러한 느낌들은 하나님이 선하시며 우리를 버리지 않을 것이라는 사실 앞에서 아무것도 아닌 것이 된다. 선한 목자는 길을 잃은 양을 버리거나 무관심하지 않고 그 양을 찾을 때까지 찾으러 다닌다. 하나님이 우리를 버릴 것으로 생각하는 것은 마치 선한 어머니가 자기 자식을 버려 상처받게 했다는 말을 들을 때 가슴이 찢어지는 것처럼 하나님의 신실한 사랑에 상처와 슬픔이 될 뿐이다. 그런 일은 선한 어머니에게 있을 수 없는 일이지만 하나님께는 더더욱 불가능한 일이다.

"왜 나를 이런 방식으로 만드셨나요?"

이 질문은 우리가 너무나 쉽게 묻곤 하는 질문이다. 우리는 하나님께 대적하고 싶은 유혹을 쉽게 받는다. 가령 자신의 특유한 기질이나 성격을 싫어하거나, 자신보다 더 나은 외모와 재능을 가진 다른 사람처럼 되기를 바라는 일과 같은 것이다. 우리는 자신의 현재 상황이 그런 성격이나 외모 때문에 겪는 것이라고 불평하며, 창조자에게 왜 자신을 '이런 방식으로' 만들었느냐며 대적한다.

나 역시 내 모습에 심한 반감을 품었던 때를 생생히 기억한다. 나는 순하고 활력이 넘치는 사람이었고, 또 좋은 기독교인이 되려고 노력하는 사람이었지만 자신을 특별히 경건한 사람이라고는 느끼지 못했다. 그런데 내게는 마치 경건함의 화신이라도 되는 것처럼 보이는 여동생이 있다. 그런 동생을 보면서 나는 나도 동생과 같은 외모와 성격을 가지고 태어났더라면 훨씬 훌륭한 기독교인이 될 수 있었을 것으로 생각했다. 하지만 그런 것들을 갖기 위한 나의 노력은 헛된 것이었다. 나의 타고난 기질은 너무나 자유분방하고 활달한 것이었다. 그래서 나는 여러 번 하나님께 불평하곤 했다. "왜 저를 이렇게 만드셨나요?"

하지만 어느 날, 우연히 읽은 낡은 책의 한 문장이 내 눈을 뜨게 했다. "하나님이 만드신 대로의 사람이 되어라." 그 문장은 하나님이 나를 만드셨다는 사실과 하나님은 나를 그분이 원하시는 형태의 창조물로 만드셨다는 사실을 깨닫게 해주었다. 하나님이 나를 감자넝쿨로 만드셨다면 나는 장미를 키우는 넝쿨이 아니라 감자를 자라게 하는 것으로 만족해야 한다. 하나님이 나를 사역하는 사람으로 만드셨다면 나는 좀 더 사역을 잘하기 위해 노력하는 사람이 되어야 한다. 우리는 모두 하나님의 일꾼이고 하나님이 선하신 만큼 일꾼인 우리 또한 선해야 한다. 하나님은 우리가 스스로에 대해 어떻게 느끼느냐와 상관없이 그분의 영광이 되게 하려고 우리를 만드셨다.

하나님의 선하심을 확신하라

시편 기자는 "하나님은 선하시다"는 구절을 후렴처럼 반복해서 말한다. 우리는 그의 "하나님은 선하시다"는 목소리에 동의해야 한다. 하나님은 선하시다. 우리는 이것을 입으로만 말할 것이 아니라 실천해야 한다. 우리는 우리가 말한 그대로 생각하고 행동해야 한다. 그래야 다른 사람들이 그 말뜻을 이해하고 그 말이 사실이라는 점을 인정할 것이다. 하나님의 신성한 조화 안에 내포된 것들은 겉으로 보아서는 좋은 것처럼 보이지 않는다. 하지만 계속 겉만 본다면 우리는 시편 기자가 왜 "하나님의 자비하심이 영원하리라"고 노래하는지 이해할 수 없을 것이다. 그러나 믿음은 "하나님은 선하시기에 하나님이 하시는 모든 일은 어떻게 보이든 선할 수밖에 없고, 그래서 나는 하나님의 설명을 기다릴 것이다"라고 말하는 것이다.

때때로 집안일에 대해 생각해보는 것은 이를 이해하는 데 도움을 준다. 내게 집안일을 잘하는 친구가 있다면 그녀가 청소할 때 약간 어수선한 점은 조금도 문제가 되지 않을 것이다. 카펫은 이미 다 말아져 있을 것이고, 가구들은 덮개로 덮여 있을 것이며, 그림이나 장식물들은 다 치워져 있을 것이다. 나는 '내 친구는 좋은 가정주부이고, 지금 당장은 물건이 어지럽혀져 있지만 이러한 혼란은 단지 그녀가 전보다 더 편안한 공간을 만드는 일을 끝내간다는 의미'라고 생각할 것이다.

이 세상은 하나님의 가사활동 장소이다. 현재 상황이 실망스러운 모습이라도 하나님이 선하시다는 것을 아는 한 하나님은 가정일을 잘하시는 분이기 때문에 지금의 혼란은 앞으로 정리될 것임을 확신할 수 있을 것이다. 어쩌면 우리는 우리가 그 일을 더 잘할 수 있다고 생각할 수 있지만 하나님의 선하심을 안다면 더는 그런 생각을 하지 않을 것이다. 비록 세상일이 잘못되어 가고 있다고 느껴질지라도

"나의 집안일을 하는 것이 아니라 하나님의 일을 하는 것이야. 하나님은 선하시니 그분의 가사활동 역시 선할 것임이 틀림없어. 그러니 불안해하는 것은 바보 같은 짓이야"라고 말해야 한다.

사려 깊은 그리스도인은 절망에 빠진 하나님의 자녀로부터 이런 질문을 받는다. "세상이 파괴된 것처럼 보이지 않습니까?" 그러면 이들은 밝고 자신 있는 목소리로 "그렇다"고 대답한다. "마치 터진 씨앗처럼 파괴되었죠." 썩고 있는 솔방울에서 터져 나와 처음 싹을 틔우고 있는 떡갈나무를 본다면 이것이 무슨 뜻인지 이해할 것이다. 새로운 싹이 나오기 전까지 솔방울은 그저 파괴된 것일 뿐이다. 하지만 새 생명은 파괴된 씨앗에서만 나올 수 있다.

우리의 하나님은 이러한 사실을 통해 우리에게 하나님의 과정을 가르치신다. "내가 진실로 진실로 너희에게 이르노니 한 알의 밀이 땅에 떨어져 죽지 아니하면 한 알 그대로 있고 죽으면 많은 열매를 맺느니라"(요 12:24). 이러한 진실은 규모가 큰 세상에나 규모가 작은 개인적인 일상에나 균등하게 적용된다. 이를 통해 우리는 하나님이 얼마나 선하신지, 그리고 하나님이 창조하신 세상과 하나님이 사랑하시는 인간에게 왜 슬픔과 고통이 허락된 것인지를 이해할 수 있다.

하나님이 그런 일을 허락하신 것은 하나님의 선하심 때문이다. 하나님은 썩고 상해야만 우리를 위한 하나님의 영광스러운 목적의 열매가 결실을 맺을 것임을 알고 계셨다. 우리가 이러한 하나님의 방식을 이해한다면 하나님의 선하심을 이해하기 어려운 상황에서도 그분을 찬양할 수 있게 될 것이다. 사도들은 하나님의 뜻은 "선하고 받아들일 수 있으며 완벽하다"라고 말했다. 선하신 하나님의 뜻은 '선하기'만 할 수 없고 '완벽해야' 하기 때문이다. 그리고 완벽하다는 것을 안다면 우리는 그것을 받아들여야 한다.

나는 우리가 하나님이 선하시다는 것을 확신하기만 한다면 하나님의 뜻에 복종하는 데 어려움은 없을 것이라고 확신한다. 우리는 공허함 속에서 하나님의 뜻이 선하다고 믿지 않기에 그 말씀을 따르는 데 고민이 많은 것이다. 하지만 그분의 뜻이 진실로 선하시다는 것을 안다면 우리는 기쁨으로 그분의 뜻을 따르게 될 것이다. 우리는 그분의 뜻이 성취되기를 바라며 우리의 심장은 그분의 뜻을 만나기 위해 뛸 것이다.

하나님의 뜻을 경배합니다.
하나님이 행하신 모든 일을 사랑합니다.
내가 사는 날 동안 하나님이 더욱 나를 사랑하는 듯합니다.
하나님의 보이지 않는 모든 발자국에
나의 입술을 드리고 싶습니다.
나는 하나님을 두려워하지 않기에
하나님의 나라는 너무도 달콤합니다.

그 무엇도 하나님의 끝없는 선하심을 다 말하기엔 부족하다. 그러니 한 사람, 한 사람, 그 모두가 그것을 맛보아 알아야 한다. 당신이 정직하고 신실하게 맛을 본다면 시편 기자가 하는 말이 진실로 다가올 것이다. "그들이 주의 크신 은혜를 기념하여 말하며 주의 의를 노래하리이다"(시 145:7).

안식처 되시는
하나님 안에 머물라

주여 주는 대대에 우리의 거처가 되셨나이다. 시 90:1

──────── 우리 삶의 편안함과 불편함은 다른 무엇보다도 거주하는 장소와 환경에 따라 많이 달라진다. 마찬가지로 내면의 삶도 우리 영혼이 어디에 거하는지에 따라 결정된다. 우리가 거주하는 장소는 우리가 사는 곳이지, 가끔 방문하는 그런 곳이 아니다. 그곳은 우리의 집이다. 이생에서 우리 삶의 관심사 중 하나는 살 집을 갖는 것과 그 집을 안락하고 편안하게 꾸미는 것이다. 하지만 우리 영혼은 육체보다 더 편안히 지낼 곳이 필요하다. 내적인 평안은 외적인 평안보다 훨씬 중요하며, 평화와 기쁨으로 가득한 영혼은 외적인 환경에 크게 영향받지 않는다.

우리의 영혼이 살 곳을 찾는 것은 무척 중요한 일이다. 하나님은 자신이 세대에 걸쳐 우리의 거할 곳이라고 선포하셨다. 하지만 내가 묻고 싶은 것은 과연 우리가 우리의 거할 곳에서 살고 있는가 하는 것이다. 시편 기자는 이스라엘 백성들에게 "그들이 광야 사막 길에서 방황하며 거주할 성읍을 찾지 못하고"(시 107:4)라고 말했다. 방황하는 이스라엘 백성들처럼 교회 내에 방황하는 많은 영혼이 있다는 것은 심히 걱정스러운 일이다.

영적 광야에서 방황하는 그리스도인들은 거주할 곳을 찾지 못하고 굶주림과 목마름과 영적 쇠퇴를 겪고 있다. 따라서 하나님이 거하시는 곳으로 이들이 들어와 영원히 거할 수 있도록 초대해야 한다. 하나님은 우리가 이런 초대를 감당해야 한다고 말씀하신다. "내 안에 거하라. 나도 너희 안에 거하리라"(요 15:4). 그리고 하나님은 우리가 하나님 안에 거할 때 얻는 축복과 거하지 않을 때 겪게 되는 슬픔에 대하여 말씀하신다.

사실상 우리 영혼은 하나님을 위해 만들어졌다. 하나님은 우리가 본래 머물러야 할 집이기에 우리는 다른 어떤 장소에서도 휴식을 취할 수 없다. 그래서 시편 기자는 이렇게 말했다. "내 영혼이 여호와의 궁정을 사모하여 쇠약함이여 내 마음과 육체가 살아 계시는 하나님께 부르짖나이다"(시 84:2). 우리는 하나님 안에 거하지 못하면 못할수록 더욱 하나님의 궁정을 그리워하게 될 것이다.

하나님만이 피조물의 거할 곳이라네.
그곳이 거칠고 곧은길이라도
만족할 수 있는 다른 길은 없다네.
하나님을 그리워하는 영혼이여.

방황하는 자가
돌아갈 그곳

우리가 거할 곳에서 사는 모습을 어떻게 묘사할 수 있을까? 다윗은 "이르되 여호와는 나의 반석이시요, 나의 요새시요, 나를 위하여 나를 건지시는 자시요, 내가 피할 나의 반석의 하나님이시요, 나의 방패시요, 나의 구원의 뿔이시요, 나의 높은 망대시요, 그에게 피할 나의 피난처시요, 나의 구원자시라. 나를 폭력에서 구원하셨도다"(삼하 22:2-3)라고 묘사했다.

우리가 거할 장소는 우리의 요새이고, 우리의 높은 망대이자 우리의 반석이며, 우리의 피난처이다. 그곳은 약하고 도움받을 곳이 없는 모든 사람이 원수들을 피해 보호받을 수 있는 안전한 곳이다. 그리고 우리의 거할 곳이 되시는 하나님을 우리의 요새라고 말할 때 그 뜻은 오직 하나, 바로 우리가 모든 공격과 모든 원수로부터 보호받을 수 있는 곳에서 살고 있다는 의미이다. "여호와께서 환난 날에 나를 그의 초막 속에 비밀히 지키시고 그의 장막 은밀한 곳에 나를 숨기시며 높은 바위 위에 두시리로다"(시 27:5). "지존자의 은밀한 곳에 거주하며 전능자의 그늘 아래에 사는 자여"(시 91:1). "주께서 그들을 주의 은밀한 곳에 숨기사 사람의 꾀에서 벗어나게 하시고 비밀히 장막에 감추사 말 다툼에서 면하게 하시리이다"(시 31:20).

하나님의 비밀스러운 거처 안에서는 원수가 우리를 찾을 수 없고, 어떠한 문제도 우리에게 다가올 수 없다. 사람의 교만과 혀의 싸움은 하나님의 쉴 장소에서 입구를 찾을 수 없다. 하나님의 비밀스러운 거처는 몇 천의 지브롤터(스페인의 요새 항구도시. 바윗돌 같은 존재를 가리키는 말이기도 함—역자주)보다 더 든든한 피난처이다. 사람의 교만과 혀의 싸움과 같은 것들은 부유함 가운데 있을 수 있지만 영혼의 안식처에는 들어올 수 없다. 하지만 우리는 인생의 거친 파도 가운데서도 완벽한 평안 속에 거할 수 있다.

그런데 얼마나 적은 수의 사람만이 이러한 사실을 알고 있는가! 다윗의 말을 인용했지만 그것은 그저 말일뿐 현실은 아닌 것 같다. 우리는 그저 형식적으로 다윗이 한 말을 경건한 톤으로 말하곤 한다. "아, 그래요. 하나님이 나의 거할 곳이라는 건 잘 알아요. 그리고 다른 기독교인처럼 저도 저의 관심사를 하나님께 맡겼어요. 하지만 저는 자신이 아무 쓸모없는 인간이라는 걸 잊을 수가 없고 유혹을 이길 만한 힘도 없어요. 다윗이 말한 것처럼 제가 완벽한 보호 안에 있다는 사실을 믿을 수가 없어요." 여기에 모든 종류의 두려움과 걱정, 그리고 하나님의 거할 곳에서는 전혀 들어볼 수 없는 위험한 문제로 가득한 세상에서 홀로 방황하는 한 영혼의 이야기가 있는 것이다.

내게는 '하나님의 거할 장소'라고 부르는 시편이 있다. 그것은 시편 91편으로, 여기에서는 거할 장소가 어떤 곳인지를 아주 멋지게 묘사하고 있다. "지존자의 은밀한 곳에 거주하며 전능자의 그늘 아래에 사는 자여 나는 여호와를 향하여 말하기를 그는 나의 피난처요 나의 요새요 내가 의뢰하는 하나님이라 하리니"(시 91:1-2). 우리는 보통 요새를 화강암으로 만들어진 강하고 튼튼한 건물로 생각하지만 동시에 불편한 장소로 생각한다. 하지만 부드럽고 편안함으로 가득한 종류의 요새도 있는데, 그것을 시편은 이렇게 묘사한다. "그가 너를 그의 깃으로 덮으시리니"(시 91:4). 마치 어미닭이 자신의 작고 연약한 병아리를 따뜻하고 견고한 날개로 덮듯이 보호하는 그런 요새이다.

이런 어머니의 마음과 같은 요새는 그것이 인간의 어머니든, 어미닭이든, 어미 호랑이든 간에 세상에서 가장 견고한 요새인 동시에 가장 부드러운 요새이다. 바로 그러한 종류의 요새가 우리 주 하나님이시다. "그가 너를 그의 깃으로 덮으시리니 네가 그의 날개 아래에 피하리로다. 그의 진실함은 방패와 손 방패가 되시나니"(시 91:4). "그는 목자같이 양 떼를 먹이시며 어린 양을 그 팔로 모아 품에 안으시며"(사 40:11). "그의 영원하신 팔이 네 아래에 있도다"(신 33:27). 날개, 품, 팔! 얼마나 복된 요새들인가! 저 모든 것으로 둘러싸일 때 얼마나 안전한가! 창조세계는 요새 그 자체이다.

암컷 호랑이는 상처 입는 것을 싫어해서 누군가가 조금이라도 자신을 건드리면, 가령 털을 뽑거나 옆구리를 치면 당장에 달려들어 상대방을 해치지만, 자기 새끼들에 대해서만큼은 어떤 짓을 해도 그저 사랑의 눈으로 바라보며 쓰다듬어 줄뿐만 아니라 오히려 그들을 살리기 위해 자신을 희생한다. 우리는 이러한 어미의 요새를 수없이 보았고, 그것을 "신성하다"고 말한다.

마찬가지로 우리 역시 하나님의 거할 장소 안에 있는 피난처로 들어가 외부의 모든 두려움에서 벗어나 평안을 누린다. 하지만 문제는 우리가 이런 성경 말씀을 거부하는 데 있다. 우리는 '하나님의 팔은 어머니의 강한 사랑의 팔처럼 강하지 않고, 하나님의 품은 어미 호랑이의 품처럼 부드럽지 않으며, 하나님의 날개는 어미 닭의 날개만큼 넓은 날개가 아니다. 우리는 지상의 모든 요새가 하나님이 주신 것임을 알지만 하나님이 그만큼 안전하다고는 믿을 수 없다. 하나님이 우리의 요새가 된다는 사실은 절반의 안전이거나 어머니를 요새로 하는 것만큼 포근하지 않다' 라고 생각한다. 세상의 어머니는 그토록 신뢰하지만 하나님께는 그렇게 하지 않는다!

그러나 시편 기자가 선포한 거룩한 거할 곳은 얼마나 안전한가! 그곳에서는 아무것도 두려워할 것이 없다. 다시 말해 밤의 공포와 낮의 화살과 어둠 속에서 걷는 것과 정오에 행해지는 파괴 같은 해악이 없다. 수많은 해악이 쏟아져도 신성한 곳에 거하는 우리 영혼에게는 어떤 피해도 입힐 수 없다. 하나님 안에 거하는 자는 어떤 해악도 입지 않는다.

하나님이 거하시는 곳으로

모든 두려움과 고민은 우리의 종교적인 삶을 아주 불편하고 비참한 것으로 만든다. 하지만 우리 자신을 하나님이 거하시는 곳으로 만들면 이 모든 것으로부터 안전해진다. 그렇다고 우리의 육신이 아무런 상처를 입지 않는다는 뜻은 아니다. 병에 걸리면 비록 건강은 악화될 수 있지만 영혼은 하나님 안에서 평강을 누린다.

삶을 고통스럽게 느끼는 것은 우리 마음을 떠나지 않는 악에 대한 공포 때문이다. 우리의 삶은 온갖 가정으로 가득 차 있다. 만약 이런저런 일이 일어난다면 나는 어떻게 해야 하나? 그 일을 어떻게 감당할 수 있을까? 그러나 우리가 완벽한 요새인 하나님이 거하시는 곳에 산다면 이러한 의구심은 우리 삶에서 완전히 떨어져 나갈 것이다. 어떤 악의 위험도 하나님의 완벽한 요새를 침범할 수 없으므로 악의 두려움으로부터 평화를 누릴 수 있다. 시편 기자는 심지어 음침한 사망의 골짜기를 지날 때에도 "해를 두려워하지 않는다"고 말했다. 우리가 하나님 안에 거한다면 우리 역시 이렇게 말할 수 있을 것이다.

그렇다면 우리가 어떻게 이 신성한 곳으로 들어갈 수 있을까? 그 답은 '그냥' 들어가면 된다. 친구가 집을 마련해 두었고, 이미 이사갈 준비가 되었으며, 임대에 필요한 모든 서류가 준비되었고, 계약서에 서명도 마쳤다면, 더는 그 집에 어떻게 들어가야 하느냐고 물을 필요가 없다. '그냥' 짐을 싸서 들어가면 된다. 하나님이 거하시는 곳에 들어갈 때도 마찬가지다. 하나님은 우리가 거주할 곳이고, 성경은 거주에 필요한 모든 서류를 갖추고 있으며, 정식으로 인증되었고, 이미 서명이 되어 있다고 하나님은 말씀하셨다. 그리고 하나님은 우리를 초대하시고 들어와 거하라고 명하신다.

그런데도 당신은 묻는다. "제가 어떻게 옮겨갈 수 있나요?" 당신은 믿음으로 그렇게 해야 한다. 하나님은 이미 하나님 자신이 당신의 머물 곳이라고 하셨으니 당신도 그렇게 말해야 한다. "나는 여호와를 향하여 말하기를 그는 나의 피난처요 나의 요새요 내가 의뢰하는 하나님이라 하리니"(시 91:2). 믿음은 하나님의 말씀으로 주어지고 진실이라고 단언하게 된다. 예수님이 "머물라"고 하시면 우리는 "머물겠습니다"라고 대답해야 한다. 우리는 믿음으로 하나님을 우리의 거할 곳으로 만들어야 한다. 하나님은 이미 우리의 거할 곳이지만 우리는 우리의 믿음으로, 그리고 이를 계속 주장함으로써 하나님을 우리의 거할 곳으로 만들어야 한다. 그래서 영국의 시인이자 평론가인 콜러리지는 말했다. "믿음은 영원한 진리가 현실의 사실이라는 확언이자 행동이다."

우리는 믿음의 확언으로 하나님이 우리의 거할 곳이라는 영원한 진리가 현실의 사실이 되게 하여야 하고, 그러한 생각과 행동이 하나님의 거할 곳으로 우리를 옮겨가게 하는 자연스러운 결과를 이끌어 내야 한다. 따라서 우리가 가장 먼저 해야 할 일은 모든 걱정과 불안을 영원히 버리는 것이다. 하나님의 거할 장소에 걱정이나 불안은 들어올 수 없기에 우리가 하나님의 거할 곳에 들어가려면 그런 것들은 미련 없이 버려야 한다.

그런데도 "너희는 마음에 근심하지 말라. 하나님을 믿으니 또 나를 믿으라"(요 14:1)는 말씀은 잘 지켜지지 않는 하나님의 명령 중 하나가 되었다. 다른 어떤 명령보다 이 명령에 대한 불순종은 하나님의 마음을 슬프게 한다. 만일 자식이 부모를 믿지 못하고 부모의 품 안에서 불안감을 느낀다면 부모로서는 몹시 슬플 것이다. 마찬가지로 사람들이 하나님의 보호 안에서 안전함을 느끼지 못한다면 하나님은 그 사랑의 마음에 얼마나 큰 상처를 받으시겠는가!

가령 친구 중 한 명이 어떤 물건을 나에게 맡기고는, 나에게서 아주 잘 관리하겠다는 약속을 받고도 계속 걱정하는 것처럼 우리는 하나님이 약속한 것들에 대해 계속 걱정하면서 불안해한다. 만약 친구 사이에 이런 일이 일어난다면 우리는 물건을 친구에게 돌려주며 "네가 나를 못 믿으면서 왜 물건을 스스로 관리하지 않느냐?"고 말할 것이다. 하나님의 소유된 자녀가 감히 하나님께 맡긴 것에 대해 불안해한다는 것은 놀라운 일이다. 이는 하나님이 믿을 만한 분이신가 하고 의심하는 것이나 다름없다.

우리의 머리카락 수도 헤아리시는 하나님은 실패할 리가 없으시다. 하나님은 악한 것이나 원수가 침범할 수 없는 견고한 요새이시다. 내 모든 것을 신성한 거처에 맡기는 순간, 모든 걱정과 두려움은 사라진다. 자신이 무엇인가를 보관해야 한다면 우리는 두렵고 염려하면서 마지막까지 불안해할 것이다. 하지만 하나님의 보호 안에서는 모든 것이 안전하다.

잠언 기자는 "여호와의 이름은 견고한 망대라. 의인은 그리로 달려가서 안전함을 얻느니라"(잠 18:10)고 말했다. 중요한 것은 강한 성으로 '달려가서' 영원히 머무는 것이다. 원수들이 사방을 포위하고 있는데 성 밖에서 안전하게 지켜달라고 울부짖는 것은 어리석은 짓이다. 안전해지고 싶다면 먼저 성 안으로 들어가야 한다. 또한 예수님은 "예루살렘아 예루살렘아 선지자들을 죽이고 네게 파송된 자들을 돌로 치는 자여 암탉이 그 새끼를 날개 아래에 모음같이 내가 네 자녀를 모으려 한 일이 몇 번이더냐. 그러나 너희가 원하지 아니하였도다"(마 23:37)라고 말씀하셨다. 어린아이가 안전하기를 원한다면 어머니의 날개 아래 있는 요새로 뛰어들어가야 한다.

그런데도 많은 사람이 자신은 너무 가치 없는 죄인이라고 여기며 하나님의 거할 곳 밖에서 방황한다. 만약 작은 병아리가 매가 오는 것을 보면서도 어미 닭의 활짝 펼쳐진 날개 아래로 숨지 않고 그저 두려움에 떨면서 "아, 나는 너무 약하고 어리석고 무력한 병아리라 내 어머니의 날개 안으로 들어갈 만한 가치가 없어"라고 한다면 어떻게 해야 할까? 아마도 어미 닭이 말할 수 있다면 "이 어리석은 병아리야, 네가 그렇게 약하고 어리석고 무력하기에 내 날개 밑으로 숨으라고 하는 거란다. 네가 크고 위대하고 강해서 스스로 자신을 지킬 수 있는 수탉이라면 너더러 내 날개 밑으로 숨으라고 하진 않을 거다"라고 말할 것이다. 설명이 더 필요할까?

하지만 우리는 우리의 거할 곳으로 달려 들어가기만 해서는 안 된다. 시편 기자가 "내가 영원히 주의 장막에 머물며 내가 주의 날개 아래로 피하리이다"(시 61:4)라고 말한 것처럼 우리도 그렇게 해야 한다. "내가 영원히 주의 장막에 거한다"는 것은 솔직히 고백하건대 힘든 일이다. 믿음으로 주의 장막을 향해 발걸음을 옮기기는 쉽지만 확고부동하게 우리의 발걸음을 그곳에 두는 일은 어렵다. 대부분의 사람들은 주일이면 하나님의 요새로 달려 들어가고, 월요일 새벽이 되기 무섭게 빠져나온다. 어떤 이들은 밤에 기도하기 위해 무릎을 꿇을 때는 달려 들어가지만 5분 만에 침대로 돌아가며 빠져나온다. 물론 이것은 너무나 어리석은 짓이다.

어느 때보다
지혜로운 선택이 절실한 때

내가 궁금하게 여기는 것은 우리가 단순히 하나님의

거할 곳을 '방문'하고 싶어 하는 것인지, 아니면 그곳에서 '영원히' 살고 싶어 하는 것인지, 그것이 알고 싶다. 오늘은 하나님의 날개로 보호받는 믿음을 원하고, 내일은 밖에서 원수들과의 싸움에 노출되기를 원하는 것일까? 아무도 고의로 후자를 택하지는 않겠지만 대부분의 사람들이 후자 쪽으로 떠밀려 간다. 우리가 하나님 안에 거한다는 것은 전적으로 믿음과 관련된 일이지만 그러한 사실을 깨닫는 데는 실패한다. 진지한 싸움이나 맹렬한 노력이 희미해질 때 우리의 믿음도 함께 약해진다. 하지만 부정할 수 없는 것이 있다면 그것은 기독교인의 삶은 믿음으로 살게 된다는 것이다. 믿음 없이는 하나님을 기쁘시게 할 수 없다. 열정, 성실, 혹은 다른 그 어떤 것으로도 하나님을 기쁘시게 할 수 없다.

우리는 모든 힘과 에너지를 믿음에 집중시켜야 한다. 우리는 하나님이 거하시는 곳으로 옮겨가기 위해 우리의 얼굴을 돌과 같이 고정해야 하며, 그곳에 확실히 거하기 위해 모든 의심과 용기 부족이라는 유혹에 맞서야 한다. 그래서 시편 기자는 이렇게 말했다. "지존자의 은밀한 곳에 거주하며 전능자의 그늘 아래에 사는 자여"(시 91:1). 여기서 '거주한다'는 말과 '믿는다'는 말은 동의어이고 의미상으로도 똑같은 말이다. 내가 하나님을 믿는 동안 그분 안에 거할 수 있다. 내가 하나님을 확고하게 믿으면 나는 그분 안에 확고히 거할 수 있다. 내가 하나님을 이랬다저랬다 하는 식으로 믿는다면 나는 하나님 안에 뛰어들었다가 뛰어나왔다가 할 것이다.

그러나 나는 하나님을 완전하게 믿는다. 당신이 이 말을 이해한다면 하나님 안에 거주한다는 것은 세상에서 가장 간단한 일이 될 것이다. 한 쌍의 연인이 "서로의 마음속에서 산다"고 말할 때 이는 서로 깊이 사랑하며 서로의 마음속에 확실한 믿음이 있고, 서로 의심하는 것은 불가능하다는 의미이다. 하나님의 요새에 대한 믿음이 확실하다면 그 요새에 거주할 것이다. 따라서 하나님이 우리의 요새가 되고 우리의 높은 성이 될 것이라고 선언하실 때 우리가 해야 할 일은 확고한 믿음과 신뢰를 갖고, 우리 자신뿐 아니라 우리의 모든 관심을 이 신성한 거처에 놓아두는 것이며, 더 나아가 우리 마음에 떠오르는 모든 걱정과 근심을 던져버리는 것이다.

우리가 하나님 안에 거할 때 우리는 하나님의 보호하심 아래서 어떤 상처도 입지 않는다. 우리가 이것을 확고하게 믿을 때 우리는 하나님의 보호 안에 있는 것이다. 우리가 의심하는 그 순간, 우리는 모든 것을 다시 우리 손안으로 가져오는 것이며, 더는 신성한 요새 안에 머물러 있지 않는 것이다. 그 어떤 것도 동시에 두 공간에 속할 수 없다. 어떤 일이나 사물이 나의 보호 안에 있으면 그것은 하나님의 보호 안에 있을 수 없다. 그것이 하나님의 보호 안에 있으면 나의 보호 안에는 있을 수 없다. 이는 햇빛처럼 자명한 사실이다. 사람들은 여러 가지 일을 자신의 요새 안에 집어넣고 왜 그 일들이 잘 이루어지지 않는지 궁금해 한다. 이는 어리석은 짓이다. 우리는 하나님을 믿든지 자신을 믿든지 선택해야 한다. 두 믿음을 섞으려 하지 말라. 절대 뒤섞이지 않을 테니까.

하나님 안에서
안식을 누리라

자신의 믿음을 말로 표현하는 것은 도움이 된다. "하나님은 나의 거할 장소이고, 나는 그곳에 영원히 머무를 것이다. 나는 거룩한 곳에 있고, 나는 이곳에서 평안하다. 나는 다시는 이곳을 떠나지 않을 것이다." 당신은 때때로 의심의 공격을 만날 것이고, 자신의 선언에 대해 용기가 없어지는 현상을 마주할 것이다. 그래도 당황하지 말라. 믿음을 갖고 신성한 곳에 영원히 거하라. 이 문제를 갖고 다시 생각할 필요가 없다. 그것은 너무나 확고한 것이고, 따라서 더 말할 필요가 없다.

지금 내가 말하는 것은 침대에 누워 모든 일이 그대로 흘러가도록 내버려두라는 것이 아니다. 내가 말하는 것은 우리의 내적 양상을 말하는 것이지 외적 형태를 말하는 것이 아니다. 외적으로 우리는 열정적인 주의를 기울여야 할지도 모른다. 하지만 이 열정적인 주의는 영혼의 깊은 내면에 가려져 있고 이 모든 관심사는 하나님 안에 거한다. 그래서 아무것도 아닌 일에 주의를 기울이는 것은 근심 없는 것과 같다. 하나님의 거할 곳에 안주하는 영혼은 지상에서의 큰 시련도 이겨낼 수 있고 가장 큰 적들도 지배할 수 있다.

또 하나 중요한 사항이 있다. 새집으로 이사할 때 우리는 우리에게 속해 있는 모든 물건과 가족도 함께 데리고 들어간다. 이사하면서 자신의 물건을 두고 간다거나 사랑하는 사람을 버리고 가는 경우는 없다. 그런데도 하나님의 거할 장소에 들어가려고 하면서 자신이 제일 사랑하는 대상은 밖에 버려두는 사람은 없는지 염려스럽다. 만일 어떤 부모가 자식은 밖에 버려둔 채 자신만 안전한 요새로 들어간다면 우리는 경악할 것이다. 그렇지만 이는 상당수의 기독교인이 하는 행동이다. 우리가 우리 아이들에 대해 불안한 생각이 있다면 이는 우리가 하나님의 거할 장소에 그들을 데려가지 않는다는 것을 의미한다.

이 말의 의미는 우리가 우리 자녀를 믿어야 한다는 뜻이다. 하나님은 지상의 아버지보다 더 근원적인 아버지시고, 우리에게 자녀가 사랑스럽다면 하나님께는 더더욱 사랑스럽다. 따라서 우리는 하나님의 보호 안에 있는 아이들을 믿는 것 외에 더 나은 생각을 할 수 없다.

나는 한 기독교인 어머니를 알고 있다. 그녀는 자신이 구원받았음을 믿었지만 신앙에 무관심한 아들 때문에 늘 근심하고 있었다. 어느 날 저녁, 그녀는 하나님의 요새로 들어가면서 자신이 사랑하는 것들을 두고 떠나는 것과 관련된 설교를 들었다. 마치 천국의 빛이 번쩍이듯 그녀는 자신이 하나님의 요새로 들어가며 자기 아들은 밖에 두는 모순을 보았다. 그 순간, 그녀는 믿음으로 아들을 요새로 함께 데리고 와 하나님이 보호하시도록 그 요새 안에 두었다. 그러자 마음의 모든 불안이 사라졌고 완벽한 영혼의 평안을 얻을 수 있었다.

그녀는 이제 나에게 자기 아들이 더는 자신의 것이 아니라 하나님의 것이라고 느껴진다고 말했다. 그리고 자신이 쏟아부을 수 있는 사랑보다 더 큰 사랑을 하나님이 아들에게 베푸시며, 자신보다 훨씬 지혜롭고 효과적으로 아들을 보호하심을 느낀다고 말했다. 그녀는 자녀에게 하나님이 원하시는 게 무엇인지를 말해줄 수는 있지만, 무엇이 최선인지를 아시는 분은 오직 하나님 한 분뿐이고, 따라서 모든 것을 하나님 손안에 맡기는 것이 옳다고 느낀다고 말했다.

그녀는 집으로 돌아간 후 아들을 불러 자신이 본 것에 대해 말해 주었다. "사랑하는 아들아, 나는 너에 대해 많이 걱정했고 불안했다. 하지만 이제 나는 믿음을 얻었고, 믿음으로 너를 하나님의 요새 안에 두었으며, 하나님의 보호 안에 맡겼다. 나는 하나님이 이 부족한 어미보다 너를 더 잘 보호하실 것이란 사실을 확신하며, 하나님의 방식으로 너를 구원하실 것이라고 믿는다. 나의 걱정은 끝났다."

1년 후 그녀를 다시 보았을 때 그녀는 빛나는 얼굴과 기쁨의 눈물이 가득한 얼굴로 내게 다가왔다. "소중한 친구여, 내가 내 아들을 하나님의 요새에 어떻게 두는지를 배웠다는 사실을 기뻐해주게나. 그 아이는 지금 그 어느 때보다 안전하고 신앙심 좋은 기독교인으로 성장하고 있다네."

바로 이것이다! 우리는 하나님의 거할 곳에 우리 마음을 두어야 하고, 우리와 함께 우리가 사랑하는 모든 것도 그곳으로 가져가야 한다. 우리는 우리 자신과 다른 모든 것으로부터 떠나 하나님 안에 자신을 숨겨야 하고, 하나님 밖에 있는 것들은 하나님의 눈을 통하지 않고는 어떤 것도 돌아보지 말아야 한다. 하나님의 눈은 하나님의 집에 있는 유일한 창문이다. 그 창문을 통해 세상을 보면 모든 것이 새롭게 보인다. 우리의 고난은 축복으로 보이고 우리의 원수는 위장한 친구로 보인다. 삶의 모든 복잡한 일과 걱정은 여전히 존재하지만 우리는 그것들을 건드리지 않은 채 하나님 안에서 조용하고 평안한 영혼의 휴식을 누릴 것이다.

구하는 것, 그 이상을
주시는 하나님

율법이 들어온 것은 범죄를 더하게 하려 함이라.
그러나 죄가 더한 곳에 은혜가 더욱 넘쳤나니. 롬 5:20

──────── 우리는 앞에서 하나님과 그분의 구원에 대해서 알아
보았다. 이제 중요한 것은 우리가 그것을 어떤 시각으로 바라보아야
하는가이다. 우리가 구원을 어떤 시각으로 바라보느냐에 따라 신앙
생활의 편안함과 불편함의 정도가 결정된다. 물론 우리가 바라보는
시각에 따라 현실이 변한다고 말하는 것은 아니다. 다만 우리가 어떤
시각에서 바라보느냐에 따라 현실에서의 고난에 대한 기준이 아주
달라질 수 있다는 뜻이다. 우리의 안전은 현실 그 자체로부터 오지만
우리의 평안은 우리가 파악하는 현실로부터 온다.

예수 그리스도의 구원은 성경에서 반복적으로 다룬다. 그 내용을
보면 우리는 구원이 무엇인지 잘 모른다. 구원에 대해 정확히 이해한
다면 누구도 다시는 고통이나 불행을 느끼지 않을 것이다. 성경은 우

리에게 구원에 대한 시각을 열어주고 누구도 생각해본 적이 없는 놀랍고 완벽한 충족감을 준다. 우리에게 구원의 영광이 주어지는 것보다 더 귀한 것은 없다는 사실을 깨닫게 한다. 그럼에도 우리는 여전히 '결핍'이라는 단어를 더 현실적으로 생각하려는 유혹에 빠진다. 그리고 구원은 현실의 삶에서 풍성하기보다는 늘 부족한 듯 보인다.

우리가 앞에서 본 구원의 충만함이 진실이라면 '풍요롭다'는 표현은 하나님의 자녀라면 누구나 사용할 수 있어야 한다. 하지만 몇몇 기독교인조차 '부족하다'는 표현이 가엾은 죄인인 우리에게 허용된 말이라 믿고 있다. 결핍이라는 말은 눈에 보이는 현상에 대한 말이다. 반면 풍요는 눈에 보이지 않는 것에 대한 말이다. 표면적으로 볼 때는 결핍이 풍요보다 더욱 현실적이다. 눈에 보이는 것은 보이기 때문에 확신할 수 있다. 우리의 약함과 어리석음은 눈에 보인다. 하지만 하나님의 능력과 지혜는 눈에 보이지 않는다.

눈에 보이지 않는 것을 보라고 하는 것은 역설처럼 들린다. 그것이 어떻게 가능한가? 철학자와 과학자는 같은 벌판을 바라보고 있어도 서로 다른 것을 본다. 눈에 보이지 않는 것을 보기 위해서는 내면의 눈을 떠야 하고, 그 눈으로 현상의 이면을 볼 수 있어야 하며, 겉모습이 아니라 내면의 현실까지 꿰뚫어볼 줄 알아야 한다. 이 내면의 눈으로 보이는 것을 보지 말고 보이지 않는 것을 보아야 한다. 눈에 보이는 것은 일시적이지만 눈에 보이지 않는 것은 영원하기 때문이다. 따라서 자신에게 물어봐야 할 핵심적인 질문은 우리 안에 그 내면의 눈이 떠져 있느냐는 것과 눈에 보이지 않는 영원한 것을 내면의 눈을 통해 볼 수 있느냐는 것, 그리고 우리의 눈이 보이는 것, 일시적인 것에만 제한되어 있지는 않았는지에 대한 것이다.

보이지 않는 것에
집중할 때

이스라엘 백성들의 이야기 가운데 좋은 예가 있다. 이들이 눈에 보이지 않는 것을 내면의 눈으로 본다면 이들의 적은 이들의 밥이 될 것이고, 눈에 보이는 어떤 것도 이스라엘 백성들에게 어떤 힘도 발휘하지 못하고 훼방도 놓지 못하리라는 것이다. 이 이야기는 역대하 32장 1~15절에 있다.

히스기야 왕 시절에 앗수르의 산헤립이 유다로 쳐들어왔다. 산헤립은 이미 다른 전쟁에서도 승리했기 때문에 당연히 유다도 정복할 수 있다고 생각했다. 그러나 유다의 왕이었던 히스기야는 눈에 보이는 적군보다는 눈에 보이지 않는 하나님을 보았다. 그는 평온한 모습으로 백성들에게 이렇게 말했다. "너희는 마음을 강하게 하며 담대히 하고 앗수르 왕과 그를 따르는 온 무리로 말미암아 두려워하지 말며 놀라지 말라. 우리와 함께하시는 이가 그와 함께하는 자보다 크니 그와 함께하는 자는 육신의 팔이요 우리와 함께하시는 이는 우리의 하나님 여호와시라. 반드시 우리를 도우시고 우리를 대신하여 싸우시리라"(대하 32:7-8).

이 얼마나 훌륭한 비교인가? 한쪽에는 육신의 팔이 있고, 다른 한쪽에는 하나님 여호와께서 함께하시니 말이다. 8절 마지막에 "유다

왕 히스기야의 말로 말미암아 안심하나라"는 말씀이 있는데, 이는 적이 공격해오는 상황에서도 하나님이 함께해주실 것임을 믿기에 이스라엘 백성들이 안심할 수 있었다는 뜻이다. 그렇다면 과연 우리가 이스라엘 백성들과 같은 상황에 놓여 있었다면 우리는 과연 아무런 두려움 없이 평안할 수 있는 믿음이 있었을까? 한번 자문해볼 필요가 있다.

다시 성경으로 돌아가서, 하나님을 향한 이스라엘 백성들의 신뢰를 본 산헤립은 분노했다. 그는 히스기야에게 설득당해 하나님이 자신들을 도와주실 것이라는 헛된 희망으로 죽음의 위기에 처한 이스라엘 백성들의 어리석음을 조롱했다. 그는 결핍에 대해 이야기했다. "너희가 아느냐? 내 아버지와 내가 다른 나라 땅에서 무엇을 했느냐? 다른 나라의 신들이 그들의 땅을 내 손에서 벗어나게 할 수 있었느냐? 이제껏 내 손에서 자신의 백성을 벗어나게 할 수 있는 신이 다른 나라 신들 중에 있었느냐? 히스기야의 말을 듣지도 말고 설득당하지도 말고 믿지도 말아라. 어떤 나라의 어떤 신도 자기 백성을 내 손에서 빠져나가게 하지 못하였느니라. 어떻게 완전하지 않은 너의 하나님이 너를 내 손에서 벗어나게 하겠느냐."

여기서 '완전하지 않은'이라는 말이 포함하고 있는 불신은 얼마나 유혹적으로 보이는가! 눈에 보이는 상황은 이미 불리해졌고, 주변 나라들은 모두 정복당했으며, 이스라엘은 다른 나라보다 더 강하지도 못했고, 군수물자가 풍부하지도 않아 히스기야의 말은 불가능해 보였다. 그러나 히스기야와 그의 백성들은 보이지 않는 것에 그들의 눈을 고정했고 그들의 믿음은 흔들리지 않았다. 그리고 그들이 믿은 하나님은 그들을 버리지 않고 성대한 구원을 베풀어주셨다. 원수들이 '완전하지 않은' 이라며 하나님을 믿는 이스라엘을 놀렸지만 오히려 승리의 풍요가 이스라엘에게 돌아왔다. 그들을 짓밟고 죽이겠다고 약속했던 자가 오히려 짓밟혔다. 앗수르 왕 산헤립은 굴욕을 당하여 자신의 나라로 되돌아갔고 실망한 친족들에게 죽임을 당했다.

구하거나 생각하는 것, 그 이상으로

이 이야기는 어딘가 우리의 경험과 비슷하지 않은가? 하나님의 약속이 '부족하다' 는 생각으로 낙심해서 비난한 적은 없는가? 엄청난 도움이 필요한 상황인데 의지할 수 있는 대상이 하나님 외에 아무도 없다는 현실을 깨닫고 자신이 곧 죽게 될 것으로 생각한 적은 없는가? 나는 큰 문제에 봉착한 어느 기독교인이 그 상황을 벗어나려고 모든 방법을 다 동원하다가 절망한 채 이렇게 말하는 것을 들어본 적이 있다. "뭐, 지금 나에겐 아무것도 남은 것이 없지만 그저 하나님을 믿을 뿐이야." 친구가 감탄했다. "지금 그렇게 말하는 것이 가능하단 말이야?"

우리는 이런 표현을 쓰는 것을 두려워해야 한다. 하지만 우리는 마음속 깊은 곳에서 똑같은 질문을 하고 싶은 자신을 발견할 것이다. 사람은 가장 절망적일 때, 믿을 수 있는 것이 아무것도 남지 않았을 때 하나님을 찾는다. 하나님의 은혜는 공교롭게도 우리가 가장 위급

한 상황에 부딪쳤을 때 넘친다. 사도들은 하나님을 "우리가 구하거나 생각하는 것, 그 이상으로 풍성하게 베푸시는 분"이라고 말했다. 이는 하나님의 '넘침'이 무슨 의미인지를 보여준다. 만일 하나님이 우리를 위해 우리가 마음속으로 품고 있는 것보다 더 많은 것을 주시려고 예비하고 있다면 우리는 풍성하게 얻을 것이라는 사실에 의문을 품지 않을 것이다. 그러나 불신은 우리가 마음속으로 원하는 것보다 부족하다고 생각하게끔 우리를 이끈다.

따라서 이제부터 우리 영혼의 언어에 대해, 즉 불신의 '부족'이 아닌 믿음의 '풍부'에 대해 살펴보자. 나는 하나님의 풍요로움이 우리의 모든 일시적인 필요와 영적인 욕구를 채울 만큼 충분하다는 사실을 깨달을 수 있을 것이라 확신한다. "그러나 이 은사는 그 범죄와 같지 아니하니 곧 한 사람의 범죄를 인하여 많은 사람이 죽었은즉 더욱 하나님의 은혜와 또한 한 사람 예수 그리스도의 은혜로 말미암은 선물은 많은 사람에게 넘쳤느니라"(롬 5:15). 여기서의 넘침은 우리 필요의 가장 깊은 곳까지 다다르는 넘침이다. '많은 사람이 죽었은즉'에 대해서는 별다른 의문이 없겠지만 은혜의 넘침이 어떻게 많은 사람에게 임했는가에 대해서는 질문이 있을 것이다.

당신은 은혜가 많은 이에게 넘친다고 확신하는가? 모든 사람이 죽는다는 사실만큼 우리에게 은혜가 넘친다는 것은 확실한가? 구원이라는 것이 우리가 필요로 하는 것보다 더 넘치게 나타나는가, 아니면 여전히 부족하다고 생각하는가? 어떤 것이 하나님께서 선언하신 것인가?

우리 영혼이 가장 갈망하는 것은 구원받는 일이다. "우리가 아직 죄인 되었을 때에 그리스도께서 우리를 위하여 죽으심으로 하나님께서 우리에 대한 자기의 사랑을 확증하셨느니라"(롬 5:8). 구원에 관한 질문은 나에게 풍요에 관한 질문으로 보인다. 그리스도께서 우리를 위해 죽으신 이상, 하나님과 우리를 화해시킨 이상(하나님이 우리에게 화해한 것이 아니다. 하나님은 화해하실 필요가 없다. 왜냐하면 하나님은 잘못하신 것이 없기 때문이다) 하나님은 우리를 구원하실 것이다. 하나님이 우리를 구원하신다는 사실에는 의심의 여지가 없다. 하나님의 풍요는 부족함까지 포함하기에 구원은 풍요와 관계된 것이다. 우리 중 그 누구도 하나님은 선하시며 풍요롭게 하시는 분이지 부족하게 하시는 분이라고 감히 생각하지 않는다.

그렇다면 과연 우리는 이것을 구체적인 삶 속에서 믿는가? 구원받은 즉시 모든 의심을 버리는가? 우리는 용서받음과 영생에 대해 확신을 가지고 말할 수 있는가? 불신으로 소심하게 "난 내가 하나님의 자녀이길 바래요"라고 말하는가? 아니면 당당히 고개를 들고 "지금 나는 하나님의 자녀입니다"라고 말하는가?

우리는 성령의 선물을 원하고, 또 받기 위해 기도하지만 이 모든 것이 공허해 보인다. 우리는 자신의 기도가 응답받지 못한다고 느낀다. 하지만 하나님은 우리에게 넘치는 믿음을 주신다. "너희가 악한 자라도 좋은 것으로 자식에게 줄줄 알거든 하물며 하늘에 계신 너희 아버지께서 구하는 자에게 좋은 것으로 주시지 않겠느냐"(마 7:11). 우리 가운데 부모는 자기 자식에게 좋은 것을 주고 싶어 한다는 사실을 모르는 사람은 없다. 부모는 자기 자녀가 그 선물을 받을 준비가 되어 있거나 말거나 알려고도 하지 않은 채 무조건 주려고 한다.

흘러넘침을
사모하라

우리는 죄로부터 오는 영적 죽음의 지배에 대해 알고 있으며 그 힘 아래에서 끙끙 앓고 있다. 하지만 사도들이 말하는 예수 그리스도로 말미암아 넘치는 지배 안에 있는 삶에 대해서는 잘 알지 못한다. 그렇다면 우리는 우리의 패배보다 더 큰 승리를 지금 가지고 있는가? 그 승리가 죽음의 지배보다 우리를 넘치게 지배하고 있는가? 이 말의 의미는 우리를 지배하던 것들을 뛰어넘어 지배자 이상이 되어야 한다는 뜻이다. 그러나 우리는 왕이어야 하는 곳에서 노예가 되어 있다. 그래서 풍요보다 부족에 지배당하는 우리를 발견하게 된다.

왜 그런가? 간단히 말해 우리가 예수님 안에서 넘치는 은혜를 충분히 전달받지 못했기 때문이다. 우리는 불신이 우리의 모든 것을 지배하도록 내버려둔다. 우리는 왕으로 불리도록, 그리고 지배력을 갖도록 만들어진 존재이다. 하나님은 우리가 노예의 모습이 아니라 풍요로운 지배자의 모습이어야 한다고 선언하셨다. 그런데 우리는 그러한 모습을 찾아냈는가? 아니라면 왜 아닌가? 그 원인이 하나님 쪽일 가능성은 없다. 왜냐하면 그분은 풍요의 승리를 증명하는 일에 단한 번도 실패하신 적이 없는 분이시기 때문이다.

원인은 우리에게 있다. 우리는 하나님의 풍부함 대신 우리의 부족함을 사용한다. 거기서 실패가 일어난다. 우리는 마음 깊은 곳에서 그리스도 안에 있는 정의의 선물이 우리를 통치할 만큼 충분히 공급되지 않는다고 생각한다. 지배에 필요한 넘치는 은혜의 전달을 자신의 불신 때문에 제대로 받지 못하고 있는 것이다.

그렇다면 우리는 무엇으로 이것을 치료할 수 있을까? 그것은 우리의 불신으로 인한 부족함을 영원히 버리고 진실한 하나님의 넘침을 받아들여 약속된 승리를 얻는 것이다. 약속된 승리는 우리 믿음에 따라 우리에게 주어질 것이다. 이런 하나님의 구원이 주는 넘침에 대한 확신은 우리의 영적 필요만을 위한 것이 아니라 우리의 일시적인 필요를 위한 것이기도 하다.

하나님은 지상의 필요에 대해서도 말씀하신다. "오늘 있다가 내일 아궁이에 던져지는 들풀도 하나님이 이렇게 입히시거든 하물며 너희일까 보냐. 믿음이 작은 자들아"(마 6:30). 나는 많은 기독교인이 이 본문의 의미를 잘 모르고 있다고 생각한다. 하지만 이 본문은 믿음에 관해 놀라운 사실을 알려주고 있다. 하나님이 인간을 우리 주변의 만물보다 훨씬 더 잘 보살피신다고, 우리를 그 무엇보다 더 잘 지켜봐주시고 공급해주실 것이라고 말한다.

이럴 때 우리는 시편 기자의 말에 동의하며 말한다. "주의 손가락으로 만드신 주의 하늘과 주께서 베풀어두신 달과 별들을 내가 보오니 사람이 무엇이기에 주께서 그를 생각하시며 인자가 무엇이기에 주께서 그를 돌보시나이까"(시 8:3-4). 인간은 아주 연약하고, 아주 보잘것없으며, 거대하고 웅장한 우주에 비해 너무나도 작은 존재로, 그런 인간을 하나님이 왜 보호하셔야 하느냐고 묻는다. 그러나 하나님은 인간을 보호하신다고 말하며 더욱이 우주를 보호하시는 것보다 훨씬 더 크게 보호하신다고 선언하셨다. 그러니 기억하라. 부족한 것이 아니라 넘친다는 사실을. 우리가 우주에 대해 걱정할 만큼 어리석지 않은 것처럼 우리 자신에 대한 걱정에서 벗어나야 한다.

하나님의 풍성함을 의지하라

산상설교에서 우리 주님은 풍요로움의 왕관을 우리에게 주셨다. "너희 중에 누가 아들이 떡을 달라 하는데 돌을 주며 생선을 달라 하는데 뱀을 줄 사람이 있겠느냐. 너희가 악한 자라도 좋은 것으로 자식에게 줄줄 알거든 하물며 하늘에 계신 너희 아버지께서 구하는 자에게 좋은 것으로 주시지 않겠느냐"(마 7:9-11).

이 '하물며' 안에서 우리는 우리의 모든 필요를 충족시키는 약속을 얻는다. 우리 아버지께서 우리에게 유익하게 보이는 것은 무엇이든 넘치도록 약속하셨다. 어떤 상황 속에서, 심지어 새나 짐승의 마음속에서 자기 자식에게 최고의 것을 주려는 어미의 본능은 실패하는 법이 없다. 어떤 어미가 자식이 빵을 달라는데 돌을 주고 생선을 달라는데 뱀을 주겠는가?

그런데 그런 어머니의 마음을 창조한 하나님 아버지께서 세상의 어머니보다 못하실까? 아니다. 절대, 절대로 그럴 수 없다. 하나님이 풍요를 만드신다. 어머니의 무한한 사랑보다 더 차고 넘치는 풍요로움을 행하신다. 세상의 어머니들이 자식에게 최고로 좋은 것을 주는 법을 안다면 하나님은 그보다 얼마나 더 많이 알고 계실까? 그렇다면 우리는 과연 이 하나님의 풍요로움을 믿고 있을까?

우리가 침대에서 끌어안고 있는 모든 불안의 시간이 이를 말해준다. 부모가 자식에게 주는 것보다 더 좋은 것을 주시는 하나님을 믿는다면 우리의 기도가 과연 응답받을 것인가에 대한 모든 의심이나 두려움은 영원히 사라져야 할 것이다. 모든 좋은 것은 우리가 구할 때 '반드시' 얻는다. 자식이 어머니에게 빵을 구할 때 그 어머니가 자식을 먹이는 것처럼 말이다. 내가 '반드시'라고 말했는가? 그렇다. 천국의 아버지에게는 넘침이 반드시보다 더 넓은 의미이다.

우리 가운데 누가 이 넘침의 의미를 헤아릴 수 있을까? 다만, 우리가 알 수 있는 것은 사람들이 자신의 필요에 따르는 모습은, 하나님이 우리의 입술에 귀 기울이고 응답하시는 모습에는 도무지 비교할 수 없다는 것이다. 그러니 다시는 하나님을 절대로 의심해서는 안된다. 자식이 빵을 달라고 할 때 돌을 주지 않는 것처럼 하나님도 절대 그렇게 하시지 않는다. 우리가 하나님께 구했을 때 우리가 받은 것이 우리 눈에 좋아 보이든 그렇지 않든 간에 구한 것에 대하여 가장 좋은 것을 받았다는 절대적인 확신이 있어야 한다.

성 어거스틴의 어머니는 자기 아들이 방탕해질 것을 두려워해서 로마로 가지 않기를 기도했다. 그러나 하나님은 그녀에게 로마를 변화시키기 위해 아들을 로마로 보내라고 응답하셨다. 우리가 좋은 것이라고 부르는 것들이 하나님이 보시기에는 악한 것일 수 있고, 우리에게 악해 보이는 것이 하나님이 보시기에는 선한 것일 수도 있다. 따라서 우리 눈에 그것이 어떻게 보이든지 하나님은 하나님이시며, 우리에게 언제나 최고의 것을 주시는 충만하신 분이라는 사실을 믿어야 한다. "자기 아들을 아끼지 아니하시고 우리 모든 사람을 위하여 내주신 이가 어찌 그 아들과 함께 모든 것을 우리에게 주시지 아니하겠느냐"(롬 8:32).

우리의 필요를 채우는 것은 하나님의 몫이다. 그러나 하나님의 필요를 채우는 것은 우리 몫이 아니다. 불신자들이 뭐라고 하든 하나님은 "너의 앞에 은혜가 흘러넘치게 하고 모든 것에, 모든 좋은 것에 항상 풍족함이 넘쳐흐르게 하리라"고 말씀하신다. '모든' '항상'이 얼마나 포괄적인 말인가! 이 말들 속에는 우리의 모든 필요가 다 들어 있으며, 우리가 질문할 여지조차 남겨두지 않는다. 우리가 어떻게, 우리가 감히 어떻게 저런 선언 앞에서 의심이나 질문을 던질 수 있단 말인가?

우리는 그저 하나님의 풍요로움 안에 감추어진 은혜의 경이로움을 누리기만 하면 된다. 그 은혜는 우리 삶 속에서 절대 마르지 않는다. 그러니 우리는 모든 불신을 버리기로 결단하고, 우리의 연약함과 죄와 필요 속에서 풍부하신 하나님의 은혜를 언제 어디서나 승리의 믿음으로 주장해야 한다.

내 방법? 그러나
하나님의 방법!

너희는 믿음 안에 있는가 너희 자신을 시험하고
너희 자신을 확증하라. 고후 13:5

───────── 자신을 시험하고 자신을 확증하는 '자기 점검'이란
주제만큼 불편함과 양심의 가책을 가져다주는 것도 없을 것이다. 자
기 점검 말고 우리가 "너무 부족하다"라는 말을 쓰게 하는 것도 없
다. 앞에서 보았듯 이 말만큼이나 믿음의 성장에 큰 걸림돌이 되는
것 또한 없다.

우리는 '나 자신'이라는 거대한 것들로 둘러싸여 있다. 이 나 자
신은 어휘적으로 '나' '나의' '내 것'으로 점점 변해가고 있다. 이 단어
들은 우리에게 매우 익숙하다. 왜냐하면 우리 자신을 시험하기 위하
여 던지는 질문들이기 때문이다. "나는 아주 정직한가? 나는 충분히
회개하였는가? 나는 올바른 감정이 있는가? 나는 신앙의 본질을 잘
이해하고 그것을 잘 이행하고 있는가? 내 기도는 열정적인가? 내가

이해하는 만큼 신앙에 관련된 것에 관심이 많은가? 나는 하나님을 열렬히 사랑하고 있는가? 성경은 세상의 다른 것보다도 내게 달콤한가?"

이와 같은 질문들, 그리고 이보다 몇 백배 많은 우리 자신과 경험에 관한 질문들이 우리의 사고를 가득 채우고 있다. 또한 자기 점검과 관계된 소책자도 아주 많다. 우리는 '그리스도의' '그분의' '그분의 것'이란 단어보다 '나의' '나' '내 것'이란 단어를 더 많이 떠올린다.

너희가 믿음에 있는지 시험하라

나는 이번 장에서 "너희는 믿음 안에 있는가 자신을 시험하라"는 구절을 서두에 썼다. 이 말씀은 신앙이 약해지고 자신이 진정한 신자인지 아닌지를 고민하는 고린도 교인들에게 던지는 사도 바울의 간단한 경고였다. 이 구절은 우리가 매우 정직한지 아닌지, 올바른 감정을 가졌는지, 우리 동기가 순수한지를 점검하라고 말하는 것이 아니다. 이 말씀은 단지 우리가 믿음 안에 있는지를 점검하라는 뜻이다. 간략히 말하면 우리가 예수 그리스도를 믿고 있는지를 묻는 "네, 아니요"로 대답할 수 있는 아주 간단한 질문이다. 이것은 그 당시 고린도 교인들에게 말하고 있는 것이며, 지금 현재 우리에게도 말하고 있는 것이다.

다른 성경 구절은 이렇게 말하고 있다. "그러므로 누구든지 주의

떡이나 잔을 합당하지 않게 먹고 마시는 자는 주의 몸과 피에 대하여 죄를 짓는 것이니라. 사람이 자기를 살피고 그 후에야 이 떡을 먹고 이 잔을 마실지니"(고전 11:27-28). 여기서 사도 바울은 주의 만찬에 슬며시 들어온 심각한 탐욕과 술 취함에 대해 말하고 있다. 자기 자신을 살피라는 교훈을 통해 그들이 짓고 있는 죄가 있는지를 살피고, 그 후에야 이 경건한 만찬에 예의와 격식을 갖추어 참석하라고 경고하고 있는 것이다.

위의 두 구절 중 어디에서도 현재 우리가 '자기 점검'이라고 부르는, 자신의 감정과 경험에 대한 무서운 점검을 암시하는 내용을 찾아볼 수는 없다. 사실 자기 점검이라는 현대사회의 병에 대한 언급은 성경에 없다. 이 병을 앓고 있는 사람들은 하나님이 그분의 자녀에게 무엇을 원하시는지 잘못 이해하고 있는 희생자들이다.

하지만 이 글을 읽는 사람 중 몇 명은 이 구절이 전체 문장의 문맥상 '깨어 있음', 즉 자기 점검을 말하고 있다는 사실을 내가 간과하고 있지는 않은지 이야기할 것이다. 하지만 나는 이 구절의 진정한 뜻이 무엇인지를 뒷받침해줄 구절을 찾았다. 바로 이것이다. "그러나 그날과 그때는 아무도 모르나니 하늘에 있는 천사들도, 아들도 모르고 아버지만 아시느니라. 주의하라. 깨어 있으라. 그때가 언제인지 알지 못함이라. 가령 사람이 집을 떠나 타국으로 갈 때에 그 종들에게 권한을 주어 각각 사무를 맡기며 문지기에게 깨어 있으라 명함과 같으니 그러므로 깨어 있으라. 집 주인이 언제 올는지 혹 저물 때일는지 밤중일는지 닭 울 때일는지 새벽일는지 너희가 알지 못함이라. 그가 홀연히 와서 너희가 자는 것을 보지 않도록 하라. 깨어 있으라.

내가 너희에게 하는 이 말은 모든 사람에게 하는 말이니라 하시니라"(막 13:32-37).

또 이 구절과 유사한 구절들을 자세히 살펴본다면 자기 점검에 관하여 가르치기보다는 이것과 완전히 반대되는 것임을 알 수 있을 것이다. 그 구절들은 우리에게 "깨어 있으라"고 말한다. 하지만 이것은 우리 자신을 점검하라고 말하지 않는다. 이 구절들은 우리가 다른 것들을 살피기 위하여 우리 자신을 잊어버리라고 말한다. 예수 그리스도의 재림이 바로 우리가 살펴보아야 할 것이다. 우리는 과거의 발자취가 아닌 그분이 오시는 발자취를 주의하여 보아야 할 것이다. 청지기가 주인이 돌아오는 것을 주의하여 보듯 예수님을 맞이할 준비가 되어 있는 좋은 일꾼이 되어야 한다.

그렇다면 무엇을 위해 깨어 있어야 할까? 자신을 위해서일까? 아니다. 주인을 위해 깨어 있어야 한다. 만약 우리가 주인이 돌아오길 고대하는 종이 아니라 주인이 다시 돌아왔다는 것을 알아차리지 못한 채 주인이 없을 때 자신이 그 집을 어떻게 경영했는지 분석하고 이익을 충분히 남겼는지 자기 점검에만 빠져 시간을 보내고 있다면, 예수 그리스도를 기다리기보다는 자신만을 바라보는 잘못된 습관을 지닌 영혼의 결말이 어떨지 우리는 알 수 있다.

그러므로 이 구절들은 자기 점검 정반대의 것을 가르치고 있다. 하나님은 "나를 바라보라. 그리하면 너는 구원받을 것이다"고 말씀하고 계신다. 하지만 자신을 분석하는 영혼은 "내가 구원받을 만한 희망이 있는지 나 자신을 바라보라. 나 자신이 바로 될 때 구원이 이루어질 것이다"라고 말하고 있다. 하지만 성경은 "예수님을 바라보라"고 말하고 있다. 이는 기독교인이라면 어디서든 주저하지 않고 선포해야 한다. 하지만 이것을 말한 후에도 자신의 오랜 습관인 자기 점검으로 돌아와 자기 안에서 의로운 행위나 어떤 감정을 통해 구원을 찾으려고 노력한다. 하지만 그들은 그러한 것으로 구원을 찾지 못하기 때문에 계속해서 절망 속으로 빠지게 된다.

우리가 우리 자신을 바라보고 있는 한 예수님을 바라볼 수는 없다. 승리와 인내의 힘은 우리의 환경과 죄, 유혹, 우리 자신이 아닌 예수 그리스도를 바라볼 때 생겨난다. 우리 자신을 바라보면 약함과 패배를 초래한다. 우리 자신을 바라볼 때는 약함과 가난함과 죄 이외에는 아무것도 볼 수 없기 때문이다. 우리는 이것을 치료할 수 있는 치료법이나 준비물은 보지도 못하며 볼 수도 없다. 이 치료법과 준비물은 우리가 바라보고 있는 곳에서는 절대 찾을 수 없다. 그것들은 우리 자신 안에 있는 것이 아니라 바로 예수님 안에 있기 때문이다.

우리는 자신을 바라보면서 동시에 예수님을 바라볼 수 없다. 나는 다시 한번 우리가 보고 싶은 것만 바라보는 냉혹한 본성을 가지고 있다고 말하고 싶다. 우리가 보고 싶은 것이 예수 그리스도라면 우리 자신이 아닌 예수님을 바라봐야 할 것이다. 이것은 우리가 우리의 등을 예수 그리스도께로부터 돌려 자신을 바라보든가, 아니면 등을 나 자신에게서 돌려 예수님을 바라볼지를 선택해야 하는 문제이다. "나인가, 아니면 예수 그리스도인가?"

옛것을
벗어버리라

　　자신의 삶에 관한 성경의 율법은 그 삶이 점검되어야 한다거나, 또는 더 나아져야 한다는 것이 아니라 아예 벗어버려야 한다고 말한다. 사도들은 에베소 교인들에게 옛사람을 벗어버리라고 말한다. 옛사람이란 자신의 삶, 즉 자기 자신을 속여 헛된 욕망을 따르는 부패한 삶으로 이는 개선되어야 할 것이 아니라 제거되어야 한다. 이것들은 십자가에 못 박혀야 한다. 사도 바울은 우리 옛사람은 예수 그리스도와 함께 십자가에 못 박혀 죽었다고 말했다. 십자가의 못 박힘이란 비참하게 만드는 게 아니라 죽는 것이다. 뱀이 허물을 벗듯 벗어버리는 것이다.

　하나님이 우리에게 원하시는 것이 우리 자신을 개선하는 게 아니라 벗어버리는 것이라면, 우리가 자신을 점검하여 나아질 것이라는 기대를 한 채 서투르게 개선하는 일을 더는 할 필요가 없다. 이에 관하여 17세기 프랑스의 영성대가 프랑소아 페넬롱은 그의 영감 있는 편지에서 자기 자신을 치료하는 유일한 방법은 자기를 개선하려는 어떤 일도 거부하는 것이라고 말한다. 그는 우리가 자신에게 등을 돌리고서 "나는 네가 누구인지 몰라! 관심도 없어! 네가 무엇을 하든지 나는 신경을 쓰지 않을 거야!"라고 말해야 한다고 했다. 하지만 우리는 언제나 관심받길 원하며, 전혀 관심받지 않는 것보다 차라리 나쁘게라도 생각되길 원한다. 이러한 비참함을 느끼고 있는 자기 점검은 자신의 삶에 대한 병적인 만족감을 주며, 심지어 자신이 매우 경건하고 겸손하다고 착각하게 만든다.

좋은 자아, 또는 나쁜 자아에게 가장 안전하면서도 성경적인 방법은 철저히 자신을 무시하고 우리의 눈과 생각과 기대를 오직 하나님 한 분에게만 집중하는 것이다. 이에 대하여 시편 기자는 "내 눈이 항상 여호와를 바라봄은 내 발을 그물에서 벗어나게 하실 것임이로다"(시 25:15)라고 말했다. 우리의 눈이 우리의 발과 엉켜 있는 그물을 주시하고 있다면 그물은 더욱 엉켜질 것이지만, 하나님을 주시한다면 그분이 우리를 그물에서 구출해주실 것이다. 수백 번 경험한 결과로 나는 이것이 사실이라는 점을 알고 있다.

농부가 밭을 경작하는 일을 본 적이 있는가? 농부는 곧게 뻗은 밭고랑을 만들기 위해서 자신의 눈을 어떤 나무나 울타리에 고정하고, 괭이가 흔들리지 않게 목표물을 향해 끌어야 한다. 고랑이 잘 만들어졌나 보기 위해서 뒤를 바라본다면 줄은 삐뚤어져 지그재그가 될 것이다. 우리가 우리의 발걸음을 곧게 하기 위해서는 사도들이 말하고 행했던 것을 따라야 한다. 우리는 뒤에 있는 것들을 잊어버리고 앞의 것들을 향해 가야 한다. 예수 그리스도와 하나님의 높은 부르심을 따라가야만 하는 것이다.

옛것들을 잊어버리는 것은 예수 그리스도와 하나님의 높은 부르심에 응답하는 중요한 단계이다. 우리가 옛것들을 잊어버리지 않는 이상, 더는 상급을 기대할 수 없다. 우리가 옛것들을 잊어버리기로 결단했을 때만 자기 점검을 부추기는 출처를 없앨 수 있으며, 자신 점검이라는 족쇄에서 풀려날 수 있다.

어떤 사람이 식량 창고가 비어 굶주리고 있다면, 그 사람은 비어 있는 식량 창고를 뚫어지게 바라볼 게 아니라 음식물을 제공해줄 희망과 기대의 원천으로 눈을 돌려야 한다. 자기 자신을 점검한다는 것은 음식 창고가 비었을 때 시장에 가서 창고를 채울 음식을 사기보다는 비어 있는 창고를 점검하느라 시간을 보내는 것과 같다. 이것은 많은 크리스천이 가득 채울 수 있는 축복의 한가운데 서 있으면서도 왜 갈급함에 굶주리는가를 설명해준다. 그들은 절대 가득 채움을 알지도 바라보지도 않는다. 다시 한번 강조하지만 우리는 우리가 보는 것을 기대한다.

만약 내가 이 분명한 이치를 반복하여 말하지 않는다면 사람들은 세상 상식의 한편에 서서 자신들이 보고자하는 것들로부터 자신이 등을 돌리고 서 있다는 사실을 알지 못할 것 같다. 그들은 하나님께 "하나님, 제발 내게 당신을 보이소서"라고 울부짖는다. 하지만 그들은 하나님을 바라보는 대신 자기 자신과 내면의 감정을 바라보고, 자신의 열정적인 기도에도 계속해서 숨기시는 하나님의 신비로운 행동을 이상하게 생각한다. 하지만 어떻게 그들이 바라보지 않는 것을 볼 수 있을까?

우리는 하나님에게 우리의 얼굴을 가린다. 그런데 하나님은 당신의 얼굴을 우리에게 절대로 가리지 않으신다. 우리는 주님께 얼굴이 아니라 등을 보여드리고 있다. 선지자들은 이스라엘 백성들을 "내 이름으로 일컬음을 받는 집에 그들의 가증한 것을 두어 집을 더럽혔으며"(렘 7:30)라고 비난했다. 그리스도인들이 자기 상태를 점검할 때 자신의 죄들을 긁어모으고, 부족함을 탄식하며, 죄로 가득한 자신의 혐오스러움을 가슴 깊숙한 곳에 넣어두고, 모든 노력과 보호를 다

하여 자기 신앙생활의 중심으로 만들려 한다. 그들은 모든 한계가 다 채워질 때까지 이 크고 위대하고 비참한 자아를 바라본다. 그리고 그들은 하나님이 모든 것을 잊어버리실 때까지 등을 주님께로 돌린다.

우리는 우리의 감정과 경험이나 죄를 바라보라고 지시받은 적이 전혀 없다. 그러나 이것에서 등을 돌리라고 지시받은 적은 있다. 우리는 우리의 죄를 씻기는 하나님의 어린 양을 바라봐야 한다. 예수 그리스도를 바라보는 한 영혼이 자신만을 바라보는 수천 명의 영혼보다 존귀하다. 하지만 우리에게는 자신을 점검하는 것에 숨겨진 능력이 있는 듯하다. 우리는 자기 점검의 결과인 금욕이 구원의 능력을 갖추고 있어야 한다고 생각하는 것을 피할 수 없는 것처럼 보인다. 이것은 우리를 가엾게 만들기 때문이다. 우리는 천국으로 가는 먼 여행을 떠나고 나서야만 고통과 괴로움 속에 구원의 능력이 없다는 걸 깨닫게 된다. 그러면서 오히려 쾌활하고 자신감이 넘치는 믿음만이 구원을 사모하는 올바른 영혼의 자세라고 생각한다.

초점을
하나님께 맞추라

우리는 이사야서에서 하나님의 백성들이 금식하며 불평하는 모습을 볼 수 있다. 그러나 하나님은 괴로워하는 영혼들을 외면하시고 인식하지도 않으셨다. 그리고 하나님은 그들에게 중요한 답을 내려주셨다. "이것이 어찌 내가 기뻐하는 금식이 되겠으며 이것이 어찌 사람이 자기의 마음을 괴롭게 하는 날이 되겠느냐. 그의 머리를 갈대 같이 숙이고 굵은 베와 재를 펴는 것을 어찌 금식이라 하겠으며 여호와께 열납될 날이라 하겠느냐"(사 58:5).

하나님은 그 누구든지 자기 점검을 통해 오는 괴로움에 만족해하는 것을 싫어하신다. 하나님은 우리가 갈대처럼 고개를 숙이기를 원하지 않으신다. 우리의 비참한 자신을 잊어버리고 다른 이들의 그 무거운 짐을 덜어주기 위해 우리를 부르셨다. 하나님은 "내가 기뻐하는 금식은 흉악의 결박을 풀어주며 멍에의 줄을 끌러주며 압제당하는 자를 자유하게 하며 모든 멍에를 꺾는 것이 아니겠느냐. 또 주린 자에게 네 양식을 나누어주며 유리하는 빈민을 집에 들이며 헐벗은 자를 보면 입히며"(사 58:6-7)라고 말씀하셨다.

이처럼 남을 위한 섬김은 오랫동안 자기 점검과 자기 비하보다 하나님께 무한히 가치 있는 일이다. 그리고 나는 우리가 자기 점검이라는 습관 속으로 밀어넣는 참혹한 수렁으로부터 구출될 수 있는 가장 확실한 방법을 하나님이 이미 보여주셨다고 생각한다. 우리가 하나님께 완전히 굴복하여 머리를 숙이고, 우리 영혼을 비참하게 만드는 금식을 포기하고, 하나님이 승낙하신 진정한 금식을 보여주고, 우리의 짐을 버리고 타인의 불행을 끊어줄 때, 우리의 빛이 불분명 속에서 일어나며 우리의 어둠이 정오같이 밝아질 것이다. 그리고 하나님이 지속해서 우리를 인도하실 때 영혼이 충족되며, 우리의 뼈가 차며, 물을 가득 먹은 정원같이 되며, 봄의 물줄기같이 될 것이라고 강력히 말씀하셨다.

이것이 정확히 우리가 이제껏 노력해왔던 것이다. 하지만 우리 노력은 우리 방법이지 하나님의 방법으로 된 것이 아니었다. 우리가 선택한 금식은 우리 영혼을 괴롭혔고, 우리 머리를 갈대처럼 떨어뜨렸으며, 굵은 베와 재에 앉혔다. 그 결과는 우리의 뼈가 살찌고, 영혼이 물댄동산처럼 신선해지기보다는 야위어짐과 목마름, 그리고 비참함이었다. 얼마나 열정적으로 기도하며 많은 신음과 눈물을 보였든지 간에 우리의 금식은 다른 어떤 것을 우리에게 가져다줄 수 없다.

그렇다면 이제 하나님의 금식을 해보지 않겠는가? 자신을 위한 보살핌을 내려놓고, 대신에 주위의 가난한 형제자매를 돌보도록 하자. 자신의 가난하고 비천한 삶을 위해 무엇인가를 하려는 노력을 그만두고 다른 이들의 영적인 삶을 돕는 무엇인가를 해보자. 우리를 즐겁게 하는 무엇인가를 찾기 위한 쓸모없는 노력을 그만두고 오직 하나님 안에서 그분의 돌봄을 통해서 즐거워하자. 우리가 이것을 한다면 우리의 모든 비참한 날은 종말을 맞이할 것이다.

하지만 몇몇 사람은 무엇이 잘못이고 무엇을 고쳐야 하는지 알기 위해서 우리 자신을 시험하는 게 필요한 것은 아닌가 하고 물을 수도 있다. 물론 우리가 우리 자신이 만든 작품이라면 이것은 필요하다. 하지만 우리는 하나님의 작품이지 우리 자신의 작품이 아니기에 하나님만이 우리를 시험하실 수 있고, 그분만이 무엇이 잘못되었는지를 이야기할 수 있는 유일하신 분이다.

시계를 만드는 사람만이 시계가 고장났을 때 검사하고 고칠 수 있다. 우리는 우리의 고장 난 시계를 고칠 만한 능력을 갖추지 못하고 있다. 그런데 왜 우리는 시계 고치는 일을 포기하지 못하는 걸까? 우리는 우리가 하는 검사가 아닌 하나님이 하시는 검사만이 의미가 있다는 사실을 깨달아야 한다. 우리의 자기 점검은 자기에게 나타난 질병의 증상보다 훨씬 더 지나치게 자신의 건강을 걱정하는 히포콘 드리아 환자처럼 되지만 하나님의 점검은 병을 고치기 위해 시험하는 의사와 같다.

그런데 죄를 지었을 때 잠깐이라도 자신을 점검한다거나, 또는 자신을 질책하는 일들을 해야 하지 않느냐고 물을 수 있다. 이것은 우리를 엄청나게 현혹하는 속임수이다. 먼저 자기 질책을 하지 않고서 우리의 죄가 용서된다는 것은 믿을 수 없는 일처럼 보인다. 하지만 성경은 이것에 대해 어떻게 이야기하고 있는가? 사도 요한은 만약 우리가 우리의 죄를 고백하면 — 죄를 애통해하거나, 또는 죄를 변명하려고 하는 것이 아니라 단순히 고백만 한다면 — 그는 미쁘시고 의로우사 우리의 죄를 용서해주시고, 모든 불의로부터 우리를 깨끗하게 하신다고 말씀하고 있다(요일 1:9).

하나님이 원하시는 것은 즉시 하나님께로 돌이키는 것이고, 죄를 인식하는 것이며, 하나님의 용서함을 믿는 것이다. 하지만 우리가 자기 점검과 자기 질책을 위해 시간을 허비한 나머지 이러한 일들을 미룬다면 우리는 계속해서 미래의 죄를 더하는 결과만 낳게 된다. 그러므로 우리는 우리의 초점을 자신으로부터 하나님께 맞추려고 노력해야 하며, 이럴 때 우리는 우리의 죄를 분명히 인식할 수 있게 된다.

성경 전체를 통해 우리는 자신을 죽이고 그리스도 안에서 사는 법을 배웠다. "내가 아니라 그리스도"라는 말은 바울만의 고백이 아니라 모든 그리스도인이 경험해야 하는 고백이다. 우리는 종종 "오! 주님, 주님은 나의 모든 것"이라고 노래하지만 사실상 우리는 다른 많은 것을 원하고 있다. 우리는 좋은 느낌, 열정, 성실, 깨달음, 만족할 만한 경험 등을 원하고 있다. 그리고 우리는 왜 이런 것들을 가질 수 없는지를 발견하기 위해 자신을 계속해서 점검하고 있다. 우리는 우리가 실패하는 부분을 발견할 수만 있다면 그것들을 고칠 수 있다고 생각한다. 하지만 우리가 실패하는 부분을 아무리 바라보고 있더라도 그것을 고치는 힘이나 바꾸는 능력은 우리에게 없다.

그러므로 그리스도의 마음에 이르는 유일한 길은 우리 자신을 바라보는 것이 아니라 하나님의 선하심과 아름다움을 바라보는 것이다. 우리는 우리가 바라보는 것만큼 성장한다. 만일 우리가 우리의 자아를 증오스럽게 바라본다면 우리의 자아는 더욱 증오스러워질 것이다. 그렇다면 자기 점검이 우리를 더 좋게 만드는 게 아니라 갈수록 더욱 나쁘게 만든다는 사실을 발견할 수 있는 방법은 없을까? 그것은 더욱 자기 자신을 바라보는 것뿐이다. 그럴 때 우리는 점점 더 자신이 생각한 자신의 이미지로 변할 것이다. 반면 우리가 주님의 영광을 바라본다면 우리 마음이 주님의 선하심과 사랑에 머무르고, 그의 영으로 충만하게 되기를 힘쓴다면 확실히 우리는 주님의 형상으로 변하게 될 것이다.

지극히 경계해야 할
자기반성

앞에서 말한 17세기 프랑스의 영성대가 프랑소아 페

넬롱은 자신의 저서 「그리스도인의 완전」에서 "실패에 대한 억울함이든 성공에 대한 축하든 간에 우리는 절대 어떠한 자기반성의 행동을 하지 말아야 한다. 우리는 계속해서 자신을 그분께 맡기고, 우리 내면의 눈을 하나님께 맞추어야 한다"라고 말했다. 자기 점검을 통해 우리는 우리의 과실에 대한 변명을 늘어놓지 않기가 쉽지 않다. 그래서 종종 자기 자랑으로 바뀌는 위험성을 지니고 있다.

그러므로 가장 좋은 방법은 자기 자신을 철저히 외면하고 존재한다는 사실 자체를 잊어버리는 것이다. 이것을 깨닫지 못한다면 그 누구도 자기 점검의 자유로움에서 오는 위안과 평안함을 만끽할 수 없다. 나는 자기반성의 행동 때문에 오랫동안 고통을 겪으면서 살았던 한 크리스천 노동자를 알고 있다. 그리고 나는 블루 먼데이(월요일이면 다시 일해야 하는 우울한 월요일)는 전날 교회에서의 예배와 관계된 자기반성의 결과 이외에는 아무것도 아니라고 확신하였다.

어떠한 종류이든 간에 이러한 자기반성의 행동을 치료할 유일한 길은 단순히 자기반성의 행동을 포기하는 것이다. 자기반성은 언제나 위험하고 결코 좋은 일이 아니다. 자기반성의 행동은 자기만족이나 자기 자랑으로 우리를 가득히 채우든지, 아니면 절망이나 낙심의 심해로 우리를 던져넣거나 하는 결과를 낳게 된다. 이때 어떤 것이 되든지 간에 우리의 영혼은 하나님의 시선과 구원으로부터 완전히 차단되는 결과를 맞이하게 된다.

자기반성이라는 습관을 가장 효과적으로 극복하는 한 가지 방법은 자신을 점검하고자 하는 유혹이 있을 때마다 하나의 규칙을 만드는 것이다. 이 규칙은 우리가 자신을 점검하는 게 아니라 하나님이 누구신지 생각하기 시작하는 것이다. 그리고 자신의 무가치함과 무력함에 대한 모든 생각을 다 쓸어버리고 하나님의 사랑과 그분의 충만함에 대한 생각으로 자신을 채우는 것이다.

나는 당신이 바라보는 하나님의 아름다운 성품과 역사하시는 방법이 얼마나 아름답고 황홀한지를 이 책을 통해 보여주고 싶다. 그리하여 당신이 다른 모든 것에서 하나님께로 눈을 돌릴 수 있기를 소망한다. 하지만 우리 자신의 내적 경험이 아닌 하나님의 계시를 쳐다보지 않으면 — 우리는 계시되어진 것에 언제나 등을 돌리려 하지만 — 어떠한 하나님의 계시도 소용없을 것이다. 다시 반복해서 말한다. 우리는 우리 자신과 하나님을 동시에 쳐다볼 수 없다. 우리가 자신을 점검하는 동안 우리는 하나님을 절대로 볼 수 없다.

당신은 하나님이 영광받으시길 정말로 원하면서도 당신이 완벽하게 되길 바라고 있다. 그래서 당신은 자기 사랑의 감정을 소중하게 생각하게 된다. 그것은 자기 자신 안에 거하기 위한 잘 다듬어진 핑계에 불과하다. 우리가 잘 지내고 있다는 것을 계속해서 확인하려 할 때 그것은 일종의 불신앙이다. 실제로는 우리가 무슨 일을 하고 있는지 알고 싶어 하는 욕망이고, 우리가 절대로 알아서는 안 되는 것이며, 이것에 대해 무지한 자가 되는 것이 하나님의 뜻이다. 그리고 더 나아가 우리가 어떻게 해야 할지 생각하고 판단하는 것은 아주 경박하고 쓸데없는 시간 낭비다. 가장 안전하고 빠른 길은 없애버리고, 잊어버리고, 자신을 포기하고, 더는 그것에 대해 생각하지 않는 것이다. 이것이야말로 하나님께 나아가기 위해 자기 자신과 자기 사랑을 버리는 종교의 전부이다.

그러므로 우리가 해야 할 일은 자기 자신과 자신의 경험에 대한 문을 영원히, 그리고 즉시 확실히 단호하게 닫아버리는 것이다. 이것들이 당신을 좋게 하든 그렇지 않든 간에 우리는 시편 기자처럼 노래해야 한다. "내가 여호와를 항상 내 앞에 모심이여 그가 나의 오른쪽에 계시므로 내가 흔들리지 아니하리로다. 이러므로 나의 마음이 기쁘고 나의 영도 즐거워하며 내 육체도 안전히 살리니"(시 16:8-9).

흔들림을 극복하는
유일한 비결은

이 또 한 번이라 하심은 진동하지 아니하는 것을
영존하게 하기 위하여 진동할 것들 곧 만드신 것들이
변동될 것을 나타내심이라. 히 12:27

———————— 우리는 이전 장에서 측량할 수 없는 하나님의 사랑과 보호하심을 살펴보았다. 하나님의 심오하신 사랑을 알지 못하면 하나님의 자녀에게도 시험과 고난이 닥친다는 사실을 받아들이기 어려울 것이다. 그러나 사랑은 종종 고난을 통해 드러나게 됨을 볼 수 있다. "너희가 참음은 징계를 받기 위함이라. 하나님이 아들과 같이 너희를 대우하시나니 어찌 아버지가 징계하지 않는 아들이 있으리요. 징계는 다 받는 것이거늘 너희에게 없으면 사생자요 친아들이 아니니라"(히 12:7-8).

사랑하는 대상이 잘못한다면 사랑의 본질상 그들을 구원하기 위해 할 수 있는 일을 해야 한다. 그렇게 하지 않는 사랑은 자기만을 생각하는 이기심이다. 그러므로 사랑의 하나님은 그분의 측량할 수 없는 사랑 때문에 자녀들이 흔들리고 무너지는 것에 자신의 영혼을 의지할 때 그들의 삶에서 그것들을 제거하실 수밖에 없다. 그리고 자녀들이 절대 흔들리지 않는 견고한 것에 의지하여 살도록 이끄실 것이다. 그런데 이러한 과정은 종종 고통스러울 수 있다.

반석과 모래 위에
집 지은 자

햇살이 눈부신 날에는 모래 위에 지은 집이 좋아보일지도 모른다. 그러나 폭풍우가 일어나면 그 집은 폭삭 무너질 것이다. 반대로 지혜로운 사람이 세운 반석 위의 집은 폭풍우를 이겨내며 흔들림 없이 견고하게 서 있다. 왜냐하면 반석 위에 세워졌기 때문이다. 이처럼 집을 짓는 데 지반은 흔들림이 없어야 한다.

영혼의 집도 흔들리는 지반 위에 지으면 폭풍이 올 때 쉽게 무너질 수 있다. 우리 인생에서 꽤 괜찮아 보이고 많은 종교적인 체험으로 얻은 깨달음도 시험이 닥쳐오면 흔들리고 무용지물이 되어버린다. 왜냐하면 그 지반이 불안정하기 때문이다. 그러므로 우리 각자의 신앙생활이 견고한 지반 위에 세워져야 함은 너무나도 중요하다.

우리는 즉시 '우리 영혼의 집은 반석 되시는 예수 그리스도 위에 세워야겠구나' 하고 생각할 것이다. 옳은 생각이다. 그러나 중요한 점은 이것이 무얼 의미하느냐 하는 것이다. 이런 말은 종종 정확하지도, 자신에게 별다른 의미도 없는 습관적인 표현 중의 하나일 수 있다. 습관적으로 우리는 "예수님만이 우리의 반석이시다"라고 고백한다. 그러나 정작 비록 무의식적이라 할지라도 우리가 지을 집의 터전이 되기 위해서는 다른 많은 것이 예수님과 더불어 있어야만 한다고 믿는다. 예컨대 올바른 사고 체계와 감정, 정확한 교리, 그리고 다른 어떤 자신의 존재감을 이룰 법한 것들이 있어야 한다고 생각한다. 우리가 스스로 철저히 정직하다면 종종 우리가 예수님 이외의 다른 것들에 자신을 더 의지하고 있음을 발견하게 된다.

그래서 나는 반석 되신 예수님 위에 선다는 것, 그것이 의미하는 바가 무엇인지 이 책을 통해서 설명하고자 한다. 그것은 우리의 구원은 예수님 한 분만으로 충분하다는 것이다. 다른 어떤 것도 필요하지 않다. 창조자이자 구원자시며, 스스로 자족하시는 우리의 기업이 되시는 주님만으로 충분하다.

하나님은 무너지지 않는 유일한 반석이시다. 그러므로 우리는 오직 하나님 한 분만을 의지하기 위해서 우리가 의지하려는 다른 모든 것에서 무너져야 할 필요가 있다. 다시 말해 수많은 그리스도인이 여러 모양의 연단과정을 통과해야 한다는 필연성을 부여한다. 하나님은 혹독한 폭풍의 매서움에 견디지도 못하는 미약한 지반 위에 영혼의 집을 세우고 있는 우리를 바라보신다. 그분은 가장 부드러운 시선으로 우리를 바라보시며, 흔들리면 나가떨어질 것들을 제거하기 위해서 땅과 하늘을 흔드신다. 그리고 마침내 흔들려 떨어지지 않는 것만 남게 된다.

사도 바울은 사람에 의해 만들어진 것들은 흔들리는 것이라고 말한다. 우리의 노력이나 감정, 교리나 선행과 같은 것들은 그 자체로써 나쁜 것이 아니다. 하지만 우리 영혼이 이러한 것들을 의지하기 시작하면 하나님은 우리를 흔드실 수밖에 없다. 땅뿐만 아니라 하늘까지도 흔드신다고 한다. 다시 말해 사람들이 만든 종교적인 신념까지도 우리에게서 흩으실 것이다.

우리의 삶을
흔드는 것들

가끔 우리의 경건생활에서 행위는 깊이 묻힌 나무의 뿌리처럼 움직이지 않고 자리를 잡은 것처럼 보인다. 그러나 곧 지각변동이 있으면 그러한 행위들은 흔들려 내동댕이쳐진다. 그리고 우리는 좌절하며 우리가 애당초 그리스도인이었는지 의구심을 제기한다. 종종 그러한 지각변동은 외부상황에서 올 수도 있고 우리 안에서 올 수도 있다. 사람들이 자신의 선한 말이나 믿음의 섬김을 자기 존재감의 바탕으로 삼는다면 하나님은 그러한 행위를 하는 힘과 기회를 앗아가실 것이다. 그래서 우리를 허황된 것들에서 몰아내어 오직 주님만 의지하도록 하신다.

종종 우리의 믿음은 좋은 감정이나 신령한 느낌에 의존한다. 하나님만을 의지하는 법을 배우기 전에 우리 영혼은 그런 것들에서 자유로워야 한다. 또한 삶의 무게중심을 체계적인 교리에 두기도 한다. 우리의 교리적인 견해가 옳기에 스스로 하나님과 깨어질 수 없는 관계에 있다고 느낄 때도 있다. 그러나 하나님은 그러한 믿음의 대상으로서의 교리들을 흔드시며, 우리의 교리에 대한 식견을 어둠과 혼돈 속으로 빠뜨려버리신다.

우리에게 일어나는 큰 변화는 외부적인 환경에 기인하기도 한다. 사람들에게 좋은 평판을 받고, 사업이 크게 번성하며, 수고의 대가는 우리가 기대했던 것 이상으로 돌아오면 우리의 영혼은 평온하다. 그러나 그 순간 우리는 하나님을 필요로 하지 않으며, 하나님에게서 멀리 떨어져 나와 하나님을 볼 수 없는 지경에 이르는 위험에 빠지게 된다. 하나님은 이러한 모든 것을 바로 잡으셔야 하며, 우리의 승승 장구하던 삶도 모래 위에 지은 집처럼 산산조각이 난다. 이를 보고 우리는 하나님이 우리에게 진노하셨다고 생각한다.

그러나 사실 이 모든 것은 그분의 가장 부드러운 사랑의 표현이다. 그분의 사랑은 하나님의 나라로 들어가지 못하도록 막는 우리의 피상적 번영을 거두어 가셔야만 하는 것이다. 무화과나무가 꽃을 피우지 못할 때, 포도나무에 열매가 맺히지 않을 때, 감람나무의 소출이 없을 때, 들판에 메추라기가 없을 때, 양 떼가 무리에서 벗어날 때, 우리 안에 가축이 없을 때, 바로 그때 우리 영혼은 주 안에서, 구원의 하나님 안에서 기뻐하는 것을 배우게 된다.

여호와 하나님께서 말씀하신다. "나 여호와가 이와 같이 말하노라. 너희 조상들이 내게서 무슨 불의함을 보았기에 나를 멀리하고 가서 헛된 것을 따라 헛되이 행하였느냐. …내 백성이 두 가지 악을 행하였나니 곧 그들이 생수의 근원되는 나를 버린 것과 스스로 웅덩이를 판 것인데 그것은 그 물을 가두지 못할 터진 웅덩이들이니라"(렘 2:5,13).

이스라엘 백성들처럼 우리 또한 생수의 근원을 저버리고 자신의 지략으로 웅덩이를 파려고 든다. 우리는 우리의 목마름을 우리 경험이나 행위들로 해결하려고 한다. 그리고 여전히 목마름에 허덕이는 자신에 대해 의아하게 생각한다. 하나님은 우리의 터진 웅덩이를 무너뜨리려 하신다. 그리고 우리로 생수의 근원을 찾아오게 하시고 자신을 마시게 하신다. 물이 없어 죽어가는 우리를 구원하신다.

허영을 좇는 자들에게는 이 허영이 반드시 자신의 몫으로 돌아온다. 이러한 관계는 너무도 당연하다. 유사(Quicksand, 물로 포화된 모래가 자체의 지지능력을 상실하여 액체의 특성을 갖게 되는 상태)가 많은 늪지대를 횡단해 봤는가? 그곳은 발걸음마다 위험이 따르며, 단단해 보이는 언덕들도 우리를 끊임없이 거짓으로 안심시킨다. 이런 거짓된 모습에 현혹되었다가는 진흙과 물속으로 가라앉게 될 것이다.

당신이 그런 곳을 횡단해 봤다면 허영을 좇는다는 의미를 알게 될 것이며, 우리의 헛된 믿음 때문에 부패를 발견하게 해주며, 우리를 지켜주는 영원한 것으로 인도해주는 율법이 있다는 사실에 감사하게 될 것이다. 우리 발이 질퍽대는 땅을 걸을 때 단단한 반석 위로 걷게 하신다. 비록 그분이 인도하시는 길이 좁고 힘들어 보여도 질퍽한 땅을 걷던 때를 생각해보면 우리 길을 이끄시는 성령의 인도하심을 기쁘게 받아들일 수 있다.

흔들림을
극복하는 비밀

나의 영적인 삶에 상당히 관심을 기울여주는 지인이 나를 걱정하는 마음에 「영혼의 열일곱 가지 헛된 휴식」이라는 책을 주셨다. 익숙하지 않은 고어로 된 이 책의 논지는 다음과 같다. 우리의 영혼은 끊임없이 헛된 것들에 — 마치 우리의 마지막 안식처인 것처럼 — 안주하려는 유혹을 받는다. 하나님이 마치 의자를 분해해서 앉는 부분을 떼어내듯이 모든 헛된 안식처를 들어내셔야 한다.

들어내는 것은 이 책에서 사용해왔던 흔드는 것, 비우는 것의 또 다른 표현이다. 이것은 언제나 괴롭고도 좌절된 과정이다. 모든 것이 불안정하게 보이고 완전한 안식에 이를 수 없는 것처럼 보인다. 우리가 의지할 만한 체험이나 교리를 발견했다고 하는 순간에 커다란 흔들림이 다가온다. 그리고 우리는 또다시 내동댕이쳐진다. 이러한 과정은 흔들리는 모든 것이 제거될 때까지 지속되어야 한다. 그리고 오직 흔들리지 않는 것만 남게 된다.

옛 은자들은 초연함을 가르쳤다. 초연함이란 하나님에게서 멀어지게 하는 모든 것에서 자유롭게 되는 상태를 의미한다. 이런 초연함이야말로 우리의 흔들림을 극복하는 데 필요한 비밀이다. 배가 해안선에 묶여 있으면 망망대해로 항해할 수 없듯이 우리 또한 세상의 어떤 것에 고착되어 있으면 주를 온전히 따를 수 없다.

우리가 확실하고 견고한 기반 위에 세워진 도시에 도달하려면 아브라함처럼 다른 모든 도시에서 떠나야 하며, 세상의 모든 관계로부터 끊어져야 한다. 아브라함의 삶에서 흔들릴 수 있는 모든 것은 흔들렸다. 다시 말해 그의 모든 그릇이 비워졌고 오늘 이곳에 있다가 내일 저곳으로 옮겨갔다. 그의 모든 안식처는 흔들렸고, 어느 곳에서도 정착하거나 안식할 수 있는 곳을 발견할 수 없었다. 우리도 아브라함처럼 하나님이 지으신 기반 위에 세워진 도시를 찾고 있다. 그러므로 우리 또한 우리의 모든 그릇이 비워져야 한다.

그러나 종종 우리는 이러한 사실을 이해하지 못하고 삶에 커다란 뒤틀림과 흔들림이 찾아오면 좌절하고, 절대 하나님의 기반 위에 세워진 도시에 도달할 수 없으리라고 생각한다. 그러나 이런 흔들림은 우리를 그곳에 도달할 수 있도록 해준다. 시편 기자는 이러한 사실을 배웠고 삶의 흔들림과 비움의 과정 후에 다음과 같이 고백했다. "나의 영혼아 잠잠히 하나님만 바라라. 무릇 나의 소망이 그로부터 나오는도다"(시 62:5).

마침내 하나님은 그에게 전부가 되었고, 그는 하나님만으로 충분하다는 사실을 발견하게 되었다. 우리에게도 같은 원리가 적용된다. 우리 삶에 흔들릴 법한 모든 것이 흔들려서 흔들리지 않는 것들만 남았을 때 하나님만이 우리의 반석이시며 근원되심을 보게 된다. 하나님만이 우리의 소망되심을 배우게 된다.

견고하게 하시는
하나님의 사랑

밧모섬에서 사도 요한에게 보였던 경이로운 계시는 성령님이 모든 교회의 참고 인내하는 자들에게 주어지는 것들을 이야기하고 있다. 요한의 놀라운 표현에 의하면 "이기는 자는 내 하나님 성전에 기둥이 되게 하리니 그가 결코 다시 나가지 아니하리라. 내가 하나님의 이름과 하나님의 성 곧 하늘에서 내 하나님께로부터 내려오는 새 예루살렘의 이름과 나의 새 이름을 그이 위에 기록하리라"(계 3:12)고 한다. 하나님 집의 기둥처럼 흔들림이 없게 되는 것, 그것이 흔들림과 들어내어짐을 기쁜 마음으로 견디는 목적이다. 그리고 이러한 과정은 우리를 하나님 성전의 기둥이 되게 하는 데 필요한 것이다.

"그러므로 우리가 흔들리지 않는 나라를 받았은즉 은혜를 받자. 이로 말미암아 경건함과 두려움으로 하나님을 기쁘시게 섬길지니 우리 하나님은 소멸하는 불이심이라"(히 12:28-29). 많은 사람이 소멸하는 불이신 하나님을 두려워한다. 그러나 그것은 단지 소멸하는 불이 무엇인지 이해하지 못하기 때문이다. 만일 우리 마음이 하나님께서 정하신 존재의 목적으로 정해졌다면 하나님의 불은 우리가 두려워해야 할 대상이 아니라 기쁘게 받아들여야 할 대상이 된다.

마치 은이 정련되는 것처럼 소멸하는 불이 우리를 연단하여 깨끗하게 하기까지 꺼지지 않으시는 하나님의 인자하심에 감사를 드리자. 왜냐하면 하나님이 은과 금을 연단하여 깨끗하게 하시는 분같이 우리를 깨끗하게 하신다고 약속하셨기 때문이다. 그러므로 우리는 하나님께 의의 제물을 드리게 될 수도 있다. 우리가 이런 정련의 과정에 순종하였을 때 우리는 하나님이 보시기에 좋은 사람이 되고, 열방이 우리를 축복받은 사람으로 부를 것이다. 왜냐하면 "너희 땅이 아름다워지므로 모든 이방인들이 너희를 복되다 하리라. 만군의 여호와의 말이니라"(말 3:12)고 했기 때문이다.

우리의 부족함과 자격 없음을 볼 때 하나님께 기쁨이 되기는 도저히 불가능해 보인다. 그러나 이런 사랑의 소멸하는 불을 생각하면 우리는 선한 마음과 용기를 가질 수 있다. 하나님은 찌꺼기와 불순물이 쌓인 은을 태워 녹이신 뒤, 자신의 모습과 형상에 순응하여 나아올 때까지 포기하시지 않기 때문이다.

우리 영혼은 견고한 왕국을 갈망한다. 인자는 우리가 모든 것을 맡길 때 흔들리지 않는 것만이 남을 때까지 우리 삶에 흔들릴 만한 모든 것을 흔드시며 모든 헛된 안식을 뒤엎으실 것이다. 우리가 하나님의 흔드심에 순종한다면, 그리고 언제나 오직 주께 의지하는 법을 배운다면 하나님의 왕국은 우리의 집이 될 것이다. "주여, 우리 각자에게 그날을 앞당겨주소서!"

방황하는 의심을
중단하려면

오직 믿음으로 구하고 조금도 의심하지 말라.
의심하는 자는 마치 바람에 밀려 요동하는 바다 물결 같으니
이런 사람은 무엇이든지 주께 얻기를 생각하지 말라. 약 1:6-7

─────── 신앙생활에서 방황만큼 불안감을 조성하는 것도 없다. 그 모습은 사도 야고보가 잘 묘사하고 있다. "마치 바람에 밀려 요동하는 바다 물결 같으니." 이전 장에서 우리는 하나님의 흔드심에 관해 이야기했다. 하지만 그 흔드심과 우리의 흔들림을 오해하기 쉬울 것 같다. 우리의 흔들림이 우리를 문제와 불안, 괴로움으로 인도하는 것과 대조적으로 하나님의 흔드심은 그분의 사랑과 축복, 그리고 평화와 쉼으로 인도하신다.

믿는 자에게
방황이란

그리스도인에게 방황이란 오늘 하나님의 사랑을 믿었다가 내일이면 의심하고 때에 따라 행복과 불행을 반복해서 느끼는 것이다. 그는 기쁨의 꼭대기에 올랐다가도 다음 순간 절망의 계곡으로 빠지는 사람이다. 바람에 날려 이리저리 움직이듯 말씀에 따라, 또는 주변의 영향에 따라, 심지어 날씨에조차 흔들리는 사람이다.

나는 신앙생활이 의심의 고통이었다고 진지하게 말한 헌신적인 한 그리스도인을 알고 있다. 내가 더 큰 믿음을 가지라고 격려했을 때 그가 말했다. "친애하는 자매님, 하나님이 날 사랑하신다고 뻔뻔하게 느낄 때 난 내가 지옥으로 가는 지름길에 있다고 느낍니다." 그는 자신이 하나님의 사랑을 받을 만한 가치가 있는 좋은 사람이라고 생각하는 것만으로도 뻔뻔하게 느껴진다고 생각했다. 우리가 하나님의 사랑을 받을 가치가 있을 만큼 좋은 사람이라고 생각하는 것이 뻔뻔하다는 그의 의견은 맞을 수도 있다. 하지만 우리의 확신은 우리의 선함에서 오는 것이 아니라 하나님의 선하심으로부터 오는 것이다. 그렇기에 우리가 우리의 목마름을 만족시킬 수 없을 때에도 성경을 믿는 자는 영원히 모든 것이 충족되는 데 의문이 있을 수 없다.

부부 관계나 부모 자식 간의 관계를 생각해보자. 이 둘은 모두 하나님과 우리의 관계를 보여주기 위해 하나님이 사용하신 방법이다. 아내나 남편이 하루는 믿었지만 다음 날은 의심하고 서로 믿음에 대해 흔들린 경험이 있다면, 의심한 사람에게 진정한 겸손의 신호라고 말하며 미덕이라 칭찬할 수 있을까? 아니면 자녀가 부모에 대한 믿음이 흔들린다고 할 경우는 어떨까? 물론 이 땅에서의 관계들은 믿음을 잃거나 믿을 만하지 않기에 흔들릴 만한 이유가 충분히 있다. 하지만 하나님께는 흔들릴 만한 어떠한 이유도 없다. 방황하는 자들은 불경건한 사람들에게 하나님이 믿을 만한 가치가 없거나 그들의 믿음을 견고히 해줄 수 없는 분이라고 속삭인다.

그것들을 하나님의 탓으로 돌린 것에 대해 죄의식을 느껴야 한다. 우리의 방황이 그러한 인상을 전달하는 데 의도되었다는 사실을 인정해야 한다. 그러므로 그것은 하나님에 대한 불충성이며 통탄할 만한 비극적인 죄이다. 사실 방황은 겸손에서 온 것이 아니라 미묘한 자존심과 불분명한 표현에서 온 것이다. 진실로 우리가 겸손하다면 하나님의 사랑을 감사히 받아들이고, 자신의 가치 없음을 인정하고, 우리를 선택해준 하나님의 자비하심과 선하심이 축복임을 깨달아야 한다.

방황은 하나님에 대한 단순한 불충성일 뿐만 아니라 우리의 영적인 면에서 도움이 되지 않는 일이다. 그리고 상황에 따라 숨기도 하고 속상하게 하기도 한다. 이에 관하여 히브리서 기자는 만일 "우리가 시작할 때에 확신한 것을 끝까지 견고히 잡고 있으면"(히 3:14) 그리스도의 동반자로 세워진다고 말했다.

견고해진다는 것은 방황과 정반대로, 견고함의 기대되는 결과는 산꼭대기에 도달하려고 두 걸음 오르고 세 걸음 미끄러져 내리는 어리석음과 상반된 것이다. 그러나 많은 사람이 이런 것들을 기대한다. 그들은 믿음의 시작을 하고 짧은 시간 내에, 다시 말해 그 상쾌함이 마르기 전에 기쁨으로 가득 차 승리한 것 같을 것이다. 그러다 힘들어지고 의심하고 싶은 유혹이 다시 찾아온다. 얼마 되지 못해서 그들은 믿음이 흔들리기 시작하고 평화는 흔적도 없이 사라지고 만다. 하늘이 맑고 모든 일이 잘 풀릴 때는 그들의 믿음도 되살아나고 행복하지만, 모든 일이 꼬일 때에는 하늘이 어두워지고 의심이 승리하면서 그들은 다시 흔들리고 마는 것이다.

나는 한 저명한 성직자와 "평안과 쉼에 머무는 신앙적인 삶이 가능한가?"에 대한 대화를 나눈 적이 있다. 그때 그는 자신은 그것이 가능하지 않다고 생각했고, 많은 기독교인도 자신과 같은 경험을 했을 것이라고 말했다. 그러면서 이렇게 덧붙였다.

"저는 설교 본문을 작성하고 싶을 때 일어나 기도하며 산을 오릅니다. 약속으로 첫발을 내딛고 그다음 걸음을 내딛곤 하지요. 힘들게 오르고 많은 기도를 한 후엔 정상에 도착합니다. 그러고 나서 설교를 하지요. 모든 것이 물 흐르듯 자연스럽게 흘러가지만 갑자기 방해가 찾아옵니다. 아이들과 가정에서 있었던 문제가 떠오르고, 이웃과의 시비도 떠오르며, 산꼭대기에서 굴렀던 일도 떠오릅니다. 그래서 거기에서 벗어나려고 또 다른 산에 오르는 것입니다. 가끔은 산꼭대기에서 이틀이나 사흘을 머무는데 2~3주 정도도 좋습니다. 하지만 그리스도 안에서 천국의 한 자리에 앉을 가능성과 거기에 계속 머물 걸 생각하는 것은 믿을 수가 없습니다."

나는 이 고백이 하나님께서 약속하신 평화와 쉼에 굶주리고 목말라했던 많은 기독교인의 경험을 잘 묘사하고 있다고 확신한다. 그들은 지금 무엇인가를 확실히 얻은 듯했지만 시간이 지나면 믿음의 빛은 희미해지고, 평안이 찾아오는 것처럼 보이다가도 모든 옛 의심이 열 배나 크게 다가올 것이다. 그들은 "당신의 마음을 보세요. 얼마나 차가운지 보세요. 얼마나 냉담한지도 보세요. 어떻게 한순간이라도 하나님이 당신 같은 불쌍하고 가치 없는 창조물을 사랑할 거라고 믿을 수 있습니까?"라고 말한다. 그들이 다시 어둠 속으로 들어가는 것은 너무나 당연하다.

방황하는 이유, 의심!

우리가 신앙생활에서 쉽게 흔들리는 근원이나 근거는 우리가 생각했던 것처럼 죄가 아니라 그저 우리의 의심일 뿐이다. 의심은 친구 사이에서도 그렇듯 우리 영혼과 하나님 사이에 그 어떤 것으로도 다리를 놓을 수 없는, 건널 수 없는 깊은 심해를 만든다. 이것은 인간의 의심하는 방식에 대한 하나님의 분노나 불쾌함 때문이 아니라 지상의 것과 천상의 것이 함께할 수 없듯 의심과 믿음이 함께 존재할 수 없는, 하나님이나 인간의 힘으로 바꿀 수 없는 자연적인 사실이다. "내가 노하여 맹세한 바와 같이 그들은 내 안식에 들어오지 못하리라 하였다 하였느니라"(히 3:11). 그래서 우리는 불신 때문에 안식에 들어가지 못할 수 있다. 이것은 하나님이 불신에 대한 벌로 들어오는 것을 허락하시지 않는 게 아니라 그저 들어올 수 없다는 사실을 말할 뿐이다. 다시 말해 불가능 그 자체이다. 믿음만이 천국에 들어갈 수 있는 문으로 그 외에 다른 문은 없다. 우리가 그 문을 통과하지 않으면 우리는 아예 들어갈 수 없고 다른 길도 없다.

하나님의 구원은 지급되어야 할 것도, 얻어진 수익도 아니다. 그렇다고 올라야 할 산꼭대기도 아니며, 꼭 이루어져야만 하는 임무도 아니다. 그저 믿음으로 받아들이면 되는 선물이다. 믿음은 지상의 것이든 천상의 것이든 간에 선물을 받는 데 필요한 기본요소이다. 친구가 선물을 내 책상 위나 무릎에 올려놓는다 해도 내가 친구의 우정과 진실함을 의심한다면 그 선물은 받아도 절대 내 것이 될 수 없다.

그러므로 성경은 단순히 "믿음으로 말미암아"야 한다고 말하고 있다. 이에 대해 좀 더 깊이 생각해보자. 모든 흔들림은 이 법칙에서 나온다. 우리는 물론 이 법칙이 성경에 나온다고 인정하지만, 성경이 말하는 그대로 의미하지 않는다고 여겨 꼭 뭔가를 더하려고 한다. '열정으로 말미암아' '우리의 중요성으로 말미암아' 또는 '우리의 가치로 말미암아' 등과 같은 것 말이다. 만일 모든 진실이 이미 알고 있는 것들이라면 우리는 모든 더해진 게 더 중요하다고 여겼을 것이다.

이런 우리 관심의 결과는 모든 것이 더해지고, 자신의 틀과 느낌을 보고, 가진 것 중 가치 있는 것이나, 또는 무가치한 것을 열심히 찾아 다 합치면 거기에 하나의 근본적인 믿음의 가치가 있다고 여기는 것으로 이어진다. 더구나 기질과 느낌은 세상에서 제일 변덕스러운 것이기 때문에 우리의 가치 있음과 없음을 감지하는 능력이 우리의 감정에 따라 바뀐다면 우리는 흔들리는 것이다. 그리고 견고한 믿음의 가능성은 점점 멀어질 뿐이다. 우리는 우리의 감정에 의해 하나님의 신실하심이나 말씀의 진실성을 의심하기도 한다.

만약 친구 중 한 명이 의심한다면 분명 크게 상처받고 분개할 것이다. 가치 없음에 대한 느낌은 방황하는 믿음을 가진 자들에게 좋은 핑계가 되지 않는다. 예수님이 이 땅에서 놀라운 일을 행하시는 동안 어떠한 죄의 형태도 주님을 방해할 수 없었다. 예수님을 가로막는 것은 불신이었다. 예수님은 살았던 마을과 그의 이웃과 백성들 사이에서 기적을 행하셨으나, 그때 우리는 "그들이 믿지 않음으로 말미암아 거기서 많은 능력을 행하지 아니하시니라"(마 13:58)는 말씀을 들었다. 이것은 주님이 능력을 행하실 수 없었던 것이 아니라 행하실 의지가 없었던 것이다.

그러므로 우리의 의심이 어둠과 비참함만 더해준다는 사실을 알아야 한다. 그동안의 주저함과 비틀거림과 불편함과 신앙적인 삶에 대해 생각해보라. 그 모든 이유가 흔들리는 믿음 때문은 아니었는지 자기 자신에게 솔직하게 물어보라. 만일 당신이 하루는 하나님이 사랑하신다는 것을 믿고 다음 날은 의심한다면, 그리고 하나님이 당신에게 화가 나셨을까 두려워한다면 당신의 흔들리는 믿음은 기쁨에서 비참함으로 바뀌지 않았을까? 그렇기에 우리는 오직 하나님의 사랑안에 있는 견고한 믿음만이 흔들리지 않는 신앙심을 준다는 사실을 확실히 깨달아야 한다.

의심을 중단하려면

방황하는 믿음을 소유한 자들은 어떻게 해야 방황하는 믿음에 영원한 마침표를 찍을 수 있느냐고 질문한다. 내가 완벽한 치료법을 알고 있다는 데 하나님께 감사드린다. 간단하다. 당신이 할 것은 바로 포기하는 것이다. 당신의 방황은 의심에서 비롯되었지 다른 이유가 아니다. 당신이 의심을 포기하면 방황은 멈출 것이다. 그런데 당신이 계속 의심한다면 당신의 방황은 계속될 것이다. 모든 것은 당신의 선택에 달려 있다.

아마도 당신은 의심을 버리는 게 불가능하다고 생각할 것이다. 하지만 나는 당신이 할 수 있다고 확신한다. 당신은 간단하게 의심하기를 거부할 수 있다. 당신은 의심을 만들어내는 것들이 들어올 수 없도록 문을 닫아버릴 수 있고, 믿음으로 그 의심들에 반대할 수도 있다. 그때 당신의 의심이 말할 것이다.

"하나님은 나의 죄를 용서하지 않으십니다."

당신은 믿음으로 말해야 한다.

"하나님은 나의 죄를 용서하십니다. 하나님은 용서하겠다고 말씀하셨고, 나는 하나님을 믿기로 선택했습니다. 나는 하나님의 자녀입니다."

그리고 당신은 이에 대한 모든 의심이 사라질 때까지 흔들리지 않는 확신을 가져야 한다. 당신은 알코올 중독자가 술을 끊기 위해 유혹을 뿌리치듯 의심에 대한 어떠한 유혹도 뿌리쳐야 한다.

또 다른 효과적인 방법은 우리 죄를 제단 위에 올려놓고 하나님께 모두 양도하는 것이다. 우리는 의심할 수 있는 모든 자유를 포기하고 우리 힘을 하나님을 믿는 데 바쳐야 한다. 우리는 하나님의 말씀에 대한 우리 믿음이 흔들린다거나 그분의 사랑이나 신실하심에 의심이나 의문을 품는 것을 그만두어야 한다.

우리의 연약함을 보면 믿음이 흔들리고 예수 그리스도의 구원에 대한 의문을 품게 될지도 모른다. 하지만 우리가 예수 그리스도의 구원을 제대로 이해한다면 이는 단지 유혹일 뿐이라는 사실을 알게 될 것이며, 그 모든 흔들림 앞에 믿음을 방패삼아 원수의 화살을 막아낼 수 있을 것이다. 다시 말하지만 의심을 다루는 단 하나의 방법은 우리의 흔들림을 포기하는 것이다. 하나님께 양도하는 것이 완벽한 치료법이다. 그것은 알코올 중독자가 술을 끊기 위해 계속해서 술의 양을 줄여 가 결국에는 끊게 만드는 것과 같다. 바로 절제만이 유일한 희망이다.

절제의 가장 좋은 실천은 내부적으로만 양보하는 게 아니라 꾸준한 거부이다. 원수의 나라에서 싸우고 강한 믿음을 의심의 반대에 두는 것이다. 예를 들면 하나님이 당신과 같이 죄가 많고 신실하지 못한 자를 사랑할 수 있는가 하는 의심이 고개를 들 때 하나님은 당신을 사랑하신다고 마음에 확실히 새겨두고 다른 사람들에게 입으로도 고백하는 것이다. 하나님이 당신을 사랑하신다고 말하고, 하나님의 말씀은 당신의 감정보다 몇 천만 배는 믿을 만한 가치가 있는 것이라고 계속해서 고백하는 것이다. 이렇게 확신을 가지라.

만일 당신이 붙들고 있는 약속이나 하나님의 선언 등 믿음을 갖게 된 계기가 있다면 흔들리지 않고 붙잡고 가야 한다. 중간지점은 없다. 당신을 방해하는 것은 당신의 불신뿐이다. 당신이 믿는 그 순간부터 그것은 당신의 것이다. "그러므로 내가 너희에게 말하노니 무엇이든지 기도하고 구하는 것은 받은 줄로 믿으라. 그리하면 너희에게 그대로 되리라"(막 11:24).

그러므로 우리는 그 어떤 것도 우리의 믿음을 흔들지 못하게 해야 한다. 우리 죄가 우리를 앞서려고 해도 그것이 우리의 의심을 만들어내지 못하게 해야 한다. 만일 자신에게서 어떤 죄를 발견하게 된다면, 요한일서 1장 9절을 읽고 그대로 자백해야 한다. "만일 우리가 우리 죄를 자백하면 그는 미쁘시고 의로우사 우리 죄를 사하시며 우리를 모든 불의에서 깨끗하게 하실 것이요." 당신의 죄를 발견하면 즉시 자백하라. 하나님이 선언하셨듯이 용서해주셨음을 믿고 모든 불의로부터 깨끗하게 될 것이다.

죄가 당신의 믿음을 흔들도록 내버려두는 것은 또 다른 새로운 죄를 더할 뿐이다. 성경이 가르친 대로 하나님께 돌아오고 당신의 믿음을 하나님의 말씀 안에서 견고하게 붙들어야 한다. 당신이 느끼거나 보았기 때문이 아니라 하나님이 말씀하신 근거로 믿어야 한다. 가끔은 거짓을 믿는 것처럼 보일지라도 믿어야 한다. 능동적으로, 그리고 견고하게 믿어야 한다. 빛 속에 있든 어둠 속에 있든, 위에 있든 아래에 있든, 편안할 때이든 절망의 때이든 간에 믿어야 한다. 그러면 두려움 없이 당신의 방황은 끝날 것이다.

흔들리는 믿음을 가진 자는 작은 사소한 일에도 상처받지만 견고한 믿음을 가진 자는 우주가 황폐해지는 일이 있어도 평온할 수 있다. 이처럼 신앙생활에서 흔들리지 않는 믿음을 갖는 것은 우리가 열렬히 소망해야 할 은혜이며 우리가 처음부터 끝까지 지켜야 할 견고한 믿음이다.

믿음이 있는 곳에
낙심은 사라진다

길로 말미암아 백성의 마음이 상하니라. 민 21:4

────────── 기독교에는 길로 말미암아 마음이 상한 사람이 많다. 내적으로나 외적으로 모든 것이 뒤틀리고 어떻게 해볼 도리가 없어 보일 때도 있다. 그들의 영혼은 낙망하여 신앙생활은 불편함과 불행으로 가득 차게 된다. 낙심만큼 우리의 사기를 꺾고 패배감으로 이끄는 것도 없다. 성공, 또는 실패의 비밀은 피상적인 대의명분에 있기보다는 영혼의 깊은 곳에 자리 잡은 삶의 자세에 있다. 내성적인 사람들이 외향적인 사람들에 비해서 모든 갈등관계에서 훨씬 많은 것을 고려한다. 이것은 최근에 발견되기 시작한 하나의 존재법칙이다.

영적인 삶에서 그러한 법칙은 꼭 들어맞는다. 다시 한번 말하지만 성경은 처음부터 끝까지 믿음을 영적인 삶의 법칙이라고 선포한다. 그리고 나는 이 사실을 반복해서, 그리고 지속해서 말해야 할 필요성을 절실히 느낀다. 믿음과 낙심은 본질적으로 공존할 수 없으므로 낙심은 믿음의 장벽으로 완벽하게 드러난다. 낙심이 통치하는 곳에는 믿음의 반대 법칙이 다스릴 수밖에 없다. 그러므로 우리는 우리의 믿음에 의해서가 아니라 우리의 낙심함에 따라서 존재하게 된다. 용기가 선에 대한 믿음이면 낙심은 악에 대한 믿음이다. 용기는 선으로 향하는 문을 열어 주지만 낙심은 악으로 향하는 문을 열어준다.

낙심할 수 없는
절대적인 이유

어렸을 때 들은 우화이다. 옛날에 그리스도의 신실한 일꾼들만 노리는 사탄이 그의 조력자들을 모아 어떻게 하면 그들을 꾀어낼 수 있을까 하고 방법을 궁리하였다.

"어떻게 할 거야?"

사탄이 물었다. 어린 사탄이 대답했다.

"음, 나는 죄를 지으며 사는 인생이 얼마나 기쁘고 즐거운지 반짝반짝 빛나는 색깔로 그에게 보여줄 거야. 그는 그곳으로 들어오고 싶어 할 거야."

사탄이 고개를 절레절레 흔들며 말했다.

"그것으로 충분하지 않아. 사람들은 그렇게 어리석지 않아. 죄는 슬픔과 파멸을 가져온다는 정도는 알고 있어서 네 말을 듣지 않을 거야."

그러자 다른 사탄이 대답했다.

"나는 의인의 삶 앞에 놓인 시험과 자기부인의 모습을 보여줄 거야. 그러면 그는 의인의 삶을 피하려 들 거야."

"아아, 그것 또한 충분하지 않아. 그는 의인으로 살아보려 했었고, 의인의 길은 평화와 기쁨의 길이라는 것을 알고 있어."

이윽고 세 번째 어린 사탄이 나타나더니 그가 사람을 꾀어낼 거라고 장담했다.

"도대체 뭘 하려고 그러는데 그렇게 자신만만해?"

다른 사탄이 미심쩍은 듯 물었다.

"나는 그의 영혼을 낙망하게 만들 거야."

이 말을 들은 사탄들은 고개를 끄덕이며 말했다.

"그래, 그거면 충분하겠다!"

모인 사탄들은 기뻐 소리쳤다. 그러고는 이렇게 말했다.

"잘할 수 있을 거야. 가서 희생양을 데려오자!"

퀘이커 교도들 사이에는 예부터 내려오는 속담이 하나 있다. 그것은 "모든 절망의 근원은 악이다"라는 말이다. 그런데 이 속담은 우리가 이해하는 것보다 훨씬 더 심오하고 우주적인 진리를 담고 있다. 낙심은 절대 하나님 안에서 그 근원을 찾을 수 없다는 것이다. 기독교는 믿음과 기쁨과 용기와 부끄러워하지 않을 소망의 종교이다. 그러므로 절망은 언제나, 그리고 오직 악에서 온다는 사실을 받아들여야 한다. 이러한 사실은 적어도 영적인 시각에서는 두루뭉술한 이야기가 아니다. 우리의 일상에서도 낙심하는 것은 어리석고 잘못된 일이라 배웠다. 그런데 우리는 영적인 문제에서 쉽게 혼동하여 우려해야 할 일을 칭찬할 만한 일로 착각하는 때도 있다. 심지어 낙심하는 것은 경건한 삶의 모양이며 진실한 겸손의 증거로 암시하기도 한다.

낙심하는 원인이 아주 그럴듯하게 보여 근시안적인 사고로 낙담하는 것은 우리가 장려해야 할 옳고 적절한 일로 보인다. 그 가장 흔한 이유는 우리 자신이 무능력하다는 사실에 있다. 우리가 낙담하는 것을 아주 당연하다고 여긴다. 왜냐하면 우리는 자신이 병약하고 불행하며 아무짝에도 쓸모없는 사람이라고 생각하기 때문이다. 그래서 스스로 무능력 앞에 낙심하지 않는 것을 무례하며 염치없는 짓으로 생각한다.

여기에 적절한 본보기가 있다. 바로 모세다. 하나님은 모세를 택하여 이스라엘 자손들을 애굽 땅에서 인도해내도록 부르셨다. 이에 모세는 자신의 결점과 연약함을 바라보고 절망하며 스스로 변명하려 했다. "모세가 여호와께 아뢰되 오 주여 나는 본래 말을 잘하지 못하는 자니이다. 주께서 주의 종에게 명령하신 후에도 역시 그러하니 나는 입이 뻣뻣하고 혀가 둔한 자니이다. …모세가 이르되 오 주여 보낼 만한 자를 보내소서"(출 4:10,13). 누가 보더라도 모세는 거절하고 낙담할 만한 충분한 이유가 있었다.

그러한 낙담은 우리 자신의 웅변력, 또는 상대를 설득할 만한 능력을 불신한다. 그렇기에 하나님이 우리에게 명령하신 일에서 한발짝 물러설 때 우리를 맹렬히 질책하는 데서 오는 감정과도 유사하다. 그렇지만 하나님이 모세에게 어떻게 대답하셨는지 살펴보라. 하나님은 모세가 기대했던 최선의 답, 즉 "모세는 달변가이고 말을 더듬지 않는다"와 같은 식으로 모세를 설득하지 않으셨다. 하나님은 이러한 것들을 아무짝에도 쓸모없는 것으로 여기시고, 다음 사실에 집중하셨다. 하나님이 사람의 입을 만드셨고, 그가 만든 입과 함께하시기에 비록 그가 불평한 대로 언어장애가 있어도 절망할 아무런 이유가 없다는 것이다. "여호와께서 그에게 이르시되 누가 사람의 입을 지었느냐. 누가 말 못 하는 자나 못 듣는 자나 눈 밝은 자나 맹인이 되게 하였느냐. 나 여호와가 아니냐. 이제 가라. 내가 네 입과 함께 있어서 할 말을 가르치리라"(출 4:11-12).

기드온은 또 다른 본보기다. 하나님은 그를 부르셔서 미디안 족속의 압제에서 그의 백성들을 구원하시고자 했다. 그러나 그는 가난하고 초라한 가문 태생으로 그런 큰일을 하기에는 표면상으로 적절해 보이지 않는 무명인이었다. 자신의 결점을 바라볼 때 자연스레 낙심되었다. "기드온이 그에게 대답하되 오 주여 내가 무엇으로 이스라엘을 구원하리이까. 보소서. 나의 집은 므낫세 중에 극히 약하고 나는 내 아버지 집에서 가장 작은 자니이다"(삿 6:15). 기드온은 권력과 영향력을 가진 사람들이 이런 큰일을 이룰 수 있지 않을까 생각했다. 적어도 자신처럼 가난하고 별 볼일 없는 사람은 할 수 없다고 체념했다.

이 책을 읽는 사람 중 낙심의 희생양이 되어 본 적이 있는 사람에게 얼마나 익숙한 사고방식인가? 얼마나 지각 있고 이성적으로 보이는가? 그러나 하나님은 어떻게 생각하시는가? "여호와께서 그에게 이르시되 내가 반드시 너와 함께하리니 네가 미디안 사람 치기를 한 사람을 치듯 하리라"(삿 6:16). 하나님의 명료하고도 유일한 약속은

"너와 함께하리니"이다. 하나님은 기드온에게 어떠한 격려의 말이나 일에 필요한 능력이나 능숙함을 주겠다고 하지 않으셨다. 단순히 모든 필요를 충족시키는 "내가 너와 함께하리라"는 약속을 주셨다. 성경의 모든 절망과 실의에 대한 말씀은 변함없이 "내가 너와 함께하리라"이다. 이러한 응답은 더 깊은 낙심에 빠지는 것을 막아준다.

이러한 말에서 우리는 아무리 연약할지라도 낙심할 여지를 발견할 수 없다. 그러나 절망은 교묘히 다가온다. 영적인 적들은 우리가 모르는 사이에 우리를 교묘히 공격한다. 우리가 자신을 속일 때 어색한 행동을 하며 아무것도 아닌 체하는 것은 가장 흔하고도 교활한 적중의 하나이다. 우리가 생각하기에 다른 사람들은 쾌활하며 용기 있어 보인다. 그러다가 자신이 어떤 사람인지, 얼마나 어리석으며 구제 불능인지, 적들에게 당하기만 하는 부적절한 사람인지를 생각할 때 낙심하게 된다. 우리가 자신과의 싸움에 직면했을 때 진정 자신에게 실망하고 낙담해야 할 많은 이유를 발견하게 될 것이다. 우리가 무기력하다는 것은 새삼스럽지 않다. 그러나 하나님이 우리를 대신해서 싸워주신다면 문제는 전적으로 달라진다. 우리의 무능력은 단점이 아닌 장점이 될 수 있다. 우리가 우리 자신에게 약할 때 하나님 안에서만 강할 수 있다. 그러므로 우리의 약함이 실은 우리의 가장 강한 힘이다.

이스라엘 자손들의 예는 우리에게 경각심을 불러온다. 하나님이 그들을 애굽에서 구원하시고 약속의 땅 접경에 이르게 하셨다. 그때 모세는 약속의 땅으로 올라가 그곳을 취하라고 강력하게 말했다. "너희의 하나님 여호와께서 이 땅을 너희 앞에 두셨은즉 너희 조상의 하나님 여호와께서 너희에게 이르신 대로 올라가서 차지하라. 두려워하지 말라. 주저하지 말라"(신 1:21). 그러나 상황은 참담했고 그들 자신도 속수무책이어서 하나님이 진정 이 일을 이루어주실지 믿지를 못하였다. 그들은 자신의 침소에서 투덜대다 급기야 하나님이 그들을 미워하시고 적의 손에 넘겨주시기 위해 애굽에서 자신들을 불러냈다는 결론에 이르게 된다. "우리가 어디로 가랴. 우리의 형제들이 우리를 낙심하게 하여 말하기를 그 백성은 우리보다 장대하며 그 성읍들은 크고 성곽은 하늘에 닿았으며 우리가 또 거기서 아낙 자손을 보았노라 하는도다 하기로"(신 1:28).

정탐꾼들의 보고를 들었을 때 그들이 낙담했다는 사실은 전혀 놀랍지 않다. 도리어 그런 상황에서 용기를 얻는다는 것은 만용에 불과하다고 생각한다. 정탐꾼들이 보고한다. "이스라엘 자손 앞에서 그 정탐한 땅을 악평하여 이르되 우리가 두루 다니며 정탐한 땅은 그 거주민을 삼키는 땅이요 거기서 본 모든 백성은 신장이 장대한 자들이며 거기서 네피림 후손인 아낙 자손의 거인들을 보았나니 우리는 스스로 보기에도 메뚜기 같으니 그들이 보기에도 그와 같았을 것이니라"(민 13:32-33). 아마도 가장 겸손한 처사는 그들 자신을 무력하고 아무 데도 쓸모없는 메뚜기로 보는 것이다.

진정한 겸손이란 메뚜기가 거인을 넘보는 것은 아주 큰 무례한 일이라 가르치는 것이다. 우리 또한 종종 우리를 공격하는 유혹과 환란이라는 거인 앞에서 메뚜기 같은 심정일 때가 있다. 그리고 우리가 낙망하는 것을 쉽게 정당화시킨다. 그러나 문제의 본질은 우리가 메뚜기라는 것에 있지 않다. 그것은 하나님은 어떤 분이신가에 있다.

왜냐하면 그 거인들과 싸우실 분은 우리가 아니라 하나님이시기 때문이다.

모세가 이 사실을 이스라엘 백성들에게 상기시켜주었지만 헛수고였다. 이스라엘 백성들에게 그들이 아낙 자손이라도 하나님이 싸우시므로 두려워할 필요가 없다고 확신을 주려 했지만 그 또한 헛수고였다. 모세는 그들에게 과거에 베푸신 구원의 역사를 기억하게 했다. 그들이 광야에 있을 때 사람이 그의 아이를 품듯이 하나님이 품으셨음을 기억하게 했다. 그러나 그들은 여전히 하나님을 믿지 못하고 깊이 낙심하였다. 그 결과 여호수아와 갈렙을 제외한 행악한 세대들에게 약속의 땅이 허락되지 않았다. 여호수아와 갈렙이 예외가 되었던 이유는 그들이 변함없이 하나님의 인도하심을 믿었기 때문이다.

실의와 낙심의 결과는 심판이며 변함없는 믿음의 선물은 구원이다. 히브리서 기자가 이에 대해서 말하기를 "또 하나님이 누구에게 맹세하사 그의 안식에 들어오지 못하리라 하셨느냐. 곧 순종하지 아니하던 자들에게가 아니냐. 이로 보건대 그들이 믿지 아니하므로 능히 들어가지 못한 것이라"(히 3:18-19).

시편 기자는 고백한다. "군대가 나를 대적하여 진 칠지라도 내 마음이 두렵지 아니하며 전쟁이 일어나 나를 치려할지라도 나는 여전히 태연하리로다. 내가 여호와께 바라는 한 가지 일 그것을 구하리니 곧 내가 내 평생에 여호와의 집에 살면서 여호와의 아름다움을 바라보며 그의 성전에서 사모하는 그것이라. 여호와께서 환난 날에 나를 그의 초막 속에 비밀히 지키시고 그의 장막 은밀한 곳에 나를 숨기시며 높은 바위 위에 두시리로다"(시 27:3-5). 이처럼 믿음의 고백이 우리에게도 있다면 얼마나 다른 인생을 살 수 있을까? 이러한 고백이 우리 자신의 고백이라면 얼마나 기쁘고 승리의 감격으로 안식에 들어갈 수 있을까?

우리가 낙심하는 게 잘 인식되지 않는 또 다른 원인은 사람에 대한 두려움에 있다. 이 세상에는 소위 철권통치를 하는 무리가 있다. '그들이 무엇이라고 말할까?' '그들이 어떻게 생각할까?'는 하나님을 위해 일하려고 할 때 소심한 사람들에게 부딪치는 주요 관심사이다. 인생의 길목마다 전지전능한 그들이 우리 길을 가로막고 우리를 두렵게 한다. 이런 식의 낙심은 다른 사람의 고견을 사려하는 모양으로 다가온다. 이것은 특히 위험하다. 왜냐하면 이것은 하나님이 아닌 그들을 높이고, 하나님의 약속 위에 그들의 견해를 더욱 중요하게 생각하는 것이기 때문이다. 이러한 곳에서 유일한 치료책은 단순히 하나님이 우리와 함께하심을 순간마다 재확인하는 것이다.

"너는 그들 때문에 두려워하지 말라. 내가 너와 함께하여 너를 구원하리라. 나 여호와의 말이니라 하시고"(렘 1:8). "돈을 사랑하지 말고 있는 바를 족한 줄로 알라. 그가 친히 말씀하시기를 내가 결코 너희를 버리지 아니하고 너희를 떠나지 아니하리라 하셨느니라. 그러므로 우리가 담대히 말하되 주는 나를 돕는 이시니 내가 무서워하지 아니하겠노라. 사람이 내게 어찌하리요 하노라"(히 13:5-6). 아무리 소심해도 이 말씀 앞에서 낙심에 빠질 수 있을까?

자신의 실패로부터
오는 낙심

아주 흔히, 그리고 가장 그럴듯하게 보이는 낙심의 한 형태가 있다. 그것은 자신의 실패로부터 오는 낙심이다. 이것은 이스라엘 백성들이 아이성 전투에서 패배한 후에 맛보았던 종류의 낙심이다(수 7:5-6). 그들은 저주받은 물건 때문에 죄를 짓게 되었고, 그로 인하여 심하게 절망했으며, 마음이 녹아 마치 물이 되는 듯했다. 여호수아가 옷을 찢고 장로들과 함께 여호와 앞에서 땅에 엎드려 머리에 티끌을 뒤집어쓰고 저물도록 있었다. 하나님의 백성들이 그들의 적 앞에서 등을 돌릴 때 사람들은 당연히 땅에 엎드려 머리에 티끌을 뒤집어 써야 한다고 생각했다. 왜냐하면 여호와의 위대한 이름의 명예를 실추시켰기 때문이다.

절망과 낙심만이 실패 후의 가장 적절한 처사라고 생각한다. 그러나 하나님은 그렇게 생각하지 않으신다. "여호와께서 여호수아에게 이르시되 일어나라. 어찌하여 이렇게 엎드렸느냐"(수 7:10). 실패 후 취해야 할 적절한 행동은 겸손하게 보일지 모르는 낙심으로 우리 자신을 몰아넣어서는 안 된다는 것이다. 악한 것들을 대적하고 새롭고 정결하게 하여 하나님께 우리 자신을 드려야 한다. 하나님은 "일어나 정결케 하라"고 말씀하신다. 그러나 우리는 언제나 "엎드려 절망하라"는 유혹을 받는다.

그렇다면 성령이 드러내셔서 생기는 죄의식에도 낙심하지 말아야 하는지 물을 수 있다. 이 질문에 대한 나의 답은 이렇다. "성령님은 우리를 낙담하게 만들기 위해서 죄를 드러내는 게 아니라 격려하기 위해서 죄를 밝히신다." 성령님은 우리로 하여금 우리의 죄를 보게 하신다. 그래서 우리가 성령의 힘에 압도되어 낙심되게 하는 게 아니라 죄를 떨쳐버릴 수 있게 하신다. 좋은 엄마는 자녀가 스스로 결점을 고치게 하려고 그 결점을 지적한다. 영적인 눈으로 볼 때 성령의 질책은 우리에게 주어진 가장 좋은 특권 중의 하나이다. 왜냐하면 성령님이 우리를 낙심 속에 내버려둔 채 포기하는 게 아니라 우리의 믿음을 회복시키고 구원의 역사를 이루어가시기 때문이다.

17세기 프랑스의 영성대가 프랑소아 페넬롱은 낙심에 관하여 이렇게 말했다. "우리의 잘못 때문에 생길 수 있는 낙심에서 우리를 지키는 일은 매우 중요하다. 낙심은 겸손의 열매가 아니라 자만심의 열매이다. 그리고 어떤 것도 그것보다 더 나쁠 수는 없다. 낙심은 자신의 탁월함에 대한 비밀스러운 사랑에서 비롯된다. 우리는 우리의 사람 됨됨이에 상처를 받는다. 낙심하면 더욱 약해지고 자신의 불완전성에 대한 생각은 자신에 대한 조소를 자아내는데, 이는 불완전한 것 자체보다도 더 나쁘다. 가난한 본성은 자기 사랑에서 스스로 완벽하게 보이기를 갈구한다. 그러나 그렇지 않다는 사실에 자기 자신과 타인에게 화를 내게 되고, 참을성이 없어지며, 오만하고, 쉽게 분노하게 된다. 우리의 나쁜 기질이 마치 하나님의 일을 이루는 것으로 착각하게 하는 불행한 상태이다. 우리 안에 불안함이 마치 하나님의 평강을 이루는 것으로 착각하게 만드는 불행한 상태이다."

낙심은 그 근원이 어디에 있든지 간에 많은 슬픈 결과를 자아낸다. 가장 나쁜 결과 중 하나는 사람들이 낙심에 빠져 투덜대며 하나님께 맞서는 말을 하게 되는 것이다. 이스라엘 백성들이 예수 그리스도 때문에 낙심했을 때 그들은 하나님을 대적하는 말을 했으며, 하나님을 업신여기는 온갖 질문을 해댔다. 우리를 괴롭히는 반항과 불평의 근원을 파헤쳐보면 그것은 언제나 낙심에서 비롯되었음을 발견할 수 있다. 낙망하는 것은 본질적으로 하나님에 대한 불신을 이야기하는 것이다. 낙심은 필연적으로 하나님이 자신의 약속을 지키시지 못하여 발생했다고 생각하기 때문이다.

낙심의 또 다른 고통스러운 특징은 전염성이다. 낙심하는 것만큼 쉽게 전염되는 것도 없다. 앞서 본 것처럼 모세가 보낸 정탐꾼들이 약속의 땅에 대한 나쁜 소식을 가지고 왔다. 그리고 그곳의 거인들에 대하여 말하면서 형제의 마음을 낙심하게 하였다. 그 결과 하나님이 그들에게 주신, 그들이 곧 소유하게 될 약속의 땅에 들어가기를 전적으로 거부했다. 그리스도인이 신앙생활에서 서로 교제하고 친밀하게 나누는 것을 가로막는 가장 실망스러운 것 중 하나는 '잘못된 언사'이다. 앞선 사람들은 뒤따르는 자들에게 미칠 영향에 대해 생각하지 않고 쉽게 이야기하는 경향이 있다. 그래서 뒤따르는 사람들의 마음이 앞선 자들에 의해서 낙심하게 된다.

죽이는 자? 살리는 자!

내 삶을 뒤돌아볼 때 내 안의 큰 의심을 부주의하게 사람들에게 이야기하여 그들의 마음을 상심하게 했었던 부끄러운 과거가 있다. 하나님은 누구도 타인의 마음을 상심하게 하지 말아야 한다고 하셨고, 이를 너무도 중요하게 생각하셨다. 모세가 이스라엘 백성들에게 전쟁하는 방법에 관한 하나님의 법을 증거하며 말했다. "책임자들은 또 백성에게 말하여 이르기를 두려워서 마음이 허약한 자가 있느냐. 그는 집으로 돌아갈지니 그의 형제들의 마음도 그의 마음과 같이 낙심될까 하노라 하고"(신 20:8).

실망하고 낙심한 사람들은 실망했더라도 다른 형제들의 마음에 낙심을 주지 않기 위해서 최소한 자신의 낙심한 마음을 마음속에 묻어두어야 한다. 우리는 경험상 용기도 전염성이 있음을 안다. 한 명의 진정한 용기 있는 영혼이 두려움에 휩싸인 군중을 구할 수 있다. 그러나 우리는 이 반대의 경우, 즉 한 명의 소심한 사람이 모든 사람을 두려움에 사로잡히게 할 수 있다는 사실을 망각한다. 아무런 거리낌 없이 어리석고 사악한, 자신의 용기를 마비시키는 것에 대해서 대수롭지 않게 생각하고 이야기한다. 이상하게도 교회나 기도모임에서 가끔 우리의 낙심에 대해서 노래한다.

내가 주를 처음 만났을 때 받았던 축복이
지금은 어디에 있을까?
영혼을 소생시키는
예수님과 그의 말씀은 어디에 있을까?
그때 누렸던 평온의 시간은 어디에 있을까?
그 기억들은 여전히 달콤하지만
지금 내게는 세상이 채워줄 수 없는

아픈 공허감만이 남아 있네.
이렇게 죽지도 않고
영원히 살아야만 하는가?
당신은 우리에게 너무도 위대하시나
우리의 영혼은 미약하고
당신에게는 싸늘하기만 한데
헛되이 엄숙한 노래의 음을 맞추며
헛되이 목소리를 높이네.
호산나, 입술의 고통
우리 경건의 시간도 사그라지네.

이런 찬송가를 부르는 것은 하나님을 찬양하는 것을 흉내내는 것처럼 보인다. 우리가 아픈 공허감에 허덕인다면, 우리의 사랑이 차갑고 약하다면, 죽지 못해 살아가고 있다면 그냥 마음에 묻어두자. 왜냐하면 고통스럽게 내뱉는 호산나로, 즉 우리의 불만과 투덜거림으로 찬양을 올려야 할 이유가 없기 때문이다. 분명히 하나님도 그런 찬송을 즐거워하시지 않을 것이다.

교회에서 절망의 찬송들을 없애고 용기와 희망을 주는 찬송만을 부르게 한다면 우리의 믿음이 더욱 커질 것이다. "안심하라"는 언제나, 그리고 모든 상황에서 주님이 그 제자들에게 하신 명령이다. 이 명령은 주님이 세상을 이기셨기 때문에 우리가 낙심해야 할 아무런 이유가 없다는 엄청난 사실에 기반을 두고 있다. 앞에서 말했듯이 주께서 세상을 이기셨다는 말의 뜻을 이해한다면 주를 따르는 사람이 또다시 낙심한다는 사실은 깜짝 놀랄 일이다.

독자여, 당신이 그 당시 이스라엘 백성이었다면 악한 소식을 가지고 무시무시한 광야생활 40년을 생각나게 하고 형제들의 마음을 근심하게 하는 정탐꾼이 되겠는가? 아니면 "모세 앞에서 백성을 조용하게 하고 이르되 우리가 곧 올라가서 그 땅을 취하자. 능히 이기리라"(민 13:30)고 말한 갈렙과 여호수아가 되겠는가? 어떤 사람이 되겠는가?

이 사건에 대해서 모세는 하나님의 뜻을 구했다. 그리고 갈렙을 하나님을 전심으로 따르는 자로 이야기한다. 하나님을 전심으로 따른다는 것은 다른 정탐꾼들이 부정적인 보고로 백성들의 마음을 녹일 때 갈렙은 좋은 소식을 가지고 와서 약속의 땅으로 올라가 취하도록 그들을 격려했다는 사실에 있다.

전심으로 따른다는 것의 일반적인 의미를 단순히 좋은 소식을 전한다는 것으로 생각하지 않는다. 그런데 많은 신실한 그리스도인이 이런 본질적인 면을 바라보지 못하고, 그들 삶의 목적을 예수 그리스도를 따르는 삶에서 발생하는 어려움과 위험을 알림으로써 형제들의 마음을 낙심시키는 것은 참으로 애석한 일이다.

만약 낙심의 진정한 의미를 하나님을 도외시하는 행위로 바라보고, 오직 격려의 말과 소식만이 허락되고 들려진다면 얼마나 다른 삶이 될까? 이스라엘 백성들 가운데 그들을 격려하고 용기를 북돋아줄 믿음의 사람들이 없었을 때 적군을 정복하는 데 얼마나 많이 실패했는가? 우리 중에 누가 자신의 삶이나 주변 사람의 삶에서 절망이 영적인 패배감과 재난을 부추겨왔다고 말하지 않을 수 있을까?

이와 관련하여 이사야 선지자는 다음과 같이 말했다. "너희의 하나님이 이르시되 너희는 위로하라. 내 백성을 위로하라." 이사야는 위로의 근원 되시는 하나님을 묘사하며 그의 백성들이 어떠한 존재여야만 하는지를 이야기한다. 그리고 이러한 이야기 가운데 "각기 이웃을 도우며 그 형제에게 이르기를 너는 힘을 내라"(사 41:6)고 격려한다. 그렇다면 그들의 본보기를 따라 앞으로는 어떻게 격려해야 할까? 누군가가 내게 낙심을 극복하는 법에 대해 묻는다면 다른 모든 영적 습관과 마찬가지로 그것들을 포기하라고 말할 수밖에 없다. 절망에 대해서 논쟁하는 것은 무의미하다. 오직 하나님의 말씀만으로 충분하다. 그러므로 믿음이 있는 곳에 낙심이 사라지고, 낙심이 있는 곳에 믿음이 사라지게 된다. 우리는 둘 중 하나를 선택해야 한다. 둘은 서로 공존할 수 없다.

불가능을 극복하는
믿음을 외치라

제사장들이 양각 나팔을 길게 불어 그 나팔 소리가
너희에게 들릴 때에는 백성은 다 큰소리로 외쳐 부를 것이라.
그리하면 그 성벽이 무너져 내리리니
백성은 각기 앞으로 올라갈지니라 하시매. 수 6:5

──────── 확고한 믿음의 외침은 우리가 지난 두 장에 걸쳐 다루었던 방황하는 믿음과 낙심한 마음의 통곡과 정반대되는 경험이다. 이스라엘 자손들의 역사를 보면 그들이 신음과 통곡과 파멸에 이르는 경우를 자주 확인할 수 있다. 하지만 적어도 한순간은 이스라엘 자손들이 확고한 믿음의 외침을 통해서 영광의 승리를 거두는 것을 볼 수 있다. 나는 목적지를 향해 전진하는 영혼이 발견할 수 있는 하나님의 비밀 가운데 믿음의 외침보다 더 실질적인 가치를 지닌 비밀은 없다고 확신한다.

놀라운 승리의
그 비결

　　　　　이스라엘 백성들은 하나님의 언약을 의심하지 않고 강을 건너 약속의 땅으로 들어갔다. 하지만 그 땅에 들어갔을 때 그들은 40년 전 정탐꾼들의 마음을 낙심하게 한 웅장하고 높은 성벽을 둘러싼 도시를 확인하였다. 그들은 그 광경에 간담이 서늘했을 것이다. 그들의 눈에는 여리고를 정복할 수 있는 한 치의 가능성도 보이지 않았다. 성을 공격하기 위한 전쟁 수단도 없는 이스라엘 자손들이 높은 성벽과 단단한 방어탑 앞에서 느낀 절망감을 어렵지 않게 상상할 수 있다.

　　하지만 여호와 하나님은 여호수아에게 "보라. 내가 여리고와 그 왕과 용사들을 네 손에 넘겨주었으니"(수 6:2)라고 말씀하셨다. 하나님은 "줄 것이다"라고 말씀하시지 않았다. "주었다"라고 말씀하셨다. 여리고가 이미 이스라엘 자손들에게 속했으니, 지금 이 순간에 그것을 취하도록 요구하신 것이다. 이는 마치 왕이 타국에 있는 후손에게 유산을 증여해야 한다면 그 후손은 그것을 받기 위해 왕궁으로 돌아와야 한다는 것과 같다.

　　그런데 '어떻게'라는 질문이 생긴다. 여리고를 소유하는 것은 도저히 불가능해 보였다. 하지만 하나님은 자신의 계획을 알려주셨다. 그리고 얼마 후, 행군과 관련된 순서와 나팔 부는 것에 대해 몇 가지를 지시하시고 "제사장들이 양각 나팔을 길게 불어 그 나팔 소리가 너희에게 들릴 때에는 백성은 다 큰소리로 외쳐 부를 것이라. 그리하면 그 성벽이 무너져 내리리니 백성은 각기 앞으로 올라갈지니라 하시매"(수 6:5)와 같은 기묘한 말씀으로 마무리하셨다.

이러한 지시는 하나님이 말씀하신 대로 이루어졌기에 기묘했지만 진실한 말씀이셨다. 일곱째 날 제사장이 나팔을 불자 눈의 아들 여호수아는 명령했다. "외치라. 여호와께서 너희에게 이 성을 주셨느니라"(수 6:16). 그러자 "이에 백성은 외치고 제사장들은 나팔을 불매 백성이 나팔 소리를 들을 때에 크게 소리 질러 외치니 성벽이 무너져 내린지라. 백성이 각기 앞으로 나아가 그 성에 들어가서 그 성을 점령"(수 6:20)하였다.

그 순간, 자신들의 외침으로 성벽이 무너져 내릴 거라고는 누구도 상상하지 못했다. 하지만 승리의 비밀은 바로 그 외침에 있었다. 승리의 징조가 없음에도 오직 하나님 언약의 권세에 의지하여 약속된 승리를 성취하기 위한 믿음의 외침이었기 때문이다. 이스라엘 백성들이 믿음으로 외쳤을 때 여호와께서 성벽을 무너뜨리신 것이다.

하나님이 그들에게 그 도시를 주셨다고 선포하셨고, 믿음으로 그 선포를 진실로 받아들였다. 불신자들은 "성벽이 실제로 무너지기 전에 외치지 않는 것이 좋을 것이다. 왜냐하면 하나님의 계획이 실패하여 여리고 사람들이 승리하게 되면 하나님의 이름을 모욕되게 할 것이기 때문이다"라고 말했을 것이다. 하지만 믿는 자들은 이러한 고민을 떨쳐버리고 불가능해 보이지만 하나님의 말씀에 의지하여 당당하게 승리의 외침을 내질렀다. 수세기가 지난 후 이 믿음의 승리에 대한 기록이 있다. 히브리서 기자는 "믿음으로 칠 일 동안 여리고를 도니 성이 무너졌으며"(히 11:30)라고 전하고 있다.

언약은 믿음을 보나니
오직 믿음을 보니라.
불가능을 떨쳐버리고 외치나니
그대로 될지어다.

불가능을 외침으로
이긴 사람들

여호사밧은 이 믿음의 외침을 보여주는 좋은 사례이다. 그는 자신을 대항하는 많은 군중이 바다 저편에서 다가온다는 소식을 들었다. 그때 그는 백성들이 대적할 힘이 없음을 알고 그 무엇도 지시할 수 없었다. 그는 전쟁을 벌이기 위한 수단과 전략을 세우기 위해 시간과 노력을 허비하지 않고, 즉시 하나님께 구했다.

그러자 여호와께서 여호사밧의 호소에 응하사 선지자의 입을 통해 말씀하셨다. "들을지어다. 여호와께서 이같이 너희에게 말씀하시기를 너희는 이 큰 무리로 말미암아 두려워하거나 놀라지 말라. 이 전쟁은 너희에게 속한 것이 아니요 하나님께 속한 것이니라. …이 전쟁에는 너희가 싸울 것이 없나니 대열을 이루고 서서 너희와 함께한 여호와가 구원하는 것을 보라. 유다와 예루살렘아 너희는 두려워하지 말며 놀라지 말고 내일 그들을 맞서 나가라. 여호와가 너희와 함께하리라 하셨느니라 하매"(대하 20:15,17).

여호사밧과 이스라엘의 자손들은 의심하지 않고 그 말씀에 순종하였으며, 다가올 승리를 확신하며 하나님을 미리 찬양하기 시작했다. 다음 날 아침, 그들은 일찍 잠에서 깨어 적을 맞이하기 위해서 나갔다. 평소 지휘관들이 군인들의 무기를 확인하고 전쟁에서 용맹하게 싸우기를 권고하는 대신, 여호사밧은 그저 군인들이 담대한 믿음을 갖도록 요구하였다.

여호사밧은 백성들과 더불어 의논한 후, 그들의 믿음이 그와 같음을 확인하고 노래하는 자로 하여금 군대 앞에서 행하며 여호와를 찬송하게 했다. 백성들이 찬송함에 따라 여호와께서 복병을 두어 적을 무찌르셨다. 그리고 이스라엘 자손들이 몰려오는 무리를 볼 수 있는 광야의 망대에 도착했을 때 "그 무리를 본즉 땅에 엎드러진 시체들뿐이요 한 사람도 피한 자가 없는지라"(대하 20:24)고 외쳤다. 이러한 뛰어난 전쟁의 수단으로 여호사밧과 그 백성들은 전쟁의 정복자 그 이상이 되었다.

골리앗을 이긴 다윗 또한 같은 방법으로 승리한 좋은 본보기이다(삼상 17장). 인간의 눈으로는 이스라엘 군대를 좌절시킨 그 괴력의 거인을 이길 방법은 전혀 없어 보였다. 거인은 자신과 대적하기 위해 애송이가 나오는 것을 보고 경멸하며 말했다. "내게로 오라. 내가 네 살을 공중의 새들과 들짐승들에게 주리라"(삼상 17:44). 이 불공평한 싸움은 곧 끝날 것으로 비쳤다.

하지만 다윗의 믿음은 승리하였고, 싸움이 시작되기 전에 승리의 외침을 내질렀다. "너는 칼과 창과 단창으로 내게 나아오거니와 나는 만군의 여호와의 이름, 곧 네가 모욕하는 이스라엘 군대의 하나님의 이름으로 네게 나아가노라. 오늘 여호와께서 너를 내 손에 넘기시리니 내가 너를 쳐서 네 목을 베고 블레셋 군대의 시체를 오늘 공중의 새와 땅의 들짐승에게 주어 온 땅으로 이스라엘에 하나님이 계신 줄 알게 하겠고 또 여호와의 구원하심이 칼과 창에 있지 아니함을 이 무리에게 알게 하리라. 전쟁은 여호와께 속한 것인즉 그가 너희를 우리 손에 넘기시리라"(삼상 17:45-47). 이러한 믿음 앞에서 거인인들 무엇을 할 수 있었을까? 의기양양한 승리의 외침은 모두 이루어졌으며, 그 강력한 상대는 자기가 조롱하던 애송이의 손에 일격을 당했다.

이것은 언제나 그러하다. 어떤 것도 전능함에 기반을 둔 믿음의 외침을 이길 수 없다. 왜냐하면 "세상을 이기는 승리는 이것이니 우리의 믿음이니라"(요일 5:4)고 말씀하셨기 때문이다. 모든 성공적인 전쟁의 비밀은 믿음의 외침에 있다. 기다림의 믿음을 필요로 하는 이러한 비밀은 보이지 않는 신성한 권능을 알지 못하는 자는 이해할 수 없고, 이를 이해하지 못하는 자에게는 어리석고 무모한 짓으로 비칠 것이다.

믿음의 외침에
담긴 비밀

우리는 모두 예수 그리스도의 선한 군사로 이스라엘 백성을 공격했던 적들보다 더 큰 위협에 믿음의 선한 싸움을 하도록 부름받았다. 더 큰 적은 바로 우리 안에 있는데, 그것은 유혹의 힘과 그 유혹에 저항할 수 없는 무기력함이다. 이 적과의 싸움은 힘겹고 종종 매우 낙담한 싸움이다. 여호와의 많은 자녀가 절망적인 실패의 우울한 감정에 짓눌리게 된다. 그들은 승리의 희망을 자주 보지 못하고 절망할 준비를 함으로써 죄를 짓고, 또 회개한다. 그들은 죄를 증오하고 의를 사랑하며 승리를 갈구한다.

하지만 행해야 할 선은 행하지 않고 행하지 말아야 할 악을 행한다. 로마서 7장 23절을 따르자면 "내 지체 속에서 한 다른 법이 내 마음의 법과 싸워 내 지체 속에 있는 죄의 법으로 나를 사로잡는 것을 보는도다"라고 했다. 그들은 그 죄를 정복해야 한다는 것을 알지만 그 방법을 알지 못한다. 그런 이유로 이 장이 쓰인 것이다. 그들이 믿음의 외침의 비밀을 발견하게 된다면 그들은 그 방법을 터득하게 될 것이다. 그 비밀은 승리를 성취하는 데 절대 실패하지 않을 것을 확신하기 때문이다.

요한복음 16장 33절에서 예수님은 이러한 믿음의 외침이 성공한다는 것을 알려주셨다. "담대하라. 내가 세상을 이기었노라." "이기겠노라"가 아니라 "이기었노라"고 말씀하셨다. 그것은 이미 이루어진 것이다. 오직 우리가 그의 능력 안으로 들어가기만 하면 된다. 여호수아는 "외치라. 그리하면 여호와께서 여리고를 주실 것이다"라고 하지 않았다. 대신 "외치라. 여호와께서 주셨도다"라고 했다. 도저히 무너뜨릴 수 없는 난공불락의 성벽이 있다는 것을 받아들일 때 여호수아의 입에서 이 같은 선포를 할 수 있도록 그의 모든 것을 내려놓아야 한다는 것이다. 여호수아에게 있어서 하나님은 살아계신 분이다. 그리고 하나님은 승리를 쟁취하기 전에 약속된 승리를 단언하시기를 주저하지 않으셨다.

"여호와께서 줄 것이다"와 "여호와께서 주셨다"는 큰 차이가 있다. 미래에 약속된 승리는 수많은 조건에 의해서 방해되거나 저지될 수 있다. 하지만 이미 이루어진 약속은 부인할 수 없다. 여호와께서 "이 세계를 이기겠노라"고 하지 않고 "이겼노라"고 말씀하심으로써 그가 이미 이루었음을 그들에게 확신시키고 승리의 외침을 위한 굳건한 기반을 주신 것이다. 그 후의 죄의 능력은 패배하고 사기가 꺾인 적에 불과하다. 만약 우리가 예수 그리스도의 말씀을 믿는다면 우리를 사랑하시는 그분이 우리를 정복자보다 더 강하게 만들어 두려움 없이 적들을 대적할 수 있다.

패배한 군대가 그들의 패배를 비밀로 유지할 수 있는 한 여전히 저항의 기미를 보일 수 있다는 것은 잘 알려진 사실이다. 하지만 패배가 명백히 알려졌을 때 그 군대는 모든 용기를 잃고 사기가 꺾여 후퇴하는 것밖에는 다른 기회가 없을 것이다. 비밀은 바로 정복해야 할 적이 아니라 이미 정복한 적인 죄에 대해 맞서야 한다는 것이다. 여호수아가 보낸 염탐꾼이 여리고 왕으로부터 탈출할 때 도운 라합이 다음과 같이 고백한다. "여호와께서 이 땅을 너희에게 주신 줄을 내가 아노라. 우리가 너희를 심히 두려워하고 이 땅 주민들이 다 너희 앞에서 간담이 녹나니"(수 2:9). 만약 우리가 보이지 않는 악의 왕국을 볼 수 있는 시야가 있다면, 우리는 보이지 않는 영역의 힘이 공포와 심약함으로 떨고 있으며 모든 믿음 안의 형제와 자매는 확실하고 당당한 승리의 정복자임을 발견할 수 있다고 나는 믿는다.

이것은 우리가 영적인 적을 두려움과 떨림으로 맞서고, 재앙과 같은 패배의 고통을 겪고 있다는 비밀을 알지 못하기 때문이다. 우리는 "하나님의 아들이 나타나신 것은 마귀의 일을 멸하려 하심이라"(요일 3:8)는 말씀을 잘 알고 있다. 또한 "그가 우리 죄를 없애려고 나타나신 것을 너희가 아나니 그에게는 죄가 없느니라"(요일 3:5). 그리고 "이제 자기를 단번에 제물로 드려 죄를 없이 하시려고 세상 끝에 나타나셨느니라"(히 9:26)고 말씀하신다. 따라서 우리는 죄를 정복된 적이라는 사실로 받아들여야 한다. 만약 우리 믿음이 "죄가 우리에게는 이미 죽은 것이요, 우리가 죄에 죽은 것"이라는 이 사실만을 붙잡는다면 유혹이 다가와도 승리의 외침을 외칠 수 있을 것이다. 그리고 이스라엘 백성들이 모든 성벽을 무너뜨린 것처럼 우리가 주어진 언약의 성을 취할 수 있도록 길을 열어주실 것이다.

믿음으로 약속된
우리의 승리

우리 현실의 적들은 구약시대와 같은 거인이며, 천국으로 이르는 길목을 높은 벽으로 가로막고 있는 여리고성과 같은 존재이다. 이스라엘 백성들과 마찬가지로 우리는 그것들과 대적할 세상의 무기를 가지고 있지 않다. 우리의 군복은 여호와의 군복이어야 한다. 우리를 보호할 수 있는 방어막은 당시에 눈에 보이지 않았던 믿음의 방어막이며, 우리의 칼은 여호와의 언약과 선포, 즉 말씀이신 영의 검이다. 우리가 여호와의 군복을 입고 영의 검을 차고 기운찬 외침으로 적을 대면한다면 힘센 거인도 쓰러뜨리고 철벽의 도시도

무너뜨릴 수 있다.

그런데 슬프게도 그리스도인의 일반적인 전쟁 수단은 얼마나 다른가? 승리의 외침 대신 무기력한 해결책과 무익한 논쟁과 열정이 없는 자기 비난, "주여, 구해주소서!"와 같은 절망적인 기도, "주여, 저를 구출해주소서!"와 같은 통곡으로 유혹에 직면한다. 그리고 어떠한 응답도 받지 못했을 때 그 유혹은 우리의 모든 논쟁과 해결책을 쓸어버렸고, 슬프게도 패배당하고 말았다. 그때 하나님이 우리를 버리셨고, 모든 시험과 유혹에는 감당할 수 있는 출구가 있다는 사도들의 선언이 진실하지 않다며 절망 속에서 통곡하였다. 이러한 방법은 대부분의 사람들이 쓴맛을 보고 알게 된 일반적이고 실패한 유혹의 대처법이다.

그러나 우리가 대처해야 할 방법은 이와 매우 다르다. 죄는 정복된 적이라는 사실을 깨닫고 도움을 요청하는 통곡이 아닌 승리의 외침으로 적을 대면해야 한다. "여호와께서 우리를 구원하실 것이다"라고 말하기보다는 "여호와께서 이 순간에 구원하신다"라고 단언해야 한다. 즉 구원에 대한 표현은 미래시제가 아닌 현재시제로 말해야 한다.

나는 이러한 믿음의 삶을 사는 그리스도인을 알고 있다. 그는 천성적으로 폭력적인 기질을 지니고 있었고, 신앙 없는 친구들과 어울렸으며, 순전히 기분대로 행동하는 사람이었다. 자신이 잘못되었다는 사실을 알고 빠져나오려 격렬히 대항했지만 그 모든 노력은 헛것이 되고 말았다. 절망에 빠진 그는 마침내 어느 날 아침 출근길에 담임목사의 집에 들러 자신의 어려움을 털어놓았다. 그는 자신에게 급

작스러운 유혹이나 어려움이 다가와 극복할 수 있는 기도를 할 시간마저 없었음을 설명한 후에 "지금 당장, 제가 필요한 순간마다 붙들면 승리에 이를 수 있는 지름길이 있는지 말씀해주실 수 있습니까?"라고 물었다.

그러자 그 목사는 확신에 찬 어투로 대답했다.

"유혹이 왔을 때 당신의 마음을 여호와께 즉시 들어올리십시오. 그리고 믿음으로 약속된 승리를 외치십시오. 그렇게 믿음의 외침을 외치고 나면 그 유혹은 당신에게서 즉각 떠나게 될 것입니다."

죄는 이미 패배한 적이라는 영광스러운 사실에 관한 설명을 들은 그 남자는 이해한 듯했다. 그리고 길을 나서 화물열차가 있는 역에서 다른 동료와 함께 줄을 섰다. 여느 때처럼 그는 조롱과 냉소를 받았고, 더욱이 다른 인부들이 그를 줄에서 밀쳐냈다. 화를 부르는 유혹이 그를 거의 압도할 뻔 했지만 그는 반복해서 속으로 말했다. "그리스도께서 구원하신다. 당장 구원하신다." 그 즉시 마음은 평온해졌다.

그가 다시 한 번 시험받게 되었다. 무거운 상자가 그의 발에 굴러 떨어져 발을 크게 다친 것이다. 그는 즉시 다시 한 번 승리의 외침을 반복했다. 그러자 즉각적으로 평온이 찾아왔다. 그렇게 하루가 지났다. 시험과 유혹이 가득한 하루였지만 승리의 외침으로 하루를 무사히 마쳤으며 믿음의 방패가 적의 날카로운 화살을 막아냈다. 밤이 되어서는 여호와 하나님을 통해서 그 이상의 승리가 되었음을 발견하게 되었다. 그리고 그의 동료들도 남을 괴롭히는 폭력을 이길 수 있는 신앙의 실체와 아름다움을 얻게 되었다. 시편 기자는 그를 매일 잡아 삼키려 했던 적에 대해 의기양양하게 말한다. "내가 아뢰는 날에 내 원수들이 물러가리니 이것으로 하나님이 내 편이심을 내가 아나이다"(시 56:9).

사랑하는 독자여, 시편 기자가 알았던 사실이 무엇인지 아는가? 주께서 당신의 편이 되고 당신의 적을 물리칠 것을 아는가? 만일 그렇다면 승리의 노래를 부르며 유혹과 맞서라. 이와 같은 방법으로 가장 가까운 유혹과 맞서 싸우라. 이러한 시작으로 당신은 승리의 감사를 드리게 될 것이다. 당신을 사랑하시는 하나님 안에서 승리자 이상임을 지속해서 주장하고 적에게 기죽기를 거부하라. 여호수아, 여호사밧, 다윗의 믿음의 외침을 외치라. 그리하면 하나님이 복병을 두어 당신의 모든 적을 죽음으로 이르게 하신다는 사실을 확신할 것이다.

감사는 하늘 문을
여는 열쇠다

범사에 감사하라. 이것이 그리스도 예수 안에서
너희를 향하신 하나님의 뜻이니라. 살전 5:18

──────── 감사와 불만, 우리 그리스도인들이 하나님의 자녀로
살아가면서 갖게 되는 여러 감정 중에 이 두 단어만큼 서로 대립하는
감정은 없는 것 같다. 감사와 불만, 이 두 감정이 갖는 영향력은 생각
보다 커서 하나님이 우리에게 마련하신 위로와 평안을 풍성히 느끼
지만, 어떨 때는 과연 그럴까 하는 생각이 들 정도로 혼란을 주기도
한다.

하나님은 우리에게 명령하셨다. "범사에 감사하라." 이 명령은
"이것이 그리스도 예수 안에서 너희를 향하신 하나님의 뜻이니라"는
구절로 다시 한번 강조되었다. 단순하면서도 명료하지 않은가? 우리
가 하나님께 순종하는 마음으로 모든 것에 감사하는 마음을 품으면
되는 것이다.

하지만 상당수의 기독교인들은 감사를 느끼지 못하며 살고 있다. 이 구절이 귀에 익지만 실제로 감사하기보다는 우리 몸과 마음으로는 달성할 수 없는 지극히 높은 경지에서나 가능한 사실로 느끼며 살고 있다. 무의식적으로 이 단순명료한 구절을 조금씩 바꿔가며 받아들이고 있다. '감사하라'는 대신 '체념'하고, '범사에'라는 구절을 '일부의 것'으로 여긴다. 그러고는 "이것이 그리스도 예수 안에서 너희를 향하신 하나님의 뜻이니라"는 구절은 쏙 빼버린다.

세상에 존재하는 그 모든 사물에 감사할 수 없다는 것에 동의한다. 하지만 그 모든 것을 향한 하나님의 사랑과 돌보심에 늘 감사해야 한다. 하나님은 그런 악을 허락하시지 않았다. 하지만 하나님은 그런 악이 존재하는 곳조차 함께하셔서 가장 추악한 것과 가장 슬픈 것들까지도 하나님의 손길을 미쳐 모든 게 합력하여 선이 되도록 늘 일하고 계신다.

피조물인 우리 인간은 악의를 품기도 하고 사악한 동기로 행동하는 경우가 잦다. 하지만 우리가 하나님에 대한 믿음을 버리지만 않는다면, 우리의 죄가 아닌 우리 위에서 일하시는 하나님의 전능하신 손으로 인간의 죄조차도 감사의 제목이 될 수 있다. 이 세상의 모든 사물과 사건은 하나님의 통제 아래 있으며 어느 것도 하나님의 지혜와 허락을 거치지 않고서는 우리를 범할 수 없다.

질투와 사악한 마음으로 가득 찬 형제들에게 버림받아 노예로 팔려간 요셉의 사건을 보자. 이 사건 자체만 보면 "하나님이 어떻게 이런 끔찍한 사건을 계획하실 수 있을까?"라고 말할 수 있다. 더욱이 애굽의 노예로 끌려가는 요셉에게 어찌 감사가 나올 수 있겠는가?

하지만 자신이 애굽에서 누릴 영광의 최후를 알았다면 어찌 감사가 나오지 않을 수 있겠는가? 요셉이 자기 형들이 와서 엎드렸을 때 한 말을 상기해보자. "당신들은 나를 해하려 하였으나 하나님은 그것을 선으로 바꾸사 오늘과 같이 많은 백성의 생명을 구원하게 하시려 하셨나니"(창 50:20). 요셉이 노예로 팔려가는 사건 자체가 그의 인생에 다가올 승리와 축복의 문이 되었던 것이다. 일반적인 상식으로는 요셉을 애굽으로 끌려가게 한 것은 요셉의 형들이지만, 요셉은 믿음의 눈으로 "하나님이 나를 이곳으로 보내셨다"라고 고백할 수 있었던 것이다.

우리의 인생에도 유사한 경험이 있을 것이다. 비탄에 잠겨 있지만 입술과 마음으로 하나님을 찬양하고, 가시밭길을 걷는 것 같은 어려움에 부닥쳐서도 이 길을 통해 보여주실 위대한 결과를 소망하며 하나님께 감사할 때가 있을 것이다. 나도 유사한 경험을 한 적이 있다. 주위 사람에게 배신당하여 상황을 제대로 판단할 힘조차 없어서 감사의 제목이 눈에 들어오지 않을 때가 있었다. 하지만 요셉처럼 친구로부터 당한 배신은 내 인생의 충만한 은혜를 경험하고 쓰라린 경험을 안겨준 그 사건으로 하나님께 감사의 기도를 드리는 계기가 되었다. 내게 처음부터 먼저 감사를 드릴 줄 아는 믿음이 있었더라면 슬픔과 절망으로 그 많은 시간을 낭비하지 않았을 수도 있지 않았을까?

감사에 대처하는
우리의 모습

우리 기독교인에게 감사는 참 어려운 주제이다. 우리는 시련에 맞서 최대한 그리스도인다운 행동을 한다고 생각하면서 감사를 선택하지 않고 체념을 선택한다. 그리고 나서는 하나님께 이길 힘과 인내를 달라고 간구한다. 오히려 많은 기독교인이 거의 모든 일에 대해 감사할 줄 모르게 된다. 냉정하게 말해서 기독교인들은 감사를 모르는 사람들의 단체가 된다.

살면서 우리는 아무리 하찮은 선물을 받더라도 즉시 감사카드를 보낸다. 감사카드 보내는 것을 게을리하는 사람을 우리는 예의가 없다고 생각한다. 그런데 우리에게 셀 수 없는 은혜와 축복의 선물을 주신 하나님께 감사하는 데 왜 인색할까?

더욱 안타까운 점은 감사할 줄 모르고 받은 것에 대해 불평한다는 것이다. 하나님의 선하심을 찬양하는 대신, 자신이 만든 하나님의 약점을 가지고 불평하는 데 혈안이 된 사람들도 많이 볼 수 있다. 감사 대신 불평을 택하고서도 자신의 감사할 줄 모르는 마음을 직시하지 못하고 스스로 분별력을 지닌 존재라고 자만에 빠지기까지 한다. 우리는 "불평하는 것은 하나님을 기쁘시게 하는 일이 아니다"는 사실을 알고 있다. 그럼에도 불평을 합리화하는 일부 기독교인들은 "하나님에 대한 불평이기 때문에 자신들의 불평은 영적이고 하나님을 기쁘시지 않게 하는 것이 아니다"라고 말한다. 심지어 자신들의 불평이 경건한 불평이라고까지 주장하고, 하나님의 사랑을 질투하는 불평이기 때문에 보통의 기독교인들보다 더 영적으로 통찰력 있는 비난이라고 말한다.

그러나 불평은 불평일 뿐이다. 세속적이든 영적이든 간에 불평은 내재적으로 시시비비를 따지는 속성이 있다. 웹스터 사전에서도 불평을 '잘못과 책임을 전가하는 것'이라고 정의하고 있다. 불평에는 단순히 어떤 것에 대한 비호감 정도가 아니라 잘못을 따지는 행위가 내포되어 있다. 우리가 하는 불만과 불평에는 '하나님이 하신 일에 대한 비판'이 들어 있다. 우리는 부지불식간에 하나님을 비난하고 마음속으로 하나님이 하신 일을 판단하고 있는 것이다.

반면, 감사는 베푼 사람에 대한 찬양을 동반한다. 성경에 "네 주를 찬양하라"는 구절이 얼마나 자주 등장하는가? 찬양은 이스라엘 백성들의 예배에서 가장 핵심적인 부분이었다. "주는 선하시니 주를 찬양하리라. 그는 선하시니 그 이름을 높이 들어 찬양하리." 성경은 우리 하나님이 얼마나 감사를 기뻐하시는지 잘 말해주고 있다. 감사만큼 하나님을 기쁘시게 하는 것은 없다. 우리도 그렇지 않을까? 누군가가 우리가 베푼 사랑과 선물에 대해 인정해주고 고마워해주면 기뻐하듯이 하나님도 우리의 감사를 기뻐하신다.

사도 바울이 "그러므로 사랑을 받는 자녀같이 너희는 하나님을 본받는 자가 되고"(엡 5:1)라고 했을 때 강력히 권고한 사항 중의 하나가 "우리 아버지 하나님께 예수 그리스도의 이름으로 늘 모든 것에 감사하라"는 것이었다. "늘 모든 것에"라는 표현은 모든 것을 총망라한다. 몇 가지에만 감사한다거나 골라서 감사하는 것을 의미하는 게 아니다. 다시 말해 우리 인생과 이 세상에서 감사를 드리지 않을 게 하나도 없다는 뜻이다. 즉 이 세상의 모든 것이 우리에게 축복으로 다가올 수 있다는 것이다.

사도 바울은 "하나님께서 지으신 모든 것이 선하매 감사함으로 받으면 버릴 것이 없나니"(딤전 4:4)라고 했다. 하지만 좋아 보이지 않은 것들이 선할 수 있다는 사실을 믿기가 정말 어렵다. 또 살다 보면 하나님이 주신 것 중에 축복이 아니라 저주로 보이는 것도 종종 있다. 특히나 내면보다 겉모습만을 보고 판단하기를 좋아하는 인간의 본성으로는 숨겨진 축복을 보기가 어렵다.

다시 한번 우리 모습을 들여다보자. 우리 눈에는 불행으로밖에 보이지 않았지만 실제로는 선하고 좋은 선물을 받은 적이 많지 않은가? 그중에 몇 번이나 감사를 드렸는가? 또한 선하고 좋은 선물을 받고 기뻐하면서 자신에게, 친구들에게, 상황이나 환경에는 감사했지만 이 모든 것을 주관하시는 하나님께는 몇 번이나 감사를 드렸는가? 우리의 이런 모습은 마치 먼 곳에서 친구가 보내준 생일선물을 받고 나서 우체부 아저씨에게는 넙죽넙죽 절하고 고마워 해놓고, 정작 선물을 보내준 친구에게는 전화 한 통 안 하는 것과 같다. 이것이 바로 감사를 모르는 우리 기독교인의 모습이다.

내게 주어진 모든 것이 하나님으로부터 온 것임을 인정하면서도 내 마음을 괴롭게 하는 것들에 대해서는 감사를 드리기가 어려울 때가 있다. 하지만 생각해보라. 힘들고 아픈 수술이나 치료를 해서 병이 나을 때가 있다. 그럴 때 우리는 우리를 치료해준 의사에게 아팠다고 해서 고맙다는 인사를 안 할까? 그러므로 우리의 모든 괴로움과 병을 치유하시는 하나님께도 감사해야 한다. 하나님은 우리 영혼이 병듦을 보시고 우리가 삼키기 어려운 약을 처방하실 때도 있다. 우리에게 독이 되는 병균을 잡기 위해 어쩔 수 없이 고통스러운 수술도 감행하실 때가 있는 것이다.

그러나 여전히 우리는 감사 대신 불평을 선택한다. 비록 영혼의 약을 처방한 우리의 치유자이신 하나님에 대한 불만을 토로하지 않더라도 하나님이 건네주신 그 '약병'에 대해서는 불만스러워한다. 이 약병은 때로는 주변 사람, 내가 받은 불친절, 무시, 직장에서 받은 스트레스 등일 수도 있다. 하지만 그 원인이 무엇이든지 간에 하나님이 나를 치유하기 위해 사용하신 '도구'일 뿐임을 잊지 말라. 세상의 상식으로도 약이 쓴 법인데 그 약병에 대해 비난을 퍼부을 수 없다. 마찬가지다. 우리 영혼의 부족함을 채워주기 위해 하나님이 사용하신 약병에 대해 비난하고 불평하는 것은 소용이 없다.

이스라엘 백성들은 굶어죽게 하려고 애굽에서 탈출시켰느냐고 모세와 아론을 몰아세웠다. 그런데 사실 그 비난은 모세와 아론을 향한 것이 아니라 하나님을 향한 것이었다. 그 후에 시편 기자는 이 사건을 인용하여 이스라엘 백성들의 불만은 '하나님을 비방'한 것이라고 표현했다. 하늘나라의 섭리는 도구로 사용되는 피조물에 대해서가 아닌 모든 것의 주인 되시는 하나님과 연관되어 있기 때문에 우리의 감사와 불만도 하나님께 직결되는 것이다.

아버지의 마음을
헤아리다

　　　　　　의식적이든 무의식적이든 간에 불만은 하나님을 향한 비방이다. 이스라엘 백성들처럼 우리는 인간을 대상으로 불평불만을 표출한다. 그렇기에 하나님이 만드신 피조물에 대해 불만을 품을 수 있다고 생각할지 모른다. 하지만 모든 피조물 뒤에는 그것을 창조하신 조물주 하나님이 계시고, 그 피조물은 하나님의 섭리 가운데 쓰이는 도구나 통로에 지나지 않는다. 그러므로 우리가 피조물들을 비난하고 불평하는 것은 그 뒤에 계시는 하나님을 비방하는 것과 같다. 피조물들은 창조주께서 허락하신 섭리와 능력 없이는 자신의 힘으로 설 수 없는 존재들이다. 시편 기자는 하나님이 그의 백성들의 불만을 듣고 노하셨다고 하면서 "이는 하나님을 믿지 아니하며 그의 구원을 의지하지 아니한 때문이로다"(시 78:22)라고 썼다. 우리의 불평과 불만의 근저에는 바로 하나님에 대한 믿음과 하나님의 구원에 대한 신뢰가 흔들린다고 볼 수 있다.

　　앞에서도 언급했듯이 성경은 하나님께서 감사를 얼마나 기뻐하시는지 반복해서 말해준다. '감사의 제물'이라는 표현처럼 감사를 단순한 마음의 태도가 아닌 예배처럼 우리가 기독교인으로서 마땅히 바쳐야 할 종교적인 행위로 강조하고 있다. 특히 레위기에서 감사의 제물은 하나님이 구체적으로 지시하신 희생제물 중의 하나로 명시하고 있다. "여호와의 인자하심과 인생에게 행하신 기적으로 말미암아 그를 찬송할지로다"(시 107:8). 그러므로 우리는 끊임없이 하나님께 찬양의 제사를 올려 드려야 한다. 그것은 곧 우리의 입술로 하나님의 이름을 부르며 계속해서 감사하는 것을 의미한다.

감사를 제물로 드리는 일이 얼마나 쉬운가? 그래서 대부분의 그리스도인이 감사를 제물로 드리는 것처럼 보일지 모르지만 사실은 정반대다. 기독교인들이 하는 기도를 녹취하여 적어본다면 감사기도의 제목이 열에 하나 있을까 한다. "예수께서 대답하여 이르시되 열 사람이 다 깨끗함을 받지 아니하였느냐. 그 아홉은 어디 있느냐. 이 이방인 외에는 하나님께 영광을 돌리러 돌아온 자가 없느냐 하시고"(눅 17:17-18)에서 말씀하신 것처럼 우리는 깨끗함을 받았지만 감사하지 않은 나머지 아홉의 나병환자처럼 살고 있지 않은가? 하나님이 주신 셀 수 없는 축복은 지나치고, 시련과 상실감, 고민거리만 껴안고 마치 축복받지 못한 인생이라 생각하며 살고 있지 않은가?

우리의 이런 모습이 하나님을 얼마나 슬프게 하는지는 자신의 경험을 돌이켜보면 잘 알 수 있다. 부모가 마련해준 따뜻한 집과 음식을 두고 자식들이 불평할 때 부모의 마음은 말로 표현할 수 없을 정도로 아프다. 또 어떤 사람은 끊임없이 불평한다. 만족이란 절대 없다. 자신이 받은 친절과 도움조차도 감사할 줄 모르고 불만거리만 끊임없이 찾아내어 곱씹으며 사는 사람도 있다. 이런 사람들과 함께 있으면 무척 불편하다. 반대로 불만이라는 것을 모르고 모든 일에 감사와 기쁨을 나타내는 사람과 함께 있으면 내 마음까지도 밝아진다. 내가 보기에 인간은 우리가 사람들에 대해 갖는 불평불만 그 이상으로 더 불행해지는 것 같다.

일전에 한 여자아이에 관한 이야기를 들은 적이 있다. 중한 병에 걸린 이 아이는 힘들고 상당한 고통이 수반되는 치료를 받아야 했다. 의사들은 아이가 고통으로 질러댈 비명을 생각하며 치료가 시작되기 전부터 몹시 걱정했다고 한다. 그런데 막상 길고도 참기 어려운 치료 과정 내내 시종일관 옆에서 지켜보고 있는 아버지에게 미소를 지으며 작은 신음 하나 내지 않았다고 한다. 오히려 자신을 걱정스럽게 바라보는 아버지에게 사랑과 애정이 듬뿍 담긴 말을 건네기까지 했다. 의사들은 믿을 수가 없어서 치료가 끝난 후에 어떻게 이렇게 잘 참을 수 있느냐고 물었다. "그건 저희 아빠가 저를 얼마나 사랑하시는지 알기 때문이에요. 제가 많이 아파하는 것을 보면 아빠 마음도 너무 아플 것 같아서 제 고통을 숨기기 위해 참았어요. 제가 웃으면 아빠도 제가 괜찮다고 생각하실 것 같아서요." 하늘에 계신 우리 하나님 아버지를 위해서 우리도 이렇게 할 수 없을까?

어떤 상황에서도
감사할 수 있을까

욥은 한때 불평투성이였다. 그런데 욥의 이야기를 읽어보면 욥의 불만에 수긍이 갈 때도 있다. 생각해보라. 그가 처한 환경은 모든 불행의 총집합과도 같았다. "내 영혼이 살기에 곤비하니 내 불평을 토로하고 내 마음이 괴로운 대로 말하리라. 내가 하나님께 아뢰오리니 나를 정죄하지 마시옵고 무슨 까닭으로 나와 더불어 변론하시는지 내게 알게 하옵소서. 주께서 주의 손으로 지으신 것을 학대하시며 멸시하시고 악인의 꾀에 빛을 비추시기를 선히 여기시나이까"(욥 10:1-3).

욥의 불행에 대한 슬픔은 이상하게 여길 만한 것이 없다. 하지만 욥이 자신을 둘러싼 불행이 갖는 세속적인 의미가 아닌 천상의 의미를 볼 수 있었다면 불행을 불행으로만 여기며 슬픔의 나락으로 빠져들지 않았을 것이다. 오히려 자신이 처한 상황은 그를 향하신 하나님의 사랑 안에서 계획되고 시련을 통해서만 만날 수 있는 구원의 축복이 기다리고 있다는 것을 알 수 있었을 것이다. 불행 뒤에 기다리는 축복을 볼 수 있었다면 영광스러운 열매를 준비하신 하나님께 감사의 기도를 드릴 수 있었을 것이다. 우리도 짊어지기에 무거운 시련이 다가와도 그 끝에서 만나게 될 하나님이 준비하신 열매의 달콤함을 소망하며 모든 불만을 감사의 제물로 바꿀 수 있을 것이다.

이스라엘 백성들은 마실 물이 없어서 불평했다. 그런데 물이 생기자 그 물맛이 쓰다고 불평했다. 그리고 음식에도 불만을 품었다. 믿음이 부족했던 이스라엘 백성들은 하나님께 의지하기보다는 굶어 죽을 것을 걱정했다. 그리고 하늘에서 만나가 내려왔을 때 감사는커녕 매일 같은 음식을 먹는다고 불평했다. 우리도 마찬가지다. 하나님에 대한 굳건한 믿음으로 하나님이 채워주시는 영혼의 음식을 간구하기보다 영적 굶주림에 시달릴 것이라고 지레 두려워한다. 하나님께 채워달라고 기도하면서도 하나님이 주시는 만나를 받기 싫어한다. 하나님이 주시는 영혼의 양식이 우리를 강하게 하는 데 부족하다고 거부한다. 우리는 빵을 달라고 했는데 하나님은 자갈을 주셨다고 불평한다.

하나님이 주시는 영혼의 양식과 물이 우리에게 가장 좋은 것이라는 사실을 알기만 한다면, 우리의 입에서 하나님께 드릴 수 있는 최고의 감사가 나올 것이다. 목자가 양들이 누울 최고의 초장과 쉴 만한 물가로 인도할 것을 우리가 믿는다면, 우리의 가슴은 하나님에 대한 감사로 흘러넘치고 우리의 입술은 황무지에서도 하나님의 이름을 찬양하게 될 것이다.

선지자 요나의 예를 보라. 요나는 물고기 뱃속에 갇혀서도 감사의 기도를 드렸다. "이르되 내가 받는 고난으로 말미암아 여호와께 불러 아뢰었더니 주께서 내게 대답하셨고 내가 스올의 뱃속에서 부르짖었더니 주께서 내 음성을 들으셨나이다. 주께서 나를 깊음 속 바다 가운데에 던지셨으므로 큰 물이 나를 둘렀고 주의 파도와 큰 물결이 다 내 위에 넘쳤나이다. …나는 감사하는 목소리로 주께 제사를 드리며 나의 서원을 주께 갚겠나이다. 구원은 여호와께 속하였나이다"(욘 2:2-3,9).

어떤 최악의 불행 앞에서도, 심지어 물고기 뱃속에 갇힌 요나의 상황에서도 우리는 감사의 기도를 저버려서는 안 된다. 우리에게 다가온 불행을 감사하는 것은 불가능할 일이다. 하지만 요나처럼 불행 가운데서도 하나님에 대한 감사는 드릴 수 있다. 우리가 어떤 불행에 처했더라도 하나님은 그곳에 계신다. 우리와 함께 계신다. 우리를 구제해주시고 우리를 축복해주시기 위해 우리가 빠져 있는 불행의 구덩이에 같이 계신다. 그러므로 불행의 늪에서 허덕이고 영혼의 그 불빛이 꺼져가는 것처럼 느껴질 때 이것만은 기억하라. 하나님이 함께 하심과 그분의 사랑에 감사하는 것을.

상황이 좋아서 하나님께 감사하는 것이 아니다. 하나님의 선하심에 감사드리는 것뿐이다. 우리는 우리가 처한 상황이 본질적으로 기뻐해야 하는 상황인지, 슬퍼해야 하는 상황인지를 정확히 판단할 만큼 현명하지 못하다. 단지 하나님이 선하시기에 우리에게 주신 모든 것이 선하다고 믿기만 하면 된다. 하나님이 주신 모든 것을 하나님의 눈으로 바라본다면 감사로 흘러넘칠 수 있게 된다.

오늘이 바로 영혼 이삿날

하루는 「피켓 여사의 미셔너리 박스」라는 제목의 소책자를 받아 보았다. 이 책은 평생 모든 것이 불만이었던 한 여인이 다음과 같이 적힌 미셔너리 박스를 받게 되면서 이야기가 시작된다.

"하나님이 주신 모든 축복에 대해 어떻게 보답할까요?"

감사의 힘을 믿는 작은 꼬마 아가씨, 바로 이 여인의 조카가 서서 이모를 향해 얘기한다.

"이모가 이제까지 받은 하나님의 위대한 축복이 생각날 때마다 이 상자 안에 1센트씩 넣어보세요."

"하나님이 주신 위대한 축복?"

피켓 여사는 팔짱을 끼고 상자를 훑어보았다.

"그렇게 1센트씩 넣어서 어느 세월에 이 상자를 채우겠어?"

그래서 한번 세어보기로 했다. 분명히 세다 보면 '내가 얼마나 축복받지 못한 인생인지 뻔해지겠지' 하고 생각하고 있었다. '그깟 몇 센트', 이런 생각을 하면서도 힘들었던 시절만 떠오르는 것이었다.

그 상자는 한 주 내내 빈 상자로 남아 있었다. 그녀는 속으로 '저 상자도 안 됐군. 단 1센트도 없이…. 주인을 잘못 만나서 외롭겠구 면' 하고 생각하고 있었다. 그런데 사실 딱히 떠오르는 축복이 없어 상자에 돈을 넣지 않고 있었다. 그러다 날씨 좋은 날 계단에 앉아 상 쾌한 공기를 쐬고 있는데 그녀에게 상자를 갖다 주었던 조카 메리가 왔다. 그녀의 옆에 앉아서 이런저런 얘기를 하다가 그 축복의 1센트 상자를 가지고 만난 사람들, 회의에 가서 들은 얘기를 하기 시작했 다. 약자이고 학대받고 경제적으로 어려움에 부닥친 과부들이 그래 도 감사한 제목을 찾아 동전을 몇 개씩 넣어온 얘기를 해주었다.

그녀는 조카의 얘기에 "쳇, 적어도 나는 나 혼자 밥벌이는 하고 살 수 있어서 누구한테 감사할 것도 없고 간섭받을 일도 없어 좋네!"라 고 혼잣말을 했다. 그런데 조카가 킬킬 웃더니 "이모, 그럼 바로 그게 이모가 생각해낸 이모의 첫 축복이네요"라고 말하는 것이었다. 조카 의 얘기를 들어보니 그럴듯하여 처음으로 상자에 1센트를 넣었다.

그러고도 그 상자는 오랫동안 1센트만 담은 채 세월이 흘러갔다. 상자 옆을 지날 때마다 상자를 흔들어보곤 했는데, 그때마다 며칠을 혼자서 지낸 1센트짜리 동전 하나가 요란한 소리를 내고 있었다. 그 소리를 들으니 메리가 얘기해준 과부들이 떠오르면서 그들에 비하면 편한 생활을 누리고 있다는 생각이 갑자기 들었다. 당연하게 여겼던 삶이 축복으로 다시 비쳤다. 그래서 1센트를 하나 더 넣었다.

얼마 후에 조카 메리는 다시 찾아와서 중국에 관해 이야기하며 중국에서 가난으로 힘들어하는 사람들에 대해서 이야기를 해주었다. 메리의 이야기를 듣고 있자니 중국에 살고 있지 않은 것이 다행이다 싶었다. 그래서 상자에 1센트를 하나 더 넣었다. 그러던 중 하루는 상자를 열고 자기가 넣은 동전들을 바라보고 있었다.

그때 조카 메리가 들어오면서 말했다.

"이모, 이모가 누리는 행복이 생각날 때마다 1센트씩 넣으라고 했는데요⋯."

"아, 그래. 하지만 그게 하나님의 축복과 무슨 상관이란 말이냐?"

그러자 메리는 다음과 같이 말했다.

"그게 하나님이 주신 것이 아니면 누가 준 거예요?"

그러면서 그때 메리가 열심히 읽고 있던 책에 있는 시 한 구절을 읊조리는 것이었다.

"하나님이 주신 축복만이 진정한 축복이라네. 이 세상의 모든 축복은 하나님에게서 온 것이라네."

조카의 말에 상자에 1센트짜리 동전 하나를 더 넣었다. 그러자 조카가 중얼거리던 그 구절이 계속해서 귓가를 맴도는 것이었다. 그러면서 이전에는 하나님이 주신 축복이라고 생각하지 못했던 많은 일이 머릿속에서 폭죽 터지듯 떠오르는 것이었다. 생각이 떠오를 때마다 전에 느끼지 못했던 감사가 함께 밀려왔고, 기쁜 마음으로 상자에 1센트씩 채워나갔다. 상자를 볼 때마다 메리의 말이 주는 의미를 생각했다. 보호소에서 고생하는 홀로된 과부들이나 싱글맘들이 떠오를 때마다 자기 삶에 대한 고마움과 평화로움은 그녀로 하여금 상자에 1센트씩 넣게 하였다. 지금도 가끔 그 상자를 지나칠 때마다 들어서 흔들어보곤 한다. 지금은 이전처럼 1센트짜리 동전 하나가 내던 요란한 소리 대신 묵직한 동전 다발이 느껴진다.

여기 한 편의 시가 있다. 내가 '축복의 시'라고 부르는, 바로 시편 103편이다. 시편 103편은 주님이 우리에게 내려주시는 축복을 얘기해주고 절대 잊지 말라고 한다. "내 영혼아 여호와를 송축하라. 내 속에 있는 것들아 다 그의 거룩한 이름을 송축하라"(시 103:1). 조카 메리는 이모에게 바로 이 시 구절의 의미를 가르쳐준 것이다. 평생 하나님이 주신 은혜를 알지 못하고 지내다가 이제야 조카가 가져다준 상자와 얘기 보따리로 감사하지 못하고 지냈던 은혜들을 기억해내기 시작한 것이다.

우리는 우리가 받은 은혜들을 기억할까? 지난 세월 동안 우리가 받은 축복에 대해 감사를 느낄 때마다 1센트짜리 동전으로 상자를 채웠다면, 지금 그 상자에는 동전이 몇 개정도 들어 있을까?

교회 모임을 할 때마다 우리가 부르던 감사의 찬양이 생각난다. "네 축복을 기억하라. 하나씩 떠올릴 때마다 주께서 우리에게 부어주신 은혜의 물결로 놀라도다"라는 구절을 소리 높여 열심히 불렀다. 하지만 우리 중에 얼마나 많은 사람이 마음 깊은 곳에서 하나님에 대한 진심어린 감사를 느낄까? 아마 많지 않을 거라 생각한다.

문제는 하나님이 주신 선물이 가끔은 투박한 포장지로 되어 있어서 받기도 전에 실망할 때가 있다. 아니면 선물을 전달해주는 메신저가 우리 눈에 우리의 적으로 보이기도 해서 집안에 발도 들여 놓지 못하게 할 때도 있다. 하지만 우리의 이런 어리석음 때문에 우리는 우리가 상상할 수도 없는 큰 축복의 선물을 일언지하에 놓치기도 한다.

우리는 감사를 통해서 하나님의 나라에 들어갈 수 있다. 찬양으로 하나님의 성전에 들어갈 수 있다. 무엇보다도 나는 감사의 제사를 드리는 것이 하나님의 나라에 들어가는 문을 여는 가장 중요한 열쇠라고 확신한다. 마음이 춥고 삭막하고 낙담해 있을 때 하나님께 감사와 찬양의 기도를 하라. 하나님이 우리에게 주신 축복과 은혜의 사건들을 끄집어내어 자신에게 상기시켜보라. 그리고 그때마다 감사를 함께 드리라. 당신의 영혼이 다시 살아나는 것을 느낄 것이다. 마음이 다시 따스해지는 것을 느낄 것이다.

감사가 하나님의 성전에 들어가는 문을 여는 열쇠라면 불만은 그 문을 닫는 역할을 한다. 유다서에 보면 선지자 에녹의 다음과 같은 염려가 인용되어 있다. "이는 뭇 사람을 심판하사 모든 경건하지 않은 자가 경건하지 않게 행한 모든 경건하지 않은 일과 또 경건하지 않은 죄인들이 주를 거슬러 한 모든 완악한 말로 말미암아 그들을 정죄하려 하심이라 하였느니라"(유 1:15).

원망하고 불만을 토하는 자는 하나님께 그 화살을 향하는 자이다. 마지막 날에 하나님의 영광이 아닌 하나님의 심판이 그들에게 나타나게 된다. 지면만 허락한다면 하나님께 드리는 감사와 찬양에 대한 모든 구절을 여기에 망라하고 싶을 정도로 감사와 찬양에 대한 구절은 성경에 수도 없이 많다. 그럼에도 우리는 감사를 게을리한다. 시편의 마지막 일곱 편을 읽어보라. 시편 기자는 이 마지막 일곱 편에서 우리가 감사해야 할 모든 것을 총망라하고 있다. 여기에 열거된 축복들은 개인으로서 누리는 축복이기보다는 하나님이 인간에게 주시는 다반사의 축복들이 담겨 있다. 우리가 당연시하는 축복들, 그래서 더 감사를 소홀히 하는 축복들을 잘 열거해 놓고 있다.

시편 기자는 축복을 소중히 여길 줄 알았기에 축복들을 하나하나 불러가며 감사드려야 한다고 생각했다. 당신도 이렇게 해보라. 그러면 하나님이 우리를 위해 하신 일에 경외를 표현하게 될 것이다. "호흡이 있는 자마다 여호와를 찬양할지어다. 할렐루야"(시 150:6). 이 구절은 사도 요한이 예언한 것과 연결이 된다. "내가 또 들으니 하늘 위에와 땅 위에와 땅 아래와 바다 위에와 또 그 가운데 모든 피조물이 이르되 보좌에 앉으신 이와 어린 양에게 찬송과 존귀와 영광과 권능을 세세토록 돌릴지어다 하니"(계 5:13). 온 우주가 하나님을 찬양할 날이 올 것이다. 그날을 위해 바로 지금이 우리의 감사와 찬양을 올려야 할 때이다.

하루는 원망과 불평투성이였던 사람이 주변 사람들이 깜짝 놀랄 정도로 밝고 행복하고 감사로 가득 찬 사람으로 변한 이야기를 들은 적이 있다. 이 사람의 변화를 한동안 지켜보다가 이 변화가 하루 이틀 잠깐 일어난 것이 아니라 뭔가 근본적인 변화임을 확신한 친구들은 어떻게 하루아침에 변할 수 있었느냐고 물었다.

그 사람은 이렇게 대답했다. "이사를 했어. 전에는 '불평동'에 살고 있었는데, 이제는 '감사광역시'로 집을 옮겼지. 그러니까 내가 얼마나 엄청난 축복을 누리며 살고 있는지 보이기 시작하더군. 나는 이제 늘 행복해!"

자, 우리도 우리 영혼의 집을 이사해보는 것은 어떨까?

껍데기 신앙에서
벗어나라

하나님이 미리 아신 자들을 또한 그 아들의 형상을 본받게 하기 위하여
미리 정하셨으니 이는 그로 많은 형제 중에서 맏아들이 되게 하려 하심이니라.
또 미리 정하신 그들을 또한 부르시고 부르신 그들을 또한 의롭다 하시고
의롭다 하신 그들을 또한 영화롭게 하셨느니라. 롬 8:29-30

————————— 하나님이 우리를 창조하신 궁극적인 목적은 우리가
예수님의 형상을 닮도록 하기 위함이다. 예수 그리스도는 많은 형제
중에서 맏아들이 되셨고, 그의 형제들은 예수 그리스도처럼 되었다.
우리 삶의 모든 훈련은 바로 이 목표를 위한 것이다. 하나님은 우리
개개인의 마음에 인간이 추구하는 최상의, 최고의 그리스도를 닮고
자 하는 소망을 심어 놓으셨다.

예수 그리스도의 모습은 인생을 마감할 때 우리가 닮았으면 하는
모습이다. 우리는 예수님의 형상을 닮도록 태초부터 운명 지어졌다.
예수님의 경건한 성품에 동참하여 예수님의 성령으로 충만해지고,
예수님의 부활의 삶을 살며, 예수님이 지나온 길을 걷도록 하셨다.
우리는 예수 그리스도와 하나 된 자들이며, 예수님은 하나님과 하나

된 분이시다. 그러므로 하나님의 영광이 그의 독생자 예수님께 전가되고 예수님과 하나 된 우리에게까지 전해질 수 있다. 하나님의 영광이 예수 그리스도와 함께함으로써 우리 개개인에게 전해지는 것이 하나님이 우리를 만드신 목적이다. 그렇기에 우리는 예수 그리스도의 형상을 닮는 삶을 살아야 한다.

거룩하고
영광스러운 완성

하나님이 인간을 창조하신 목적은 예수님의 형상을 닮아가게 하기 위함이다. 그런데 사실 현재 우리의 모습을 보면 완성품이기보다 아직은 제조과정에 있다. 하나님의 전지전능하신 손이 우리의 모습을 아직 다듬고 계신다. "장래에 어떻게 될지는 아직 나타나지 아니하였으나 그가 나타나시면 우리가 그와 같을 줄을 아는 것은 그의 참모습 그대로 볼 것이기 때문이니"(요일 3:2).

우리가 예수님을 닮아간다는 이 의미심장한 메시지가 창세기에서 시작하여 요한계시록에서 완성된 것을 선포하는 과정을 보는 것은 매우 흥미롭다. "이기는 자는 내 하나님 성전에 기둥이 되게 하리니 그가 결코 다시 나가지 아니하리라. 내가 하나님의 이름과 하나님의 성 곧 하늘에서 내 하나님께로부터 내려오는 새 예루살렘의 이름과 나의 새 이름을 그이 위에 기록하리라"(계 3:12). 성경에서 '이름'은 '성품'을 의미한다. 이 구절에 의하면 우리가 영적 성숙을 이루어 예수님의 형상을 닮는 완성의 단계에 도달하여 하나님이 계획하신 태초의 목적이 마침내 이루어질 것이라고 한다. 우리의 '새 이름'이 기록될 것이라고 한다. 정말 신나는 일이 아닌가?

이 영광스러운 소식을 언어로 어떻게 표현할 수 있을까? 예수님이 하신 기도에 우리가 소망해야 할 우리 인생의 궁극적인 모습이 잘 나타나 있다. "아버지여 아버지께서 내 안에 내가 아버지 안에 있는 것같이 그들도 다 하나가 되어 우리 안에 있게 하사 세상으로 아버지께서 나를 보내신 것을 믿게 하옵소서. 내게 주신 영광을 내가 그들에게 주었사오니 이는 우리가 하나가 된 것같이 그들도 하나가 되게 하려 함이니이다"(요 17:21-22). 이보다 더 완벽한 하나됨이 있을까?

사도 바울도 이 거룩한 완성에 대해 언급했다. 만약 우리가 예수 그리스도와 고난을 함께하면 그와 함께 영광을 누리게 될 것이라고 하였다. "생각하건대 현재의 고난은 장차 우리에게 나타날 영광과 비교할 수 없도다"(롬 8:18). 모든 피조물이 이 영광을 나타내기를 기다린다. 바울은 계속해서 선포한다. "피조물이 고대하는 바는 하나님의 아들들이 나타나는 것이니"(롬 8:19). 마지막으로 그는 "그뿐 아니라 또한 우리 곧 성령의 처음 익은 열매를 받은 우리까지도 속으로 탄식하여 양자될 것 곧 우리 몸의 속량을 기다리느니라"(롬 8:23)고 강조한다.

그 경지에 도달하기까지의 과정이 아무리 고단하더라도 영광스러운 완성의 순간을 생각하면 기꺼이 즐거운 마음으로 견딜 수 있지 않을까? 또한 모든 피조물이 그리스도의 형상을 닮아가도록 하는 데 하나님의 가장 열렬하고 열성적인 일꾼이 되어야 하지 않을까? 하나님은 실로 전지전능하신 설계자이자 건축가시다. 그럼에도 우리의 인격과 성품이 하나님이 설계하신 그 청사진에 맞추어 동참하기를 원하신다.

우리 인생은 어떤 건축물을 세울지 결정하는 중요한 순간이다. 그 세우는 방법도 각자 다르다. 어떤 이는 금으로, 은으로, 혹은 귀중한 돌로, 또는 나무나 풀이나 짚으로 짓기도 한다. 하지만 우리는 모든 사람의 행위는 명백히 드러난다는 엄숙한 주의를 받는다. "그날이 공적을 밝히리니 이는 불로 나타내고"(고전 3:13). 이 마지막 날의 공적이 드러남을 피할 수 있는 사람은 아무도 없다. 그날이 오기 전까지는 우리 모습이 나무나 풀이나 짚으로 지어져 있는 것을 어떻게든 숨길 수 있을지 모르지만, 그날이 오면 우리 각자의 모습은 밝은 불에 의해 드러나게 되어 있다.

성경 전체에서 갈라디아서만큼 강한 메시지도 없는 것 같다. "스스로 속이지 말라. 하나님은 업신여김을 받지 아니하시나니 사람이 무엇으로 심든지 그대로 거두리라. 자기의 육체를 위하여 심는 자는 육체로부터 썩어질 것을 거두고 성령을 위하여 심는 자는 성령으로부터 영생을 거두리라"(갈 6:7-8). 행위의 결과가 우리에게 필연적으로 돌아올 수밖에 없음을 보여준다. 실로 경종을 울리는 구절이 아닐 수 없다. 죄의 대가보다 더 무서운 것은 "뿌린 대로 거둔다"는 자연의 법칙을 우리가 피해 갈 수 없다는 것이다.

우리가 너무나 잘 알고 있는 이야기다. 예수님이 비유로 말씀하셨던 달란트 이야기를 다시 한번 상기해보자. 자기에게 주어진 달란트를 땅에 묻어두었다가 다시 가져온 종에 대한 대우가 부당하게 보일지도 모르겠지만, 그것이 바로 그가 심은 것에 대한 대가이다. "그에게서 그 한 달란트를 빼앗아 열 달란트 가진 자에게 주라. 무릇 있는 자는 받아 풍족하게 되고 없는 자는 그 있는 것까지 빼앗기리라"(마 25:28-29). 아주 단호한 진리이다. 피할 수 없는 자연의 이치처럼 인생도 우리가 노력한 대로 그 열매 맺는다는 것을 극명하게 보여주는 구절이라고 생각한다.

거하고 속함이
생명이다

하나님의 일에 동참하는 일꾼이 된다는 것은 하나님이 주시는 재료만으로 건축하는 것을 의미하지 않는다. 하나님이 계획하신 과정을 함께 밟는 것을 의미한다. 우리가 생각하는 노력이란 대개 이마에 땀이 맺히도록 열심히 일하는 것만을 떠올리기 마련인데 하나님이 생각하시는 열심은 다르다. 사도 바울은 그 답을 알고 있었다. "우리가 다 수건을 벗은 얼굴로 거울을 보는 것같이 주의 영광을 보매 그와 같은 형상으로 변화하여 영광에서 영광에 이르니 곧 주의 영으로 말미암음이니라"(고후 3:18). 이 말씀은 우리가 세상의 눈으로 사물을 바라보는 것이 아니라 하늘나라의 관점에서 바라보아야 함을 의미한다. 하나님의 영적인 눈으로 하나님의 영광을 바라보고 소망해야 한다. 진정한 하나님의 영광은 겉으로 보이는 화려함이나 광채 같은 것이 아니라 하나님 그 자체로 하나님이 역사하시는 그 일들, 하나님이 우리 그리스도인들을 통해 궁극적으로 지으시려고 하는 우리 각자의 형상에 있는 것이다. 그것이 바로 우리가 소망해야 하는 목적이다.

예를 들어 누가 내 기분을 몹시 상하게 했다고 하자. 그럼 화를 내며 똑같이 갚아주겠다고 마음먹게 된다. 하지만 잠시 안정을 취하고 '예수님이라면 이 상황에서 어떻게 하셨을까' 하고 생각해보자. 또 자신을 박해하던 자들에게 보이셨던 관대함, 부드러움, 사랑 등을 떠올리며 "아, 나도 예수님의 성품에 동참하고 싶어요"라고 믿음의 기도를 해보자. 그러면 거짓말같이 복수의 생각이 서서히 사라질 것이다. 그러면 어느새 나를 화나게 했던 사람을 사랑하게 되고 도와주고 싶다는 생각을 하게 된다. 바로 이렇게 예수 그리스도를 바라볼 때 예수님과 같은 형상으로 바뀌어갈 수 있다. 예수님의 형상과 성품에 가까이가면 갈수록 그 변화 속도도 빨라지게 된다.

과학에서 사용되는 '포물면 거울'(parabolic mirror)이라는 것이 있다. 이 포물면 거울은 오목한 접시 안쪽에 거울을 빼곡히 붙여놓아 여러 각도에서 들어오는 다양한 강도의 빛을 받아들일 수 있다고 한다. 그리고 접시의 다양한 위치에 붙어 있는 거울에서 반사된 빛이 하나로 집결되는 구심점에 가까워질수록 빛의 에너지가 점점 더 커진다고 한다. 이렇게 태양의 다양한 광선을 서로 다른 강도와 각도로 받아들인 빛이 다시 한 점으로 만나는 이 부분에서 밝기가 크게 증폭되는데, 인간의 육안으로 볼 수 없었던 사물까지도 볼 수 있을 정도라고 한다. 그 빛의 힘은 대단해서 우리의 살갗을 투명하게 들여다볼 수 있을 정도로 피부에 대면 그 안에 있는 장기들의 움직임까지도 볼 수 있다고 한다.

그 밝기만 대단한 것이 아니라 응집된 열의 힘도 매우 커서 철을 16초 안에 녹이고, 합금 된 금을 14초 안에 분리시켜 금속만 남게 한다고 한다. 또한 이 포물면 거울에 모인 에너지는 촬영의 속성이 있어서 이 거울에 1초만 비추어도 어떤 사물에 지워지지 않는 사진 같은 이미지를 남겨 놓는다고 한다. 이게 다가 아니다. 이 광선들이 구심점에 가까워질수록 빛들이 만들어내는 자성의 힘도 대단하여 빛에 아주 잠깐 노출된 어떤 물건도 바로 강력한 자성을 띄게 되어 자석으로 이용될 수 있을 정도라고 한다.

이 사실에 관한 과학적인 타당성의 논의는 뒤로하고, 나는 여기서 우리의 영혼도 이렇게 발전해 나갈 수 있다는 통찰력을 얻게 되었다. 우리가 하나님의 영광을 바라며 예수님의 성품을 닮기 위해 한 걸음 한 걸음 나아가다 보면 그 힘은 정말 폭발적인 영광이 되지 않을까 하는 것이다.

첫째, 하나님의 영광의 거울에 비친 빛으로 우리를 보면 우리의 죄성과 필요가 드러나게 될 것이다. "예수께서 또 말씀하여 이르시되 나는 세상의 빛이니 나를 따르는 자는 어둠에 다니지 아니하고 생명의 빛을 얻으리라"(요 8:12).

둘째, 우리가 이 빛에 더 가까이 갈수록, 그 열의 집결점에 다다르게 될수록 우리의 불순물과 타락한 허영들은 불타 없어지게 될 것이다. "그가 은을 연단하여 깨끗하게 하는 자같이 앉아서 레위 자손을 깨끗하게 하되 금, 은같이 그들을 연단하리니 그들이 공의로운 제물을 나 여호와께 바칠 것이라"(말 3:3).

셋째, 우리가 이 생명의 빛에 더욱 가까이 감으로써 우리 영혼에 영원히 지워지지 않을 하나님의 형상을 새기게 될 것이다. 왜냐하면 우리는 주를 닮아 만들어졌고 주의 모습 그대로를 보게 될 것이기 때문이다. "그가 나타나시면 우리가 그와 같을 줄을 아는 것은 그의 참모습 그대로 볼 것이기 때문이니"(요일 3:2).

마지막으로, 우리가 구심점에 이르러 하나가 되면 자성을 띠게 되어 우리를 보는 다른 사람들을 하나님과 천국으로 끌어들이는 예수님의 모습을 하고 있게 될 것이다.

예수 그리스도의 모습을 닮고 싶다면 예수님이 살아오신 모습에 좀 더 가까워지도록 노력해야 한다. 예수님의 성품을 닮기 위해 노력하고 예수님이 가신 길을 밝히기 위해 노력해야 한다. 예수님의 눈으로 세상을 바라보아야 하고 예수님의 기준으로 생각하고 판단하려고 노력해야 한다.

이렇게 예수님의 형상과 하나가 되기 위한 것은 노력이나 수고로 되는 것이 아니다. 그것은 오히려 동화의 과정이다. 자연의 법칙에 의하면 우리는 어울리고 교제하는 주위 환경에 동화된다. 그 안에서 강하고 힘 있는 존재가 세력을 발휘하게 된다. 하늘의 법칙도 자연의 이치와 같다. 우리가 하나님 나라의 이치와 가르침에 맞게 행동하고 천상의 세계를 소망하는 눈으로 산다면 우리는 영의 힘으로 예수님과 하나 됨을 이루게 되고 예수님의 방법에 따라 영향을 받게 된다.

다시 말해 예수님과 하나 되는 과정은 고군분투한다고 성취되는 것이 아니다. 예수님은 오직 우리의 믿음으로 우리 안에 거하시는 분이다. 다른 방법으로는 우리 마음에 모실 수가 없다. 바울은 "내가 그리스도와 함께 십자가에 못 박혔나니 그런즉 이제는 내가 사는 것이 아니요 오직 내 안에 그리스도께서 사시는 것이라. 이제 내가 육체 가운데 사는 것은 나를 사랑하사 나를 위하여 자기 자신을 버리신 하나님의 아들을 믿는 믿음 안에서 사는 것이라"(갈 2:20)고 고백했다.

"예수님이 내 안에 계신다." 이 얼마나 감사한 비밀인가! 예수님이 내 안에 계신다면 예수님의 삶과 성품이 내 육체를 통해 나타나야 하지 않을까? 그 영광의 영광을 따라 예수님의 형상으로 변화해야 하지 않을까? 예수님이 강조하여 말씀하셨다. "내 안에 거하라. 나도 너희 안에 거하리라. 가지가 포도나무에 붙어 있지 아니하면 스스로 열매를 맺을 수 없음 같이 너희도 내 안에 있지 아니하면 그러하리라"(요 15:4). 말씀 그대로다. 우리가 예수님 안에 거하면 우리는 번성하는 포도나무처럼 그 열매를 맺지 않을 수 없다.

하지만 우리 옛사람의 모습으로는 예수님 안에 거할 수가 없다. 우리가 예수님의 형상을 닮아가기 위해서는 옛사람의 모습을 벗어버려야 한다. 바울은 골로새 교인들에게 보내는 편지에서 그들이 행한 일들에 대해 다음과 같이 교훈하고 있다. "너희가 서로 거짓말을 하지 말라. 옛사람과 그 행위를 벗어버리고 새 사람을 입었으니 이는 자기를 창조하신 이의 형상을 따라 지식에까지 새롭게 하심을 입은 자니라"(골 3:9-10).

예수님이 우리 안에 거하시게 하기 위해서는 우리 안에 죄가 없어야 한다. 예수님의 말씀과 뜻에 대치되는 모든 것을 버릴 준비가 되지 않고서는 예수님을 우리 마음에 모실 수가 없다. 우리의 옛사람은 나가고 그 자리에 예수님이 들어오셔서 우리의 빛이 되셔야 한다.

이렇게 옛사람의 모습을 버리고 새사람으로 변화되는 과정은 믿음에 의해서만 가능하다. 각자의 성품, 자아, 의지는 밖으로 던져버리고 그 안에 예수님이 들어오시게 해야 한다. 우리는 죄에 대해서는 죽은 자가 되고 하나님에 대해서는 산 자가 되어야 한다. "이와 같이 너희도 너희 자신을 죄에 대하여는 죽은 자요 그리스도 예수 안에서 하나님께 대하여는 살아 있는 자로 여길지어다"(롬 6:11).

예수 그리스도와 연합하는 데 가장 중요한 요소가 믿음이라는 것을 모르는 사람들에게는 어떤 신비한 힘처럼 들릴 수 있을 것이다. 마치 중력의 법칙이 발견되기 전에 중력의 원리를 설명하면 도무지 이해할 수 없었던 것처럼 말이다. 하지만 믿음은 중력의 힘처럼 절대적으로 어디서나 작용하는 힘을 갖고 있다. 히브리서 11장을 읽어 보면 믿음만큼 절대적인 힘은 없다는 사실을 알 수 있다. 나는 이 믿음이야말로 세상의 움직임을 총괄하는 가장 상위의 법칙이라고 생각한다. 다른 사람에게 기적이라고 보이는 일도 사실은 바로 이 믿음의 법칙이 작용한 결과일 뿐이다.

믿음은 바로 창조의 법칙이다. "믿음으로 모든 세계가 하나님의 말씀으로 지어진 줄을 우리가 아나니 보이는 것은 나타난 것으로 말미암아 된 것이 아니니라"(히 11:3). "그가 말씀하시매 이루어졌으며 명령하시매 견고히 섰도다"(시 33:9)는 말씀을 잘 알고 있지 않는가? 또한 예수님은 우리의 믿음대로 될 것이라고 말씀하셨다. "예수께서 그들에게 대답하여 이르시되 하나님을 믿으라. 내가 진실로 너희에게 이르노니 누구든지 이 산더러 들리어 바다에 던져지라 하며 그 말하는 것이 이루어질 줄 믿고 마음에 의심하지 아니하면 그대로 되리라.

그러므로 내가 너희에게 말하노니 무엇이든지 기도하고 구하는 것은 받은 줄로 믿으라. 그리하면 너희에게 그대로 되리라"(막 11:22-24).

믿음은 없는 것을 있게 하고 있는 것을 없게 한다. 그러므로 우리가 허영과 기만으로 가득 찬 옛사람의 모습을 믿음으로 던져버리고, 의와 진정한 하나님의 영광을 바라는 새사람의 모습을 입었을 때 눈에 보이는 표시나 변화가 없더라도 이 탈바꿈은 믿음에 의해 이루어졌다고 볼 수 있다. 어떤 이론이나 법칙으로 설명할 수는 없지만 자신 있게 주장할 수 있다. 자신을 버리고 하나님께 드린다면 모든 것은 하나님의 뜻과 길에 의지한 영혼 안에서 역사하시고, 그분의 뜻을 이루시며, 그 영혼을 하나님의 기쁘신 뜻을 위하여 쓰신다.

사도 바울은 에베소 교인들을 위하여 "믿음으로 말미암아 그리스도께서 너희 마음에 계시게 하옵시고"(엡 3:17)라고 기도했다. 이것이 바로 예수님의 형상을 닮아가는 근본적인 출발점이 되는 것이다. 예수님이 내 안에 거하시면 내 모습도 예수님을 닮아가야 한다. 불친절하고 초조하고 자기만 알고 정직하지 않은 모습을 갖출 수가 없다. 나의 매일의 삶과 대화에 예수님의 관대하심, 사랑, 동정, 용서 등이 나타나야 한다.

예수님이 오실 때까지 우리가 예수님의 형상으로 완전히 변화되지 않을 수 있다. 한편 우리는 "그의 모습 그대로를 보게 될 것이다." 우리의 모습을 통해 예수님의 모습이 나타나야 한다. 다른 사람들이 우리를 볼 때 예수님의 모습을 조금이라도 엿볼 수 있어야 한다.

나를 바꿀 것인가,
종교를 바꿀 것인가

한 감리교 목사의 아내에게서 들은 이야기다. 새로운 동네로 이사하였는데, 하루는 아들 프랭크가 오후 내내 나가 놀다가 들어와서는 신이 나서 얘기했다.

"엄마, 아주 착하고 상냥한 여자아이를 만나서 신나게 놀았어요. 다시는 다른 동네로 이사하고 싶지 않아요!"

"그래? 참 잘됐구나."

아이의 엄마는 아들이 행복해하는 모습에 같이 기뻐서 물었다.

"그래, 그 친구의 이름은 뭐니?"

그랬더니 아들의 얼굴이 갑자기 진지하게 변하면서 말했다.

"음…. 그 아이의 이름은 예수님인 것 같아요."

"뭐라고?"

매우 놀란 엄마가 물었다.

"그게 무슨 뜻이니?"

그러자 아이는 왜 그렇게 놀라느냐는 표정으로 말했다.

"엄마, 그 아이가 너무 상냥하고 착해서 예수님 외에는 다른 이름으로 불릴 것 같지가 않아요."

우리의 모습은 프랭크가 만난 그 여자아이처럼 예수님의 모습을 보이고 있는가? 아니면 쉽게 화를 내고 다른 사람들을 불편하게 만들어서 오히려 전혀 기독교인 같지 않다는 생각이 들게 하는가?

세상에는 그리스도를 모르는 불신자가 아직도 너무 많다. 그들을 전도하는 방법은 그들이 부인할 수 없는 사실을 보여주는 것이다. 바로 우리 기독교인의 모습이 변화된 것을 그들로 하여금 보게 하는 것이다. 불친절하고 퉁명스러웠던 사람이 친절하고 상냥하게 변했다는 것을, 교만하고 자기밖에 모르던 사람이 겸손하게 변했다는 것을, 걱정에 둘러 있던 사람이 차분하고 침착하게 변했다는 것을 보여주는 것이다. 이런 변화를 가능하게 한 것은 바로 예수 그리스도이셨음을 우리 모습을 통해 알려야 한다.

성실한 업무태도로 대단히 경건하다는 평판 좋은 한 기독교인이 있었다. 그런데 그는 뛰어난 성실함만큼 성품과 언행이 매우 신랄하고 모질어서 경계의 대상이 되는 사람이었다. 어느 날, 이유를 알 수 없지만 그에게 엄청난 변화가 일어난 듯했다. 거친 성격은 온순해지고 독설로 가득했던 그의 말이 아주 부드럽고 친절해지기 시작했다.

그를 알고 지냈던 친구들은 의아하게 생각하여 물었다.

"종교를 바꿨어?"

그의 대답은 이랬다.

"아니, 종교가 나를 바꾸었지."

당신은 종교가 당신을 바꾸게 하고 있는가?

더 이상의
껍데기 신앙은 벗으라

주말마다 교회에 나가는 종교, 규칙적으로 기도모임

을 하는 종교, 봉사활동을 하는 종교 등을 갖는 것은 어렵지 않다. 하지만 이 모든 종교는 매일매일 실천하는 종교와는 다르다. 밖에 나가서는 경건한 사람인 것처럼 다른 사람들에게 잘하면서도 집에 와서는 군림하고 제멋대로 행동하는 것은 진정한 기독교인의 모습이 아니다. 매주 있는 기도모임에서 열렬한 기도로 모임을 이끄는 지도력과 흡인력 있고 사람들에게 권면과 도움을 많이 줘서 교인들의 칭송을 받는 한 가장이 있었다. 그런데 집에만 오면 가족들이 한마디도 꺼내지 못할 정도로 신경질적으로 까다롭게 변해버린다고 한다.

"또 너희는 기도할 때에 외식하는 자와 같이 하지 말라. 그들은 사람에게 보이려고 회당과 큰 거리 어귀에 서서 기도하기를 좋아하느니라. 내가 진실로 너희에게 이르노니 그들은 자기 상을 이미 받았느니라"(마 6:5). 자, "그들은 자기 상을 이미 받았느니라"는 이 말씀이 단호하게 들리지 않는가? 사람에게 보이려고 하는 일은 사람에게 보인다. 그리고 그것으로 끝이다. 하지만 이런 종류의 보이는 행동 속에는 예수님의 형상을 닮은 모습이 하나도 없다. 매일 사소한 일과로 인해 지치지만 기쁜 마음으로 처리하는 것, 인내를 가지고 가족들을 대하는 것, 악에 대해 선으로 대하는 것, 고단한 일과를 사랑과 관용으로 견디어내는 것, 친절함과 인내로 사람들을 대하는 것, 자기 것을 추구하지 않고 자신을 내세우지 않으며, 교만하지 않고 쉽게 성내지 않으며, 악을 생각하지 아니하며, 모든 것을 믿고 소망하며 참는 모습이 예수 그리스도의 모습에 들어맞는 것이다.

우리는 종종 우리의 종교적인 의무를 교회에서 봉사하고 묵상의 시간을 갖고 선교나 사회 봉사활동을 하는 것이라고 믿는다. 하지만 그보다 훨씬 더 종교적인, 기독교적인 의무는 바로 매일매일 예수님을 닮아가는 삶을 실천하는 것이다.

바리새인과 율법학자들이 추구하던 의는 말과 교리와 의식들로 나타났다. 다른 사람들이 보기에 이런 행동은 대단한 의로 비치기도 했다. 하지만 이런 행동은 그저 보이기 위한 행동에 지나지 않았기에 예수님은 이런 외식적인 행동을 강력하게 비난하셨다. "화 있을진저 외식하는 서기관들과 바리새인들이여 회칠한 무덤 같으니 겉으로는 아름답게 보이나 그 안에는 죽은 사람의 뼈와 모든 더러운 것이 가득하도다. 이와 같이 너희도 겉으로는 사람에게 옳게 보이되 안으로는 외식과 불법이 가득하도다"(마 23:27-28).

하나님을 찬양하고 하나님의 자녀로 살아가는 것이 어떤 것인지를 입술로 말하기는 참 쉽다. 하지만 우리가 말하는 것을 그대로 실천하며 살아가는 것은 차원이 다른 얘기이다.

한 주일학교 교사가 있었다. 그녀는 시련을 겪을 때 하나님을 절대적으로 신뢰해야 한다며 열의를 가지고 가르쳐서 주위로부터 매우 좋은 평판을 받고 있었다. 그런데 갑자기 그녀의 인생에 예상치 못한 어려움이 생겼다. 그녀를 위로하기 위해 그녀의 집을 방문한 주일학교의 동료교사와 학생들은 시련을 만난 그녀의 모습을 보고 놀라움과 실망감을 안고 집으로 돌아왔다. 평소에 그렇게 하나님의 사랑과 신뢰에 대해 뜨겁게 외치던 그녀가 자신의 시련 앞에서는 신경질적이고 원망으로 가득 차서 걱정과 불평으로 아무 데도 의지할 곳이 없다는 듯 행동하고 말하는 것이었다. 그녀의 이런 모습 때문에 아이들에게 심어준 것들이 다 물거품이 되어버렸다.

그녀의 집을 떠나올 때 그녀를 주의 깊게 지켜보던 한 학생이 나에게 이렇게 얘기하는 것이었다. "저 선생님이 우리가 모든 일에서 하나님을 의존할 수 있다고 했을 때 전 그게 정말 사실일까 생각했어요. 이제는 그게 다 바보 같은 말인 것 같아요. 보세요. 그게 사실이라면 선생님이 왜 저렇게 절망만 하고 계시겠어요?"

일부 기독교인은 성경에서 말하는 열매를 대외적인 종교적 활동, 기도회 모임 인도, 빈민구호활동 참여, 자선사업과 관련된 일에 종사하는 것으로 생각할지 모르겠다. 사실 성경에는 이런 활동을 열매라고 한 기록은 전혀 없다. 반대로 성경은 성령의 열매를 사랑, 기쁨, 평강, 인내, 관용, 선함, 믿음, 친절함, 절제 등이라고 한다. 예수님을 닮은 성품을 갖는 것이야말로 예수님이 내 안에 거하신 열매이다. 이 외에 다른 것들은 이런 성품의 결과이다. 그렇기에 가장 중요하고 첫 번째로 우선시되어야 하는 것은 성품이다. 나머지는 부속품이든지, 아니면 과정일 수도 있다.

예수 그리스도를 닮아가기 위해서는 예수님이 지니셨던 거룩한 성품에 동참해야 한다. 우리의 기호, 소망, 목적은 모두 예수님의 기호와 소망과 목적에 일치되어야 한다. 예수님의 눈을 따라, 예수님의 관점에 맞춰 사물과 사람을 바라보아야 한다. 이것은 필연적인 법칙이다. 예수님을 닮은 거룩한 성품이 우리 안에 있으니 합당한 열매가 맺어지는 것이 아닐까? 또한 누군가가 큰소리를 친다 한들 그 사람에게 합당한 열매가 맺어지지 않는다면, 그 사람을 예수님을 닮은 사람이라고 할 수 있을까?

그래도 여전히 이렇게 묻는 사람들이 있다. "우리가 예수님의 거룩한 성품에 동참하고, 의로워지기 위한 노력을 중단하며, 단순한 믿음으로 예수님을 내 안에 모시고, 그의 의지와 뜻이 하나님의 즐거움을 위해 역사 되게 하기만 한다면, 정말 하나님이 그렇게 한다는 말인가요?"

나의 대답은 간단명료하게 "네"이다. 그것밖에 없다. 우리를 완전히 주께 의탁하면 주님은 내 안에 거하신다. 우리 인생이 주님 자체가 되는 것이다. 우리의 모든 삶을 주님께 내려놓아야 한다. 우리의 생각, 말, 앉고 일어섬, 그 모든 것을 그분 앞에 매일매일 의탁해야 한다. 믿음으로 자신을 버려야 한다. 그리고 예수님의 품 안으로 들어가 그분 안에 거해야 한다. 믿음으로 옛사람의 모습을 버리고 새사람을 입어야 한다. 믿음으로 우리는 죄에 대해 죽은 자이며 하나님 앞에 산 자라고 생각해야 한다.

자신의 노력과 지혜에 의존하지 말고 주님의 뜻과 목적이 우리 안에 이루어지도록 해야 한다. 우리 안에 주님이 거하신다는 것은 많은 진실 중의 하나가 아니라 바로 주님 그 자체이다. 사랑이시고 살아계신 영광의 예수 그리스도께서 우리를 거하실 거처로 삼으시고, 우리를 인도하고 이끄시면 모든 것을 그분의 뜻 앞에 무릎 꿇게 하실 것이다. "그런즉 누구든지 그리스도 안에 있으면 새로운 피조물이라. 이전 것은 지나갔으니 보라. 새 것이 되었도다"(고후 5:17). 이와 관련해서 예수님이 말씀하셨다. "그러므로 하늘에 계신 너희 아버지의 온전하심과 같이 너희도 온전하라"(마 5:48). 이 말씀은 예수님의 형상을 닮아가는 것이 태초부터 우리에게 예정된 운명이라고 말씀하고 계신 것이다.

우리를 위한 목적은 우리 노력에 의해서가 아니라 우리 안에서 일하시는 하나님에 의해서만 이루어질 수 있다. 어떤 기독교인들에게는 우리가 예수님의 모습과는 너무 동떨어진 모습으로 살고 있어서 우리의 변화가 묘연할 것으로 느껴질 수도 있다. 하지만 기억하라. 주님은 아직 일하고 계신다. 창세기에서 시작한 일이 요한계시록에 나와 있듯이 완성되는 날이 올 것이다. 나와 당신을 포함한 전 피조물이 부패와 불의의 고리를 끊고 하나님의 자녀로 영광스러운 자유의 세계로 들어가는 날이 올 것이다.

"피조물이 다 이제까지 함께 탄식하며 함께 고통을 겪고 있는 것을 우리가 아느니라. 그뿐 아니라 또한 우리 곧 성령의 처음 익은 열매를 받은 우리까지도 속으로 탄식하여 양자 될 것 곧 우리 몸의 속량을 기다리느니라"(롬 8:22-23).

하나님 한 분만으로
충분하다

나의 영혼아 잠잠히 하나님만 바라라. 무릇 나의 소망이
그로부터 나오는도다. 오직 그만이 나의 반석이시요 나의 구원이시요
나의 요새이시니 내가 흔들리지 아니하리로다. 나의 구원과 영광이
하나님께 있음이여 내 힘의 반석과 피난처도 하나님께 있도다. 시 62:5-7

————————— 우리가 모두 배워야 하는 궁극적인 교훈은 하나님 한
분만이 모든 필요에 충분하신 분이라는 사실이다. 이것은 하나님이
우리를 다루실 때 가르치고 싶어 하는 매우 중요한 교훈 중의 하나이
다. 이것은 우리의 모든 신앙생활에서 최고의 발견이다. 하나님은 충
분하신 분이다.

우리는 예수 그리스도 안에서 우리에게 계시된 하나님의 방법과
성품의 여러 면을 이 책을 통해서 생각해보았다. 또한 하나님 안에
거하는 우리의 충만함을 가로막는 몇몇 실수도 함께 생각해왔다. 결
론적으로 나는 무엇이 문제인지를 당신에게 말하고 싶다.

만일 하나님이 참으로 나의 위로되신 하나님이라면, 목자라면,
아버지라면, 즉 그분의 성품과 행하시는 일이 모두 사실이라면 하나

님은 우리의 모든 필요에 충분하신 분이다. 그리하여 우리는 영원히, 그리고 확실히 그분 안에서 안전한 쉼을 누릴 수 있다.

대부분의 기독교인들은 자신이 생각하는 것보다 훨씬 더 많은 찬양을 한다. 다음은 우리에게 친숙한 찬송 중 하나이다.

오! 내 모든 소망이신 주님
나의 모든 소망이 당신 안에 풍성히 있네.

하지만 이 찬양 가사가 우리가 살아왔던 실생활을 그대로 표현하고 있다고 말할 수 있는지는 의심스럽다. 예수님은 우리의 모든 소망이 아니셨다. 우리는 그분 주위에 있는 많은 좋은 것을 원했다. 우리는 예수님에 대한 강렬한 느낌, 예수님의 존재에 대한 깨달음, 그분의 사랑에 대한 내적인 확신, 잘 정리된 체계적인 교리, 성공적인 그리스도인의 삶, 그리고 예수님에 대한 개인적인 생각을 체계화시킬 수 있는 어떤 다른 것들을 원해왔다. 우리가 부르는 찬양과는 달리 예수님 한 분만으로는 우리에게 충분하지 않았다. 심지어 우리는 어떻게 예수님이 우리의 충분함이 될 수 있는지조차도 알지 못했다.

이와 관련해서 시편 기자는 이렇게 노래했다. "나의 영혼아 잠잠히 하나님만 바라라. 무릇 나의 소망이 그로부터 나오는도다." 하지만 요즘의 그리스도인들은 "나의 영혼아 잠잠히 안전한 교리만 바라라. 무릇 나의 소망이 그것들로 좇아 나오는도다", 또는 "나의 영혼아 잠잠히 멋진 계획이나 감정만 바라라. 좋은 직업만 바라라. 열정적인 기도만 바라라. 성실한 노력만 바라라. 무릇 나의 소망이 이들로부터 좋아 나오는도다"라고 말한다.

이들에게 있어서 하나님만 바라는 것은 그들을 가장 불안하게 만드는 요인 중 하나로 보이며, 하나님 한 분만을 그들이 소망으로 삼는 것은 모래 위에 집을 짓는 것처럼 보인다. 그들은 모든 면에서 그들이 의존할 수 있는 무언가를 잡으려고 노력한다. 그리고 모든 것이 실패하고 나서야 하나님 한 분께만 신뢰를 보낸다.

하나님이 아닌 다른 것을 의지하길 포기할 때까지, 또는 하나님 한 분만을 의지할 때까지 우리는 진정한 안식을 느끼지 못한다. 세상의 다른 것들이 우리의 소망이 되는 한 우리에게는 실망만 있을 뿐이다. 감정은 변화하는 환경에 따라 바뀔 것이다. 교리나 신조조차도 바뀔 수 있다. 그리스도인으로서 하는 일이 무가치해질 수도 있다. 기도의 열정을 잃어버릴 수도 있다. 모든 약속이 실패한 것처럼 보일 수도 있다. 우리가 믿고 의지했던 모든 게 다 쓸려 내려간 것처럼 보일 수도 있다. 하지만 이런 일이 있고 나면 바로 그 하나님, 있는 그대로의 하나님만이 남게 된다. 나는 그제야 '오직 하나님'만이 남게 된다고 말하고 싶은 것이다.

약속보다
더 중요한 것

우리는 때때로 "만일 나의 상황에 꼭 맞는 약속을 발견만 한다면 편히 쉴 수 있을 텐데"라고 말한다. 하지만 그 약속에 우리의 모든 것을 맡기면 완전히 실패할 수도 있다. 그렇지만 그 약속보다 더 큰 우리의 하나님은 절대 변하거나 실패하시지 않는 분이다. 어머니로부터 어떤 상을 받기 위해서 아이들에게 필요한 것은 어머니의 약속이 아니라 어머니 자신이다. 왜냐하면 어머니 한 분만으로 충분하기 때문이다. 어머니는 수천 마디의 약속보다 더 좋기 때문이다.

우리가 최상의 이념으로 생각하는 사랑, 또는 우정에는 약속이 등장하지 않는다. 한쪽이 하나님께서 하신 것처럼 약속을 원할지 모르지만 다른 한쪽에서는 그것이 필요 없다. 사랑하는 사람이나 친구들은 그들의 약속보다 더 중요하다. 불완전한 세상에서의 모든 약속은 하나님의 말씀으로 깨끗이 지워버리고 오직 충만하신 하나님 한 분만 남아야 한다. 다시 한번 강조하지만 우리의 계획, 감정, 경험, 선한 일, 건전한 교리, 또는 내외부적인 어떤 다른 것들이 어쩌하든지 간에 어떠한 첨가도 하지 않은 채 "오직 하나님! 하나님 자신!"만이 있어야 한다. "오직 그만이 나의 반석이시요 나의 구원이시요 나의 요새이시니 내가 크게 흔들리지 아니하리로다"(시 62:2).

하나님은 우리가 당신 안에서만 기쁨을 누리게 하시려고 다른 곳에서는 기쁨을 누리지 못하게 종종 막으신다. 하나님은 항상 우리를 이렇게 다루신다. 하나님이 우리에게 베풀어주신 약속과 계시를 통해서 기쁨을 누리고, 우리가 깨달았던 경험을 통해 기쁨을 누리는 것은 매우 좋은 일이다. 하지만 어떤 약속이나 계시, 그리고 경험 없이도 약정자이신 하나님, 그분을 즐거워한다면 이것은 그리스도인에게 있어서 최고의 순간이 될 것이다. 이것이야말로 우리가 어떤 방해도 없이 모든 것을 이해하는 유일한 평화의 장소이다.

내가 말하고 싶은 것을 설명하는 것은 참 어려운 일이다. 우리는 자신을 이 모든 영적생활의 부속물로 생각하는 데 너무 익숙해져 있다. 하나님이 우리를 사랑하고 돌보신다는 사실을 우리 안에서 발견하지 않고서는 하나님이 우리에게 어떠한 존재라는 것을 알 수 없다. 하나님 안에서 우리를 발견한다고 이야기할 때 이것은 일반적으로 하나님에 대한 우리의 감정과 관점을 발견하는 것을 의미한다. 예를 들어 만일 하나님을 향한 우리의 사랑이 성장하고 있다는 것을 느낀다면 우리는 진심으로 하나님은 모든 것에 충분하신 분이라고 말할 수 있다. 하지만 그 사랑이 더는 성장하지 않는다면 조만간 우리는 더 이상 하나님 안에서 우리를 발견할 수 없다고 느낄 것이다. 사실 우리를 만족하게 하는 것은 하나님이 아니라 하나님에 대한 우리의 감정이다. 하지만 우리는 이 사실에 대해 자각하지 못하고 있다. 그리고 우리가 자라나지 않는다고 느낄 때마다 스스로 하나님은 실패했다고 생각하며 어둠에 던져졌다고 생각하게 된다.

물론 이것은 어리석은 생각이다. 하지만 대부분은 이것이 얼마나 어리석은 생각인지를 모른다는 것 또한 일반적인 사실이다. 이 사실을 더욱 명확하게 이해하는 데 도움이 되도록 하나의 예를 들어보자.

한 남자가 있었다. 이 사람은 고소를 당하여 재판관 앞에 서 있다. 재판관을 향한 이 남자의 자기 자신에 대한 감정과 범죄자를 향한 이 판사의 감정 중 어느 것이 이 범죄자에게 더 중요하겠는가? 이 범죄자는 자신이 어떤 감정을 가졌는지를 생각하며 시간을 보내거나, 또는 재판관이 자신을 호의적으로 보는지 어떤지를 알기 위해 노력하며 시간을 보내겠는가? 아니면 그 재판관이 호의적인지 아닌지보다 그의 말과 눈빛으로부터 무엇인가를 알아내기 위해 노력하면서 그 재판관을 쳐다보겠는가? 물론 우리는 그 남자의 감정은 하나도 중요하지 않고 오직 재판관의 견해와 의견만이 중요하다고 즉시 말할 것이다. 물론 이 범죄자는 세상에서의 많은 경험이 있다. 하지만 이것은 하나도 중요하지 않다. 오직 재판관에게 모든 것이 달려 있을 뿐이다.

이것을 우리는 자명한 사실이라고 부른다. 같은 방법으로 만일 우리가 세상에서 배운 우리의 상식을 사용해 어떤 일을 한다면, 하나님과 우리와의 관계에서 가장 중요한 것이 하나님을 향한 우리의 감정이 아니라 우리를 향한 하나님의 감정이라는 사실을 알 수 없을 것이다. 만일 그 범죄자가 무엇인가를 알아내기 원한다면, 그는 자기의 모든 필요한 것을 재판관을 통해서 알아내야만 한다. 사람이 충분함을 느끼는 것은 자기 자신에 기인하지 않고 자신의 운명을 결정짓는 자에 의해 놓여야 한다. 사도들은 우리 크리스천의 충분함은 우리 자신 때문이 아니라 하나님 때문이라고 말한다.

그 무엇보다
충분하신 하나님

내가 말하고 싶은 것은 하나님은 충분하신 분이라는 사실이다. 하나님의 존재와 성품 때문에 우리는 우리가 바라는 모든 것을 그분 안에서 발견할 수 있다. 하나님은 우리가 가진 모든 의문과 필요를 향한 부르짖음의 응답이시다. 만일 우리를 구원하기로 작정하신 분에게 어떤 부족함이 있다면 우리가 그 부족함을 메울 길은 없다. 하지만 하나님은 그분 스스로 충분하신 분이며 그분 자체로 충분하신 분이다.

내 의도가 당신에게 명확하게 전달되었기를 바란다. 내가 말하고자 하는 것이 모든 그리스도인의 삶에서 불안과 근심으로부터 영원한 구원에 이르는 비밀이라고 믿기 때문이다. 당신의 불안과 근심은 당신 자신 안에서 만족할 만한 확신의 기반을 찾으려는 굽히지 않는 노력에서 비롯된다. 하지만 이것은 무익한 노력일 뿐이다. 예를 들면 적절하다고 생각되는 감정, 충분하다고 생각되는 만큼의 열정과 성실함, 위의 것도 해당하지 않는다면 아마도 영적인 문제에 대한 충분할 만큼의 관심에 당신의 열심을 두지만 그것은 쓸모없는 노력이라고 할 수 있다. 위의 어느 것도 현재뿐만 아니라 미래에도 당신을 만족하게 해줄 수 없기에 당신의 신앙생활은 불안할 수밖에 없다.

하지만 우리가 구원의 시작과 끝이 온전히 주께 달려 있으며, 여호와께서 우리가 생각하고 구하는 것보다 더 풍족히 채워주심을 배웠다면 평강과 위안이 충만하게 될 것이다. 모든 것은 하나님이 우리의 구원을 위해 충분한지에 달려 있다. 만일 우리가 구원을 위해 무엇인가를 더한다 하더라도 그것조차도 하나님의 손에 달려 있다.

몇 해 전, 나는 충분하신 하나님을 절실히 깨닫게 된 일이 있었다. 그 당시 나는 많은 의문과 불안으로 가득 찬 신앙생활을 하고 있었다. 마침 그때 신앙심이 깊다는 한 여인이 나와 가까운 곳에서 몇

주간 머물게 되었다. 그래서 사람들은 그녀에게 영적인 도움을 구하라고 내게 조언하였다.

어느 날 오후, 나는 용기를 내 그녀를 찾아갔다. 그녀가 나에게 깊은 관심을 두고 나를 돕기 위해 애쓰는 모습을 기대하며 그녀에게 나의 어려움을 털어놓았다. 그녀는 내가 하는 말을 묵묵히 듣고만 있었다.

나는 그녀에게 일말의 동정과 배려를 기대했지만, 그녀는 이렇게 말했다.

"맞습니다. 당신이 말하는 게 사실일 것입니다. 그럼에도 하나님이 계시지 않습니까?"

나는 다른 말을 기대하며 몇 분을 더 기다렸다. 하지만 그게 다였다. 내 친구와 선생님들은 그 답변이 충분하다는 반응을 보였다. 나는 계속 말을 이어갔다.

"잠시만요. 제 문제가 얼마나 심각하고 힘든 상황인지 제대로 이해하지 못한 것 같군요."

그녀는 대답했다.

"아니요. 저는 이해하고 있습니다. 하지만 제가 말씀드린 것처럼 하나님이 계시잖아요."

그리고 나는 그녀가 다른 답변을 하도록 권유할 수 없었다. 그 상황은 가장 낙담하고 불만족스러운 것이었다. 나의 특이하고 괴로운 문제가 단순히 "이해합니다. 하지만 하나님이 계시잖아요"와 같은 간단한 답변으로 해결될 수 있는 문제가 아니라고 생각했기 때문이다. 물론 나도 하나님이 그곳에 계신다는 사실을 알고 있다. 하지만 나는 하나님 이상의 무언가가 필요하다고 느꼈다. 그리고 스스로 결론 내리기를, 제아무리 그녀가 영적 교사로서 평판이 좋다할지라도 나의 특이한 상황만큼은 해결할 수 없는 걸로 여겼다.

그러나 문제 해결에 대한 갈망이 너무나도 컸기 때문에 첫 시도만으로 포기할 수 없었다. 그래서 내 문제의 심각성을 깨닫고, 적절한 도움을 기대하며 그녀를 여러 번 찾아갔다. 하지만 소용없었다. 더 이상의 답변을 끌어낼 수 없었다. 어떠한 문제에 대해서도 오직 "이해합니다. 하지만 하나님이 계십니다"라는 실망스러운 답변만을 반복할 뿐이었다. 그런 답변을 여러 번 들은 후에 마침내 나는 하나님이 피조물들의 어떠한 필요도 충분히 채워주심을 믿는다고 확신할 수 있었다.

하나님의 충분하심은 마치 어머니의 사랑이 그 아이들에게 완전한 것과 같다. 우리는 어린아이들이 그들의 어머니의 존재와 사랑 안에서 평온함을 누린다는 것을 알고 있다. 어머니가 그곳에 있다는 것만으로도 두려움과 근심이 사라지기에 충분하다. 어머니가 특별히 약속할 필요는 없다. 어떠한 약속과 설명이 필요하지 않다. 단지 어머니 그 자체만으로도 어린아이들의 필요는 충족된다.

나의 어린시절의 경험도 이와 같은 의심할 수 없는 진리를 가르쳐주었다. 나의 어머니는 내 병의 치료자셨고 이 세상의 어떤 병도 치료할 수 있을 거라고 확신하였다. 어떤 친구가 어머니의 치유능력을 의심할 때면 나는 "야, 너는 우리 엄마를 모르잖아"라고 말했던 기억이 난다.

하나님의 충족함을 보지 못하는 누군가가 있다면 이렇게 말하고 싶다. "아, 당신은 하나님을 모르고 있군요. 하나님을 알았다면 하나님이 모든 영혼의 필요를 치료하시고, 모든 것에 충족하심을 알았을 겁니다. 당신의 상황에 딱 맞는 약속이 없는 것처럼 보이고, 내적인 확신이 없어도 하나님은 충분하십니다. 그 약속자는 그의 약속보다 더 위대하십니다. 그리고 하나님의 존재는 내적으로 타오르는 그 어떤 확신보다 더 단단한 기반입니다."

오직 하나님
한 분만으로

그런데 어떤 이는 "이것이 나에게도 적용된다면 이 모든 것은 의심할 수 없는 사실로 그것을 쉽게 믿을 수 있을 것이다. 그러나 나는 아무것도 내세울 것이 없는 존재이며, 죄로 가득하여 그러한 은혜에 합당하지 않은 자처럼 느껴진다"고 말할 수 있다.

아무짝에도 쓸모없고 죄로 가득한 자가 더욱더 하나님의 충분함을 요구할 수 있다. 당신의 보잘것없음과 죄가 더욱 우렁찬 권리다. 누군가의 말처럼 죄인이야말로 구원을 원하며 구도자의 길에 서 있는 사람이다. 그리고 성경이 선포한 것처럼 예수님은 죄인을 구하기 위해서 이 세상에 오셨다. 의로운 자도 아니고, 열심인 자도 아니며, 성실한 일꾼도 아니라 오직 죄인을 구하기 위해서 오셨다. 그렇다면 우리는 왜 결국 주장이 될 수도 없고, 단지 방해물에 불과한 논리들을 만들기 위해서 시간과 에너지를 낭비해야 한단 말인가?

우리의 관심이 자신과 경험만을 향하면 그만큼 하나님에게서 멀어지는 것과 같다. 이것은 명확한 상식이다. 이전에 언급했듯이 우리는 우리가 바라보는 것만 볼 수 있다. 우리의 시선을 자신에게 두는 한 우리는 하나님을 볼 수 없다. 하나님이 자신을 숨기시는 것이 아니다. 하나님은 자신을 보기 원하는 자에게 그대로 드러내신다. 그러나 우리가 다른 곳을 보고 있다면 하나님을 바라볼 수 없다.

우리 눈은 언제나 자신에게 고정되어 있어서 우리 내면이 묻는 말은 언제나 우리의 상황에 관한 것이었다. 하나님을 향한 나의 사랑은 얼마나 따뜻한가? 나는 얼마나 열심이 있는가? 하나님을 향한 나의 감정은 어떠한가? 나는 얼마나 열성적인가? 나는 나의 필요를 충분히 느끼는가? 우리는 이러한 질문에 만족할 만한 답을 할 수 없어 비참했다. 비록 우리는 그것을 몰랐지만 우리가 그것에 대해 만족스러운 대답을 얻지 못한 것은 하나님의 은혜였다. 우리는 자신을 고상하게 생각하고 자만심과 자기만족으로 가득 차 있었기 때문이다.

우리가 하나님을 보기 원한다면 우리 내면의 질문은 자신이 아니라 하나님께 맞추어져야 한다. 하나님은 나를 어떻게 생각하시는가? 나를 향한 하나님의 사랑은 얼마나 따뜻한가? 하나님은 얼마나 열정적인가? 하나님은 나의 필요를 충분히 알고 계신가? 하나님은 열심이 충분하신 분인가? 이런 질문이 다소 불경건해 보일지라도 이 질문들은 의심하는 마음으로부터 오는 회의와 불안을 구체화하는 것이며, 우리 안에 있는 회의와 불안이야말로 진정한 불경건이라는 사실을 증명하기 위해 던지는 질문들이다.

우리는 모두 이런 질문에 대한 성공적인 답이 무엇인지 잘 알고 있다. 모든 의심은 이러한 성공적인 대답 앞에서는 사라지게 마련이다. 그리고 솔직하게 앞의 내용과 같은 질문을 하는 영혼은 하나님은 충분하신 분이며, 또한 충분하신 분이어야 한다는 깊고 절대적인 확신 앞에서 할 말을 잃고 말 것이다.

사도들은 말한다. "그런즉 누구든지 사람을 자랑하지 말라. 만물이 다 너희 것임이라. 바울이나 아볼로나 게바나 세계나 생명이나 사망이나 지금 것이나 장래 것이나 다 너희의 것이요 너희는 그리스도의 것이요 그리스도는 하나님의 것이니라"(고전 3:21-23). 어떤 표현도 이 이상의 것을 포함하는 말은 없을 것이다. 모든 것은 당신 것이다. 왜냐하면 당신이 선하거나 가치 있는 사람이어서가 아니라 그저 당신이 예수 그리스도 안에 속해 있기 때문에 모든 것이 당신 것이 되는 것이다. 우리에게 필요한 모든 것은 하나님이 우리에게 유산으로 주신 것이며, 이것들은 우리가 불러주기만을 기다리고 있다. 우리의 필요와 어려움이 커질 수 있을 만큼 커졌을 때 이 모든 것에 우리가 요구할 수 있고 생각할 수 있는 것 이상으로 풍부하게 넘치는 공급하심이 있다.

하나님이시기 때문에 모든 일이 우리에게 좋은 결과를 가져다줄 것이다. 어머니이기 때문에 어머니들이 자기가 할 수 있는 최고의 노력을 다할 때 그들의 자녀는 좋은 결과를 얻을 것이다. 이것은 전지전능하신 하나님이 세우신 만고불변의 진리이다. 아이라는 변할 수 있는 모든 것의 이면에 어머니의 존재라는 변할 수 없는 진실이 있다. 어머니가 살아 있다면 자녀는 돌봄을 받는다. 마찬가지로 하나님이 살아계신다면 그 자녀 또한 보살핌을 받을 수밖에 없다. 하나님이 하나님 자신이 되시는 것 이외에 무엇을 하실 수 있는가? 하나님께 게으르고 무관심하며 망각하고 무시하는 것은 불가능한 일이다. 하나님은 모든 것을 알고 계시며 모든 일을 돌보시며 모든 것을 조정하실 수 있다. 그리고 하나님은 우리를 사랑하신다. 그렇다면 우리가 무엇을 더 바라겠는가!

하나님을 믿는 모든 사람은 이것을 알고 있고 그들은 하나님 한 분만으로 충분하다는 것을 깨닫고 있다. 누구도 필적할 수 없는 깊은 슬픔과 고통 속에서 욥이 말했다. "그가 나를 죽이시리니 내가 희망이 없노라"(욥 13:15). 그리고 다윗은 가장 격렬한 고뇌의 순간에 말할 수 있었다. "내가 사망의 음침한 골짜기로 다닐지라도 해를 두려워하지 않을 것은 주께서 나와 함께하심이라"(시 23:4). 그리고 "하나님은 우리의 피난처시요 힘이시니 환난 중에 만날 큰 도움이시라. 그러므로 땅이 변하든지 산이 흔들려 바다 가운데에 빠지든지 바닷물이 솟아나고 뛰놀든지 그것이 넘침으로 산이 흔들릴지라도 우리는 두려워하지 아니하리로다. …하나님이 그 성 중에 계시매 성이 흔들리지 아니할 것이라. 새벽에 하나님이 도우시리로다"(시 46:1-3,5).

사도 바울은 수많은 극심한 고통 가운데에서도 "내가 확신하노니 사망이나 생명이나 천사들이나 권세자들이나 현재 일이나 장래 일이나 능력이나 높음이나 깊음이나 다른 어떤 피조물이라도 우리를 우리 주 그리스도 예수 안에 있는 하나님의 사랑에서 끊을 수 없으리라"(롬 8:38-39)고 하였다.

근심하며 슬픔에 가득 찬 그리스도인은 우리가 위로의 하나님과 깊은 관계가 있다고 배워왔음에도 욥, 다윗, 바울, 그리고 하나님을 믿는 모든 사람이 하나님 이외에 다른 어떤 것도 우리의 두려움을 해결하는 데 필요하지 않다고 말한 것을 깨달을 수가 없다.

이와 같은 선언을 하고 난 뒤라면, 누가 감히 하나님의 사랑에 대해 의문을 품거나 의심을 할 수 있을까? 그리고 하나님은 우리를 사랑하시기 때문에 우리를 돕는 일에 실패하실 수가 없다. 사랑하는 사람을 축복하며 사랑을 쏟아붓는 데 무엇이 가장 필요한 것인지 우리는 경험으로 잘 알고 있다. 그렇다면 어떻게 하나님은 사랑이시며, 우리를 축복하시지 않을 수 없는 분임을 이해하지 못할 수가 있는가? 우리는 하나님께 우리를 축복해주시길 애원할 필요가 없다. 왜냐하면 하나님은 정말로 축복해줄 수밖에 없는 좋으신 아버지이기 때문이다.

그러므로 하나님 한 분만으로 충분하다! 하나님 한 분만으로 평생 충분하다! 하나님 한 분만으로 영원히 충분하다! 오직 하나님 한 분만으로 충분하다!

하나님을 생각하고 그분에게 거하세.
이 얼마나 기쁜 일인가!
그분의 이름으로 숨쉬고, 그분을 생각하세.
이보다 더 큰 기쁨이 어디 있는가!